# 工业大数据与知识图谱

王坚 戴毅茹 凌卫青 编著

清华大学出版社
北京

## 内 容 简 介

工业大数据分析与知识图谱作为人工智能领域的核心技术，已经成为当前学术研究和工程应用的焦点，受到越来越多的关注。本书从技术和实践的角度，为读者阐述工业大数据分析和知识图谱的核心技术及其实践应用。

本书内容分为三篇。第一篇以物联网数据为基础，围绕工业大数据技术的"虚实融合"的CPS核心内容，开展数据治理、数据分析、数据平台的相关阐述，揭示数据驱动的生产系统优化模式；第二篇以人（社会网）机（互联网）物（物联网）数据为基础，围绕人工智能先进技术即知识图谱，探讨知识发现、知识图谱构建、知识服务、工业智能制造及知识服务平台等核心关键技术，为企业向智能制造的转型升级提供知识驱动的智慧共享的创新模式；第三篇基于前两篇的关键技术创新，开展重点行业、重点领域的典型场景应用，围绕钢铁、民用航空、电气等国民经济支柱行业，聚焦节能潜力分析、设备健康管理及预测性维护、知识组织管理等重点领域，开展应用实践工作。

本书可以作为计算机科学、电子与信息工程、控制科学与工程等学科的教学与科研用书，以及企业技术人员的参考书。

本书封面贴有清华大学出版社防伪标签，无标签者不得销售。
版权所有，侵权必究。举报：010-62782989，beiqinquan@tup.tsinghua.edu.cn。

**图书在版编目（CIP）数据**

工业大数据与知识图谱/王坚，戴毅茹，凌卫青编著. —北京：清华大学出版社，2023.7
ISBN 978-7-302-63768-4

Ⅰ.①工… Ⅱ.①王… ②戴… ③凌… Ⅲ.①制造工业－数据处理－研究 ②智能技术－应用－知识管理－研究 Ⅳ.①F407.4 ②G302-39

中国国家版本馆 CIP 数据核字（2023）第 104025 号

责任编辑：赵　凯
封面设计：刘　键
责任校对：申晓焕
责任印制：杨　艳

出版发行：清华大学出版社
  网　　址：http://www.tup.com.cn，http://www.wqbook.com
  地　　址：北京清华大学学研大厦A座　　邮　编：100084
  社 总 机：010-83470000　　邮　购：010-62786544
  投稿与读者服务：010-62776969，c-service@tup.tsinghua.edu.cn
  质量反馈：010-62772015，zhiliang@tup.tsinghua.edu.cn
  课件下载：http://www.tup.com.cn，010-83470236
印 装 者：三河市龙大印装有限公司
经　　销：全国新华书店
开　　本：185mm×260mm　　印　张：14　　字　数：344千字
版　　次：2023年9月第1版　　印　次：2023年9月第1次印刷
印　　数：1～2000
定　　价：118.00 元

产品编号：097804-01

# 前言

## PREFACE

迄今为止,人类社会经历了从蒸汽机(第一次工业革命)到电机(第二次工业革命),再到信息化(第三次工业革命),直至当前以新一代信息技术为标志的第四次工业革命的发展历程。前三次工业革命使人类经济历经了机械化、电气化、自动化的发展阶段,实现了人类从繁重的体力劳动中的彻底解放。在第三次工业革命阶段,工业生产已经呈现数字化发展特征,基于计算机硬件系统的研制和电子数据的实时采集,实现了生产设备的自动控制,人类社会迈入信息时代。随后,跨全球实现资源和信息扩散传播的互联网技术的出现催生了以物联网、大数据、云计算、移动互联为代表的新一代信息技术的繁荣发展,由此引发了第四次工业革命的产生。

纵观工业革命发展历程,人类社会经济发生了天翻地覆的变化,如果说前三次工业革命是帮助人类从繁重的体力劳动中解放出来,使机器变得更加"勤快",那么第四次工业革命就是进一步使机器更加"聪明"、更加"智慧"。

第四次工业革命加速了信息资源的实时获取及信息在全球范围内的扩散和传播,数据的感知和计算能力达到了前所未有的高度,数据作为最为重要的企业资产,成为企业运营模式、生产管理及应用技术自主创新的核心引擎,数据驱动的企业创新为企业提质增效带来了新的动能。21世纪初,以工业大数据为核心的各种模式、技术和应用创新层出不穷,确实为企业发展带来了不可估量的经济效益,然而随着经济全球化的加速演变,工业大数据的发展空间和潜在优势趋于下降,以人工智能为代表的信息技术逐步占据主导地位,如果说第四次工业革命的上半场是以使机器更加"聪明"为目标,下半场可以认为是使机器更加"智慧"。

在上半场,伴随着工业大数据分析技术的产生和兴盛,工业领域在全球信息资源大范围扩散及传播的基础上进入了一个崭新的阶段,即"大数据"时代。以信息物理融合系统

(Cyber-Physical Systems，CPS)为特征的工业智能得到了繁荣发展。CPS通过计算、通信、控制技术的有机融合与深度协作，实现物理设备的实时感知、动态控制和信息服务。它将计算和通信嵌入到物理实体中，使物理设备具有环境感知、计算分析、精准控制的功能，提供了一种远程的、可靠的、安全的人机交互接口。CPS的核心支撑技术是工业大数据的实时采集、海量存储、大规模分析赋予物理设备的数据处理能力。工业大数据的发展改变了第三次工业革命造成的对全球资源和能源的巨大消耗和浪费，引领并推动工业发展从以资源为核心要素的封闭式生产系统向以数据驱动为核心特征的生态化生产体系转变，数据成为培育企业核心竞争力并保持可持续发展的重要资产。在此阶段，以物联网为基础的具备生产系统监测数据和业务数据的实时采集、综合治理、优化分析的各种规模的工业大数据平台的研发和应用进入了强盛发展期，工业大数据平台通过数据分析对物流、能流、资金流的协同运行进行优化，使企业生产系统更加高效、低碳、安全和可靠。在生产方式创新方面，工业大数据推动了以数字化、网络化为特征的智能制造的出现和发展。我国和其他先进国家相继提出了以工业大数据为核心的工业互联网发展战略，为工业大数据在企业的普及推广提供了强大动力。

当前，工业大数据的发展进入了一定的成熟期，为企业带来红利的工业大数据已经走过了鼎盛阶段，其潜力空间也达到了波峰并开始向下运行。但社会经济的高速发展已经不能停滞或者减速，必须赋予新的动能填补工业大数据日益消耗殆尽的增长空间，由此推动第四次工业革命拉开了下半场的帷幕。如果说，上半场是使机器变得更"聪明"，下半场则是使机器进一步变得更加"智慧"。工业革命的目的是使机器逐步取代人类的部分行为能力，以更加高效的方式辅助人类发展日益复杂的社会经济活动。"智慧"是人类最高级、最复杂的行为特征，如何让机器具有人类的智慧思考能力，从而帮助人类做出最为科学合理的综合决策，是下半场的主攻方向。"知识"是人类认识世界并进而改造世界的核心武器，让机器具备知识这一核心要素成为新一代信息技术的重要目标。在此背景下，人工智能成为下半场发展的大脑中枢，"知识"成为人工智能提升智能制造的核心武器，科技创新更加注重如何从数据中捕获知识并将知识服务于制造产业，因此可以说，下半场是"人工智能"时代。知识图谱作为人工智能技术革命的重要组成部分，可为机器的"知识"化赋能加速，引领人工智能与实体经济的深度融合向以知识资产为引擎的赋能经济创新发展。知识图谱为知识获取、知识表达、知识共享、知识服务提供了一种高效的组织管理技术，它进一步延伸了CPS赋予物理实体的数据采集、计算和控制功能，实现了物理实体在智慧层面的综合决策能力，从而使物理实体能够模拟人类大脑的关联、预测、诊断、设计等智能行为，极大增强了机器对人类活动的辅助作用。

基于对第四次工业革命的解析，可以发现第四次工业革命从产生到现在，正在经历从上半场的"大数据"时代到下半场的"人工智能"时代的变迁，在此过程中，核心技术引擎从工业大数据升级到人工智能，模式从数据驱动演变到知识驱动，具体地主要体现在以下三方面：

**1. 从"人机物互联"到"人机物融合"**

大数据时代注重人机物之间的互联互通,通过"万物互联"打造了信息世界与物理世界的全面融合(CPS),数据的采集、存储、计算能力得到了极大提升;"人工智能"时代,基于人机物的互联互通,进一步挖掘人机物之间的无缝协同能力,整合人机物的核心竞争力,即"人"对高度不确定环境的综合决策能力,"机"对海量数据的快速及深度处理能力,"物"对决策的精准执行能力,进而实现新型价值创造。

**2. 从"数据资产"到"知识资产"**

大数据时代,强调对数据资产的组织和管理,技术创新以半结构化、非结构化数据的采集、处理和计算为主;人工智能时代,"数据资产"向"知识资产"变迁,从数据资产中挖掘隐藏的、高效有价值的潜在知识,提升人机物协同决策的智慧创新能力,"知识"成为人工智能提升智能制造的核心武器,技术创新更加注重如何从数据中捕获知识并将知识服务于制造产业。

**3. 从"机器计算"到"机器学习"**

为应对"数据资产"向"知识资产"变迁的需求,数据处理能力从大数据时代的"机器计算"进阶到人工智能时代的"机器学习"。"机器计算"主要针对大规模多源异构数据的处理,以数据挖掘和浅层机器学习为主;"机器学习"注重从数据资产中深度挖掘知识资产,模拟"人"的知识学习过程,使其具备人的智慧思考能力,更注重深度学习等深层机器学习的应用。

综上所述,第四次工业革命可以理解为新一代信息技术推动企业实体经济从数据到知识、从知识到智能的一个逐步迭代升级的发展历程。为了较为全面地了解第四次工业革命的技术发展历程,本书以工业大数据和知识图谱为研究对象,对推动第四次工业革命的标志性使能技术进行分析和探讨,将课题组近年来在该领域的研究成果进行梳理、总结和凝练,旨在揭示以两大技术为代表的新一代技术对工业领域向智能制造转型发展的引领推动作用,为信息技术的创新发展和应用实践提供一定的参考价值。

本书内容分为三篇12章,内容涵盖大数据分析、知识图谱构建及知识服务等领域的关键技术以及基于这些技术的工程实践案例,帮助读者了解从数据驱动到基于知识图谱进行决策的新思路和支撑技术,同时借助案例学习,启发企业用户更加合理、有效地实施工业大数据和知识图谱技术,从而事半功倍地提升企业核心竞争力。

本书可作为人工智能、计算机、电子信息、自动化等相关学科领域的教学与科研的参考书。限于编者水平,书中存在有待进一步研究和完善之处,欢迎广大读者批评指正。

本书的研究工作得到了国家科技创新2030——"新一代人工智能"重大项目课题"数据驱动的人机物三元协同决策与优化"(2018AAA0101801)的资助。在书稿撰写过程中得到了许多人的大力支持,研究生程进、苏刚、鲍清、陈渠、张慧亭、马瑶、王莹、赵凡、张永彬、林越、骆丹丹、刘凯文、王兆平、乔志鹏、杨如涵、李洪泽、刘飞翔、裴锦讳提供了书稿素材,裴佳欣、韩慧慧、阎曼婷参与了部分章节的撰写和整理工作,陈伯谦、舒一鸣、张佳琪参与了书稿的校对工作。

编 者

2023 年 7 月

# 目 录
CONTENTS

## 第一篇  工业大数据：使机器更"聪明"

### 第 1 章  工业大数据概述 … 3

1.1 工业大数据的产生背景及发展历程 … 3
   1.1.1 工业大数据的产生背景 … 3
   1.1.2 工业大数据的发展历程 … 4

1.2 工业大数据的概念与内涵 … 5
   1.2.1 工业大数据的概念 … 5
   1.2.2 工业大数据的特征 … 6
   1.2.3 工业大数据的组成 … 7
   1.2.4 工业大数据的典型应用场景 … 8

1.3 工业大数据发展现状及面临的挑战 … 10
   1.3.1 工业大数据发展现状 … 10
   1.3.2 工业大数据面临的挑战 … 11
   1.3.3 工业大数据的发展趋势 … 13

1.4 工业大数据与工业互联网 … 14

### 第 2 章  工业大数据体系架构及技术布局 … 15

2.1 工业互联网体系架构 … 15
   2.1.1 应用参考架构 … 15
   2.1.2 平台参考架构 … 16

2.2 工业大数据技术布局 ················································ 17
　　2.2.1 工业大数据技术的特点 ······································ 18
　　2.2.2 工业大数据技术发展趋势 ···································· 19

## 第 3 章　工业大数据治理 ················································ 24

3.1 工业大数据治理产生的背景 ·········································· 24
3.2 工业大数据治理的概念 ·············································· 25
　　3.2.1 大数据治理的概念 ·········································· 25
　　3.2.2 大数据治理框架 ············································ 29
　　3.2.3 工业大数据治理的概念 ······································ 33
3.3 基于语义网的工业大数据治理 ········································ 34
　　3.3.1 本体论 ···················································· 36
　　3.3.2 语义网 ···················································· 41
　　3.3.3 关键技术 ·················································· 43
3.4 基于知识图谱的工业大数据治理 ······································ 48
　　3.4.1 工业大数据与知识图谱 ······································ 48
　　3.4.2 工业大数据环境下的知识图谱构建 ···························· 48

## 第 4 章　工业大数据分析技术 ············································ 51

4.1 工业大数据分析技术概述 ············································ 51
4.2 工业大数据分析主要技术 ············································ 52
　　4.2.1 传统机器学习方法 ·········································· 52
　　4.2.2 深度学习方法 ·············································· 58

# 第二篇　知识图谱：使机器更"有学识"

## 第 5 章　知识图谱概述 ·················································· 75

5.1 知识图谱的定义与分类 ·············································· 75
　　5.1.1 知识图谱的定义 ············································ 75
　　5.1.2 知识图谱的分类 ············································ 75
5.2 知识图谱的作用与意义 ·············································· 76
5.3 知识图谱的研究进展 ················································ 78
　　5.3.1 知识图谱的研究现状 ········································ 78
　　5.3.2 知识图谱的发展趋势 ········································ 79

# 目 录

## 第 6 章 知识图谱体系架构及技术布局 ········· 81

- 6.1 知识图谱体系架构 ········· 81
- 6.2 知识图谱技术布局 ········· 83
  - 6.2.1 知识发现 ········· 83
  - 6.2.2 知识建模 ········· 84
  - 6.2.3 知识推理 ········· 86

## 第 7 章 数据驱动的知识发现 ········· 91

- 7.1 数据驱动的知识发现概述 ········· 91
  - 7.1.1 数据驱动的知识发现内涵 ········· 91
  - 7.1.2 数据驱动的知识发现过程 ········· 93
  - 7.1.3 工业大数据与商业大数据知识发现区别 ········· 94
- 7.2 数据驱动的知识发现主要方法 ········· 95
  - 7.2.1 基于关联集成进化的多元回归变量选择方法 ········· 95
  - 7.2.2 基于改进多项式的非线性变量选择 ········· 113
  - 7.2.3 基于工业大数据的特征提取 ········· 122

## 第 8 章 知识图谱建模 ········· 131

- 8.1 基于本体的知识建模 ········· 131
  - 8.1.1 基于本体的知识建模框架 ········· 131
  - 8.1.2 基于本体的知识建模技术 ········· 133
- 8.2 知识抽取 ········· 140
  - 8.2.1 结构化数据抽取 ········· 140
  - 8.2.2 半结构化与非结构化数据抽取 ········· 144
- 8.3 知识表达 ········· 144
  - 8.3.1 知识表达方法 ········· 145
  - 8.3.2 知识表达准则 ········· 146
  - 8.3.3 基于钢铁高附加值产品生产流程知识表达 ········· 146
- 8.4 知识融合 ········· 148
  - 8.4.1 知识融合技术 ········· 148
  - 8.4.2 人机物本体知识融合 ········· 150

## 第 9 章 知识推理 ········· 152

- 9.1 知识推理基本方法 ········· 152

  9.1.1 知识推理方法概述 ·············· 152
  9.1.2 基于贝叶斯网络的知识推理方法 ·············· 154
 9.2 面向知识图谱的知识推理 ·············· 161
  9.2.1 基于符号规则的知识图谱推理 ·············· 162
  9.2.2 基于表示学习的知识图谱推理 ·············· 163

## 第 10 章 知识服务 ·············· 166

 10.1 知识服务概述 ·············· 166
  10.1.1 知识服务定义 ·············· 166
  10.1.2 知识服务模式 ·············· 167
 10.2 知识服务参考体系 ·············· 168
 10.3 基于知识图谱的知识服务架构 ·············· 170
 10.4 知识推荐 ·············· 171
  10.4.1 推荐算法 ·············· 171
  10.4.2 基于内容的推荐算法 ·············· 172

# 第三篇 应 用 实 践

## 第 11 章 工业大数据典型案例 ·············· 177

 11.1 钢铁加热炉能耗预测及节能潜力分析 ·············· 177
  11.1.1 基于语义网的数据集成 ·············· 177
  11.1.2 基于深度学习的能耗预测模型构建 ·············· 179
  11.1.3 余热锅炉大数据节能潜力分析 ·············· 179
 11.2 基于工业大数据的设备健康管理 ·············· 181
  11.2.1 基于 DBN 算法的设备健康评估 ·············· 181
  11.2.2 基于大数据技术的风电设备故障预测 ·············· 184
 11.3 钢铁热轧流程工艺知识推荐 ·············· 188
 11.4 基于图神经网络的钢铁质量缺陷溯源 ·············· 192
 11.5 基于强化学习的热轧生产调度优化 ·············· 198

## 第 12 章 工业知识图谱典型案例 ·············· 201

 12.1 基于工业知识图谱的企业需求知识服务 ·············· 201
  12.1.1 需求结构化过程 ·············· 201
  12.1.2 需求分析 ·············· 203

        12.1.3 知识探索 ·································································· 204
        12.1.4 需求规范化 ······························································ 205
　12.2 基于工业知识图谱的钢铁产线设备故障诊断 ································ 207
        12.2.1 故障诊断知识图谱构建 ················································ 207
        12.2.2 基于工业知识图谱的故障诊断系统 ··································· 207

**参考文献** ······································································································ **211**

第一篇

# 工业大数据：使机器更"聪明"

# 第 1 章

# 工业大数据概述

## 1.1 工业大数据的产生背景及发展历程

### 1.1.1 工业大数据的产生背景

当前,全球经济已经进入第四次工业革命时代,以大数据、云计算、物联网、人工智能、5G为核心特征的新一代信息技术正在高速发展,全球经济格局不断变化,以互联网经济为标志的智能制造成为全球各国抢占新一轮产业竞争优势的制高点,我国和世界先进国家都相继提出了具有本国特色的工业互联网发展战略,将信息技术与工业领域的深度融合和协同发展作为国家经济发展的主攻方向。

在此背景下,工业大数据作为工业互联网不可或缺的重要组成部分,为传统企业向智能制造的转型发展奠定了坚实的技术基础。近年来,随着物联网技术的不断普及,从企业内外部获得大规模数据资源的实时采集能力日趋成熟,产品全生命周期各个环节产生的数据量呈指数级增长,如何收集这些数据并进行高效利用成为工业发展面临的艰巨挑战。这些庞大的数据资源表面上看似杂乱无章,但却对生产系统的优化运行蕴含着巨大的潜在价值,通过各种数据分析手段,可以从中发现深层次的数据对象之间的复杂关联性,从而发现生产系统的运作规律,识别生产系统的潜在特征,预测生产系统的发展趋势,优化生产系统的运行性能等。相比传统的依靠机理模型和专家经验的生产系统分析技术,工业大数据为生产系统的监测、分析、诊断与优化提供了一种全新的视角,发挥的巨大优势和蕴藏的潜在价值不可估量,已经成为全球经济实施工业互联网发展战略、实现智能制造发展目标不可替代的重要组成部分。

工业大数据这一重要领域已经引发全球关注,我国和世界主要国家已经把工业大数据作为工业互联网发展战略的重要支撑技术。我国国务院和工信部提出了一系列针对工业大数据技术创新和产业应用的发展规划和具体举措,有力地推动了工业大数据的落地应用和部署实施。德国提出的"工业4.0"发展战略将工业大数据作为构建智能工厂的关键支撑技术。美国提出的《美国先进制造领导战略》将大数据分析和先进的传感与控制技术应用于大量制造业活动,促进制造业的数字化转型。法国提出的"新工业法国战略"计划通过工业大数据帮助企业转变经营、组织、研发和商业模式,实现经济的快速增长。

## 1.1.2 工业大数据的发展历程

"数据无处不在",围绕产品制造全生命周期的各个阶段,存在众多来源丰富、类型多样、结构复杂的用于描述产品、物料、设备、能源、技术、管理、人员、环境等各种生产要素的数据资源。这些数据对象存在于客观世界,但由于受到人类采集水平的限制,其可获得性难以保障。在这个意义上可以说,数据采集技术的发展史代表了工业大数据的发展历程。图 1.1 描述了工业大数据发展的四个典型阶段。

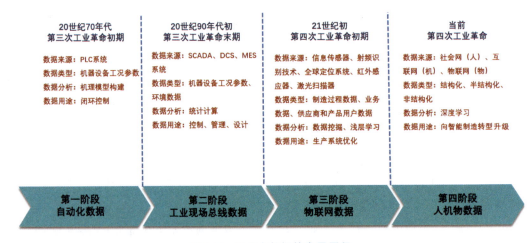

图 1.1 工业大数据的发展历程

第一阶段为"自动化数据"。20 世纪 70 年代,在第三次工业革命发展初期,人类已经采用计算机和电子技术实现了生产系统自动化。在该阶段,通过 PLC 系统可以获得生产设备的运行数据,包括机器设备的各种工况参数。这些数据主要应用于机理模型的构建、自动化系统的闭环控制功能,尚未应用到企业运作管理层。

第二阶段为"工业现场总线数据"。20 世纪 90 年代初,在第三次工业革命发展末期,随着工业现场总线、智能仪器仪表等技术的出现,现场设备的数据采集方式扩展至 SCADA、

DCS、MES 系统，设备工况数据和环境数据的采集精度和采集速度得到了极大提高。这一阶段的采集数据的应用范畴已经扩展至企业管理和产品设计层，可以应用于企业 ERP、MRP、PDM 等应用系统，数据分析手段主要是各种数据统计技术。

第三阶段为"物联网数据"。21 世纪初，在第四次工业革命发展初期，互联网加速了物与物、人与物之间的互联互通，物联网技术由此产生。物联网通过各种信息传感器、射频识别技术、全球定位系统、红外感应器、激光扫描器等各种装置与技术，实现对物品和过程的智能化感知、识别和管理。物联网的数据采集速度和数据规模相比工业现场总线数据实现了一个质的飞跃。例如，单个数控机床设备每秒产生的数据可以达到 400MB，数据量存储也在 GB、TB 级以上。数据呈现来源复杂、类型多样、规模海量、结构异质、低质高密度、多模态等特征。在数据来源方面，不仅包含现场生产系统的机器数据和环境数据，还包含来自企业各个应用系统的与运营管理相关的业务数据，以及企业外部供应商和产品用户数据。在数据类型方面，不仅包含数据库的结构化数据，还包含邮件、HTML、报表、资源库等半结构化数据和视频、音频、图片、图像、文档、文本等非结构化数据。这些数据经过数据挖掘、浅层学习等分析手段，可以帮助企业开展生产系统优化，提升企业经营管理水平，实现个性化制造，达到企业提质增效的目的。

第四阶段为"人机物数据"。当前，在新一代信息技术的推动下，人机物之间通过数据建立了紧密的映射关系，人、信息、物理三元世界之间实现了互联互通，企业生产经营活动的边界延伸至以人机物三元世界为共融的统一整体。在此背景下，企业已经具备跨域跨层海量人机物大数据的实时采集能力，即从企业间供应链横向集成（跨域）与企业内部纵向集成（跨层），采集与"人"相关的社会网数据、与"机"相关的供应商及产品用户的互联网数据、与"物"相关的企业内部物联网数据。这些跨域跨层人机物数据来源更加复杂、类型更加丰富，结构异质、体量庞大的特征愈发明显。在数据采集手段方面，采用网络爬虫可以从网页中抽取非结构化数据，使多结构类型数据的获取成为可能。物联网数据向人机物数据的延伸和拓展迫切需要更加有效的大数据分析手段，因此以深度学习为代表的深层机器学习技术孕育而生并得到快速发展。深度学习可以处理复杂的大规模数据并从中挖掘数据之间的深度关联，能够在一定程度上满足工业大数据分析高可靠性的要求。在该阶段，利用人机物数据的深度学习，可以极大地提升企业的智慧决策水平，推动企业向智能制造的转型升级。

## 1.2 工业大数据的概念与内涵

### 1.2.1 工业大数据的概念

传统意义上的工业大数据主要来源于制造过程中的产品、物料、设备的工况参数和环境参数,随着物联网技术实现了万物互联,工业大数据的范畴扩展至产品全生命周期的各个阶段。按照我国发布的《工业大数据白皮书(2019)》中的定义,"工业大数据是指在工业领域中,围绕典型智能制造模式,从客户需求到销售、订单、计划、研发、设计、工艺、制造、采购、供应、库存、发货和交付、售后服务、运维、报废或回收再制造等整个产品全生命周期各个环节所产生的各类数据及相关技术和应用的总称,工业大数据以产品数据为核心,极大延展了传统工业数据范围,同时还包括工业大数据相关技术和应用。"

工业大数据具有价值属性和产权属性。一方面,价值属性是指通过大数据分析技术,可以实现企业特定领域典型应用场景的知识挖掘,从而提升企业生产运营的智慧化水平,达到企业提质增效的目的,为企业创造可量化的价值;另一方面,工业大数据作为企业重要的核心资产,具有明确的权属关系和资产价值,企业可以自主支配数据的使用目的和使用方式,并采取有效机制对大数据进行组织管理。

一般来说,工业大数据的来源包括三类:一是来自企业资源计划(Enterprise Resource Planning,ERP)、产品生命周期管理(Product Lifecycle Management,PLM)、供应链管理(Supple Chain Management,SCM)、客户关系管理(Customer Relationship Management,CRM)等各类信息系统的与企业运营管理相关的业务数据;二是制造过程数据,来自生产系统中产品、物料和设备的工况参数和环境参数,这部分数据随着传感器采集速度的提升,体量增长极快;三是企业外部数据,来自供应商、销售商、产品用户等。

### 1.2.2　工业大数据的特征

**1. 基本特征**

工业大数据虽然来自工业领域,但是仍具备一般大数据的五大特征:Volume(大量)、Velocity(高速)、Variety(多样)、Value(价值)、Veracity(真实)。

(1)"数据规模大"。工业大数据的主体是来自生产系统的设备数据,这些数据以高频率、全天候地采集,其体量庞大。以风力发电机为例,正常状态下每秒产生 500 个左右的监测点数据。相比于其他行业领域,大部分工业设备全天候持续运行,时序数据需要长时间或永久留存,数据量可以达到 PB 或 TB 级别。

(2)"处理速度快"。工业大数据的处理对象往往是高精尖的大型复杂装备,从数据采集到数据处理,直至完成数据分析往往需要毫秒级的处理速度。特别是针对设备故障检测,需要瞬时预判故障症状,及时采取防范措施,因此需要更快速的数据处理速度。

(3)"数据多样化"。工业大数据的来源包括企业内部涉及多学科多专业的生产数据和业务数据,以及企业外部供应商和用户的互联网数据,数据来源丰富,类型多样,半结构化和非结构化数据占比逐渐增大,形成了丰富的数据资源。

(4)"价值密度低"。大部分工业大数据描述的是生产系统正常运行条件下的行为特征,这些数据只能用于一般统计过程和数据关联分析。企业往往需要运用大数据诊断生瓶颈,预测机器故障及发现异常情况,这些则要求采集非正常生产条件下的数据资源,而这类数据较难获得,在大数据资源中的占比较少。因此总体上,大数据的价值密度低。

(5)"**数据真实**"。数据真实是工业大数据最基本的特征。工业大数据是通过传感器等采集手段从物理对象中获取的信息,表征了物理对象的真实特征和行为。在这个基础上,利用数据模拟物理对象并对其进行优化,是工业大数据的根本目的。数据的真实性是数据分析结果的可信性和可靠性的保障基础。

**2. 工业大数据的特点**

相比其他行业的大数据资源,工业大数据具有多模态、强关联、高通量的自生特点。

(1)"**多模态**":相比于数据量的大小,工业大数据更加注重样本的全面性,即大数据应能反映工业系统在各种条件下的运行特征,尽可能地囊括各个生产要素并全方位地描述要素信息,缺失的信息会导致分析模型的不完整,进而造成分析结果的碎片化。全面的信息涉及工业系统的"光、机、电、液、气"多学科、多专业的领域数据,具有多维度、多类型、多结构的复杂性。在实际应用中,工业大数据的采集需要结合应用场景和分析目的,力求保证建模的完整性和分析的全面性。

(2)"**强关联**":工业数据之间不是简单的字段关联,而是在多个学科支撑下的对物理实体及其所处环境在机理层面的关联,具有很强的因果性,即分析结果是可靠的并能够进行因果揭示。不同于互联网数据关注的是数据特征,工业大数据更加注重挖掘隐藏在数据背后的物理意义和机理逻辑。

(3)"**高通量**":嵌入了传感器的智能互联产品使数据采集能力得到了质的飞跃,特别是物联网技术快速发展使生产设备的时序数据全天候持续不断产生,采集频率高,数据吞吐量大,数据体量极大。例如,单台风机的采样频率为 $50Hz$,按照 2 万台来计算,数据写入速度为 $4.5GB/s$。

## 1.2.3 工业大数据的组成

按照《工业大数据白皮书(2019)》的定义,工业大数据由三部分组成:生产经营相关业务数据、设备物联数据、外部数据。随着企业内部纵向之间、企业与企业之间、企业与用户之间的集成度的进一步加强,工业大数据的获取范畴逐步从企业内部延伸至人机物三元世界,数据类型也从以物联网数据为主体扩展到包含社会网数据、互联网数据、物联网数据的三大数据资源的并存。据此,重新对工业大数据进行梳理归纳,工业大数据由人(社会网)、机(互联网)、物(物联网)三种类型组成。

"人"的数据即社会网数据,社会网把人类真实社会活动映射到网络,形成了以微博、微信、QQ 为手段的丰富的社交媒体网络信息,相对工业领域,这些信息包含产品使用者的评价信息、潜在用户的个性化需求、领域专家的相关经验知识等。

"机"的数据即互联网数据,这类数据包含互联网上与产品研发、制造、销售、售后服务相关的各类信息,具体有:供应商与销售商信息、企业用户信息、竞争企业信息、市场需求信息、多学科多专业技术知识、各级标准、相关政策、法律法规等。

"物"的数据即物联网数据,包含企业生产系统的物联网监测数据和来自企业各类信息系统的业务数据。相比其他数据组成,物联网监测数据的体量最为庞大,占据大数据总体规模的最大比重,担负着实现大数据价值的重担。由于是利用传感器采集数据,这部分数据的价值密度较低,隐藏的数据特征较难挖掘。

### 1.2.4 工业大数据的典型应用场景

工业大数据对企业的持续优化和提升作用已经得到企业界的共识。如前所述,工业大数据的应用离不开工业领域的典型应用场景,其价值实现必须依托企业的实际需求和转型发展中的瓶颈问题。尽管不同行业特征和生产方式的应用存在差异,工业大数据的应用场景仍然可以归结为以下几方面。

#### 1. 智能化设计

随着产品制造全生命周期各个环节的大数据资源的实时获取成为可能,大数据分析技术的运用实现了这些数据在产品设计环节中的技术创新和模式创新。

提供了数字化设计手段。打破传统的离散化设计壁垒,将 CAD、CAM、CAPP、PDM 等传统的设计分析工具集成到一个统一的仿真分析环境中,通过数据的快速传播、共享和可追溯性,实现全流程的系统化设计。特别是通过数字孪生技术,建立了针对领域的 CPS 系统,在虚拟的三维空间里设计产品,利用仿真方法修改完善产品的设计参数和几何结构,同时可以完成产品可制造性的验证工作,大幅度缩短物理样机的制造时间,降低制造成本。例如,波音公司利用大数据优化设计模型,将机翼的风洞实验次数从 2005 年的 11 次缩减至 2014 年的 1 次。

实现了协同设计。当前,供应链全球化的生产组织方式愈发明显,传统的企业设计系统难以满足协同设计的时空要求。依托云平台,工业大数据可以实现大数据跨地域的流通和共享,构建面向全球网络化的快速协同的产品研制环境,数据在企业多站点可以共享,生成的新数据也可以瞬间传播到各个站点,实现协同设计的设计模式。例如,IBM 运用大数据技术,使某全球航空制造商中的技师、工程师能够及时通过单一访问点查看位于不同应用系统中的信息,使访问时间缩短了三分之二。

#### 2. 智能化生产

在生产制造环节,工业大数据汇集设备、产品、物料、工艺、管理等生产现场数据,利用大数据的分析和挖掘功能,实现数据到知识的价值转化,支撑对生产系统的优化,提升企业的生产制造能力。

在生产工艺方面,采集生产工艺数据和设备运行工况,分析设备的性能参数,确定提升工艺性能的参数优化区间。阿里云整合 ERP 和 MES 数据、设备运行数据、手工运维数据，通过大数据分析，找出最为影响合格率和生产效率的关键因素以及相应的工艺参数推荐方案，从而帮助客户提升生产效率和合格率。在生产流程管理方面，采集生产过程数据、物料数据、生产计划、设备数据等信息，建立生产过程模拟仿真环境，通过建模分析，优化生产排程，衔接上下游生产工艺流程，减少了因生产工艺的不连贯和割裂造成的生产效率低下、资源浪费等现象。例如，在钢铁行业，通过大数据分析，可以实现冶炼、铸造、轧制的一体化排程，降低板坯热装和热送的能源消耗。

在产品质量管理方面，基于对产品质量数据和生产过程数据的关联性分析，识别影响产品质量的关键因素，通过对这些因素的在线监测和预测分析，实现产品质量的实时跟踪以及产品异常的捕捉和追溯。例如，生物制药生产过程极其复杂，药品产量会在 50%～100%之间变动，某厂商对超过 200 种的变量进行监测，从中识别出 9 种影响产量的关键因素并进行跟踪，从而将产量提高了 50%。

在能源管理方面，监测生产系统中的固液气等能源计量数据，发现能源消耗的异常情况，提出预警并给予及时处理；挖掘能源计量数据与生产工艺和设备工况参数的关联，通过优化工艺流程和设备运行参数降低能源消耗。例如，在氯碱生产中，烧碱浓度是电化厂烧碱产品的关键质量指标，为了保障产品的生产质量，电化厂生产出的烧碱浓度往往比产品规定高出 0.2%～0.3%的冗余，而烧碱浓度的提升会造成电力、蒸汽等能源消耗的增加。为了减少该环节的能源消耗，运用大数据技术，获得电解槽设备的压力、温度、流量等关键工艺参数的最佳运行值，依据这些最佳值对电解槽运行进行优化调节和控制，使烧碱浓度控制在高出 0.1%的水平，显著节约了电力和蒸汽资源，减少了电解废水量。

### 3. 网络化制造

大数据时代打破了"信息孤岛"的信息不对称壁垒，实现了信息资源的全球化扩散与传播，对产品制造全生命周期数据的访问变得更加透明，加速了制造资源在全球不同地域的广泛互联及跨越产业边界的优化融合。在此环境下，企业的制造资源和制造能力不再具有独占性，可以作为共享资源被其他企业主体租赁使用，全球化制造资源基于互利共赢的目的聚合在一起，以智能协同与优化配置的组织方式最大化制造资源的价值体现。工业大数据作为连接桥梁，为企业构建了一个跨域集成、信息共享、业务整合的协同制造网络，提升了整个产业链各方制造资源的汇聚能力。网络化制造主要体现在制造资源共享和供应链优化方面。

制造资源共享方面，企业软硬件制造资源作为共享资源发布到大数据平台中。平台根据制造主体的订单需求和约束条件，完成生产能力评估与资源优化配置，实现制造资源在多站点的统一调度和协同运行。例如，上海海立作为空调压缩机生产企业，实施国际化产业布局，跨地域建立了 5 个世界级绿色工厂和 7 个技术服务中心，企业自主研制了面向全价值链的产供销协同平台，实现了跨区域的实时网络协同制造。

供应链优化方面,通过工业大数据的信息整合和知识挖掘,优化物流时空配送云资源,快速响应用户需求,降低供应链仓储、配送、销售成本。例如,某物流企业综合集成车辆高速通行动态数据、车辆定位跟踪数据、运输管理数据,运用大数据挖掘和分析,为物流企业提供车辆管理服务,降低了物流成本。

**4. 智能化服务**

大数据技术与工业领域的融合催生了工业制造的新模态、新业态,企业不再仅仅是产品的提供者,制造业与服务业的跨界融合推动企业从"生产型制造"向"服务型制造"转变,制造业服务化进程加速,市场营销和售后服务赋予企业新的经济增长点。

市场营销的大数据应用加快了新产品销售模式的形成,推动了以工业品交易的即时性、交互性、无界性为特征的电商平台的大范围推广。例如,我国研制的"钢银钢铁现货交易平台"以专业的 B2B 操作流程,为钢厂、贸易商和终端客户提供网上交易、交易数据分析平台,通过交易平台实现大宗商品的挂牌、订单、撮合、竞卖、竞买、在线融资等多种交易处理方式。

在售后服务方面,大数据在设备远程运维领域发挥了重要作用。通过大数据技术,可以建立复杂设备的远程监测、在线诊断、及时维护的智能化服务,有效降低了传统的现场巡检和人工维护的管理成本,提高了售后服务水平。例如,宝钢公司研制的"EMC 项目远程智能监控中心",实现了跨地域节能设备的远程集中智能化监控,解决了目前 EMC(合同能源管理)节能设备异地管理的工作量大、实时性差等问题,提升了 EMC 节能设备监控的可靠性、准确性和实时性水平。

**5. 个性化定制**

工业大数据缩短了企业与用户之间的距离,实现了用户需求与产品制造全生命周期的无缝集成。通过对销售商、互联网上用户评价信息的收集和分析,可以及时捕捉用户深层次的个性化需求,并将需求及时反馈到产品设计环节。工业大数据优化重组了产业系统中人与人、人与组织、人与资源的交互模式和行为方式,能够快速准确发现客户需求,以低成本实现大规模定制化生产。例如,上汽集团零部件采购中心打造了"好途邦"汽车后市场互联网平台,通过整合零配件供应商,服务中心和客户通过网站可以查询配件并进行下单,打造了 O2O 的汽车专业维修服务体系。

## 1.3 工业大数据发展现状及面临的挑战

### 1.3.1 工业大数据发展现状

近年来,全球工业大数据的发展规模不断增加。据统计,至 2017 年全球工业大数据的市场规模达到了201亿美元,占全球大数据总规模的50%以上。2018年我国工业大数据市场规模约为292亿元,较上年同比增长41.3%,增速较快。近年来,我国工业大数据的发展步伐明显加快,在全球市场中呈不断增长趋势。

**1. 信息化基础较好的大型企业引领大数据应用**

由于行业特点和"两化"基础参差不齐,企业的大数据应用存在较大差异。特别是"两化"基础较好的大型企业具备实施工业大数据的良好基础,成为大数据应用的领军者,大数据应用比例明显高于其他中小微企业,其应用层次更加注重企业新模态、新业态的创新发展,聚焦企业整体核心竞争力的持续培育和升级。而中小微企业由于受到自身条件的约束,大数据应用仍停留在关键工艺环节的性能优化和生产力提升上。

**2. 浅层次应用仍占据主导**

据统计,工业大数据的当前应用主要集中于设备管理服务、生产过程管控与企业运营管理三大应用场景,占比分别达到38%、28%和18%。工业大数据在智能化设计和制造资源优化配置领域得到初步应用,占比分别为13%和2%,仍需加大发展力度。国外工业大数据应用更加侧重于设备管理服务,占比接近50%,其中设备健康管理应用占比39%,产品后服务占比10%,生产过程管控的大数据应用也是发展重点,占比24%。

**3. 工业大数据产业发展势头持续上升**

经过多年发展,我国工业大数据已经初步形成一个较为完整的产业链。在数据采集、整理、传输、存储、分析、呈现和应用方面,出现了一批专精特新的工业大数据产业型企业,包括:①传统企业在向数字化、软件化、平台化发展过程中,形成一批具有较强数据集聚能力从而具有数据资产的衍生型企业;②软件企业向工业领域渗透,形成一批在大数据处理与分析领域具有自主核心技术的技术型企业;③互联网企业针对工业企业应用需求,形成一批提供工业大数据平台产品及服务的平台型企业。

## 1.3.2 工业大数据面临的挑战

不可否认,工业大数据已经成为增强我国工业制造转型发展的新动能,并且在智能化设计、智能化生产、网络化协同制造、智能化服务和个性化定制等领域成为新技术、新业态和新模式的核心要素。然而,随着全球化制造业格局的重新布局和企业内外部制造环境复杂性的日益加剧,工业大数据的应用面临诸多挑战。

**1. 工业大数据来源更加复杂**

随着新一代信息技术与制造业相互融合的深度与广度的不断加剧,以智能制造为代表的各种新型制造模式相继出现,从而推动生产要素在人(人力资源)、机(虚拟信息系统)、物(生产物理系统)三元世界形成更加密切的合作与协同关系。在此背景下,工业大数据的来源更加复杂多样,多样性、多模态、高通量和强关联等特性进一步增强,对工业大数据的一体化管理提出了挑战。

**2. 工业大数据资源不丰富**

总体上，我国工业企业的数据资源存量普遍不大，66%的企业数据总量都在20TB以下，还不到一个省级电信运营商日增数据量的1/10。此外，数据的价值密度普遍较低，有价值的数据非常稀缺，工业系统对数据有精准控制和高可靠性要求，大部分数据是在系统正常工作条件下采集到的，而具有利用价值的包含系统故障情形下的"坏"样本数据较难获得，还有一些工业场景要求捕获故障/异常瞬间的细微状况，才能还原和分析故障发生原因，这对数据采集、监测、存储提出了较高的要求。

**3. 工业大数据孤岛普遍存在**

工业大数据跨域跨界的流通性是保证数据资源价值体现的重要基础。而目前，工业大数据的多源异构性使企业所收集到的数据资源较为独立和分散，尤其在企业横向的不同信息系统之间以及纵向的信息系统与操作系统之间普遍存在明显的数据壁垒，形成了众多的数据孤岛，严重影响了大数据资源在整个产业链的流通性，进而限制了工业大数据应用的深度和广度。

**4. 工业大数据资产管理滞后**

工业领域追求确定性的分析结果，对数据分析的可靠性要求高，因而对数据质量的要求也就更高，低质量的数据会给企业带来10%~20%的损失。从信息化程度较高的金融、电信、互联网等行业的经验来看，开展数据资产管理是确保数据质量的必要手段。而调查结果显示，我国只有不到1/3的工业企业开展了数据治理，51%的企业仍在使用文档或更原始的方式进行数据管理。

**5. 工业大数据安全管理薄弱**

工业大数据在给企业带来巨大经济利益的同时，其本身所存在的安全问题也让企业面临着巨大的风险。近年来，工业数据平台被曝出的漏洞日益增多，尤其是工业控制系统内的安全漏洞层出不穷，且大量集中在装备制造、交通、能源等重要领域，严重威胁国家信息基础设施安全。从全球发展趋势来看，工业互联网和工业数据日益成为黑客攻击的重点目标，包括克莱斯勒、福特、特斯拉等全球100家汽车企业的超过47000个机密文件遭遇外泄。

**6. 工业大数据应用不深入**

工业大数据分析应用还普遍处于浅层阶段。40%的应用集中在产品或设备数据的检测、诊断与预测性分析领域，而在涉及数据范围更广、分析复杂度更高的经营管理优化和资源匹配协同等场景中，现有数据分析能力还无法满足应用要求，需要进一步提高数据分析技术创新能力提升工业大数据对企业整体生态系统的价值创造水平。

### 1.3.3 工业大数据的发展趋势

**1. 实现人机物大数据互融互通是重要基础**

随着智能制造发展战略下各类新型制造模式的不断涌现，人机物协同优化成为现代制造创新发展的重要特征。围绕人机物三元世界的互融互通，工业大数据资源中的各类数据相互交织、复杂关联，多源、多维、多模态的特征凸显，需要从语义层面进行融合和统一，保证各类数据资源在产品全生命周期中各个环节的互融互通，该环节是深化大数据应用，获得数据最大化价值体现的重要基础。

**2. 区块链赋能工业大数据管理**

德国工业4.0计划已经把数据流通作为重点议题，在构建工业数据空间（industrial data space）方面进行模式上的探索。区块链技术为工业大数据跨域流通、开放共享、分布式存储、安全访问提供了解决方案。区块链具有可信任性、安全性和不可篡改性，可打破数据孤岛，促进工业数据在不同地理空间的跨域流通；区块链点对点（P2P）的链接结构以及基于全网共识的相互验证实现了数据可信的分布式存储；基于区块链的数据脱敏技术能保证数据私密性，实现隐私保护下的数据开放共享；区块链技术可以通过多签名私钥、加密、安全多方计算确保数据的安全性。

**3. 工业知识图谱助力工业大数据能级提升**

工业是一个强机理、高知识密度的技术领域。除了大数据资源隐含的有待深度挖掘的行业知识，通常还包括大量的机理模型和专家经验的深厚积累，有效融合这些来源不同、类型各异的知识资源，提升工业大数据能级水平，需要借助工业知识图谱技术的赋能作用。工业知识图谱可以高质量地屏蔽行业数据模型在语义层面的异质性，构建特定领域的行业级、企业级知识图谱，可以为大数据分析应用提供更加灵活的基于图搜索技术的语义查询模型，极大降低大数据开发应用成本。

**4. 工业大数据平台迭代升级是关键支撑**

工业大数据平台是工业大数据技术的有效载体，直接关系到企业大数据的实施成效。当前，工业领域特别是信息化基础较为薄弱的中小微企业，普遍缺乏可用、好用、可信的工业大数据平台，难以充分利用全产业链上下游的数据，以实现人、机、物等各类工业要素、业务流程以及产业链上下游企业间更大范围的网络链接与智能交互。为应对人工智能技术的快速发展，工业大数据平台应朝着知识化、灵活化、持续优化的方向迭代升级，有机融入现有的知识、经验与分析资产，模块化系统资源，灵活配置系统应用，消除技术门槛对工业大数据应用发展造成的障碍。

**5. 加强工业大数据安全管控是根本保障**

工业大数据安全是跨工业领域与多学科的综合性问题，需要结合法律法规、行业特点、工业技术等多维度进行研究。在工业大数据接入安全、平台安全、应用安全等不同层次，加强工业大数据安全保障体系建设，推进大数据安全技术与产品研发、完善相关法律法规和制度体系成为当务之急。

## 1.4 工业大数据与工业互联网

### 工业互联网的本质是"数据创造智慧"

以互联网为代表的新一代信息技术正前所未有地改变着工业产业的组织形态和生产方式。互联网与工业领域的深度渗透和全面融合衍生出新型工业形态——工业互联网。互联网是以数据为承载体的虚拟世界，而工业系统是以人、机器、设备为组成要素的物理世界，两者的融合不是简单地相互叠加和交叉合并，而是在两者之间建立了一种映射关系，即以"数据"为媒介描述物理世界的复杂行为，在数字世界中分析与优化生产系统，从而对生产物理要素进行优化重构。从这个意义上可以说，工业互联网的本质是"数据创造智慧"。

互联网和物联网的低成本感知、高速泛在互联使生产系统的各个要素紧密连接，围绕产品全生命周期各个环节的各类工业数据可以实时获取。数据的海量、高增长率和多样化特征促使它在产品制造过程中高度共享和高度创新，从数据中创造知识、发现智慧深刻影响着工业企业的组织与生产形态。

相比以往任何工业时代，工业大数据技术以一种前所未有的方式，从海量数据中获取新的洞察力，以数据为引擎，为企业创造具有巨大价值的产品和服务。工业大数据的核心在于，企业新的经济增长点的提升必须依靠大数据所带来的价值链的深度挖掘，依靠数据的分析与处理寻找企业价值链和关键经济增长点，从价值链的本质提升实现传统企业的升级改造，促进企业提质增效。可以说，工业大数据是"数据创造智慧"的最佳手段。

# 第 2 章

# 工业大数据体系架构及技术布局

## 2.1 工业互联网体系架构

### 2.1.1 应用参考架构

《工业大数据白皮书(2019)》给出了工业大数据应用参考架构,如图 2.1 所示。工业大数据应用参考架构包括系统协调者、数据提供者、大数据应用提供者、大数据框架提供者、数据消费者、安全和隐私、管理。其中,系统协调者负责整个工业大数据应用的统一协调和规划,动态调配系统资源保证各个组件协同运行,监控所有组件的运行活动并进行优化决策;数据提供者负责原始数据的采集和预处理,原始数据主要包括企业信息系统的业务数据、物联网数据和企业外部数据,对这些数据源进行采集,并进行抽取、清洗、转换等预处理操作,将处理过的数据提供给大数据应用提供者;大数据应用提供者根据企业应用场景需求,对工业大数据进行分析,挖掘潜在的知识价值,并将结果以可视化的方式展示给用户;大数据框架提供者为大数据分析应用提供通信、存储、计算等资源和服务;数据消费者主要指企业用户,企业向系统发出应用需求,并接收来自系统的分析结果,典型的应用需求可归纳为智能化设计、智能化生产、网络化协同制造、智能化服务和个性化定制等 5 种应用场景;安全和隐私从网络安全、主机安全、应用安全、数据安全四方面来负责构建大数据系统的安全防护体系。

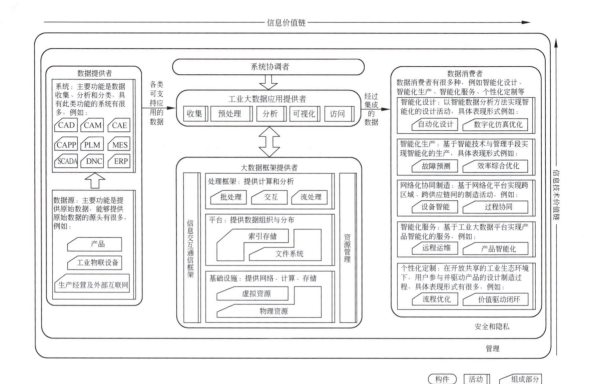

图 2.1 工业大数据应用参考架构

## 2.1.2 平台参考架构

按照工业大数据的应用参考架构,在此制定了工业大数据的平台参考架构,主要为企业构建工业大数据平台系统提供架构和功能设计方面的参考。工业大数据平台参考架构如图 2.2 所示,平台体系架构自底向上分为数据层、分析层、应用层。

**1. 数据层**

数据层负责数据的采集、预处理、治理和存储等功能。运用各类传感器和网络爬虫等多种采集手段从社会网、互联网、物联网采集人机物大数据资源,并对这些数据进行抽取、转换、清洗等预处理操作;针对人机物数据的多源异构性,开展大数据治理,建立多元数据之间的含义关联,使数据在异构系统之间能够被正确理解和处理,保持语义等效。为此,从质量、隐私、安全的角度,运用本体模型开展元数据管理,实现对整个工业系统信息供应链中数据流动的掌控以及数据血缘追溯。将经过治理的大数据按照操作数据、数据仓库、特征库/模型库、共享数据、主数据、语义数据等多种类型进行分布式存储,存储引擎应满足高性能、高吞吐率、大容量的数据存储要求。

**2. 分析层**

分析层为大数据应用提供基础服务功能,主要包括各类服务引擎,如大数据分析、查

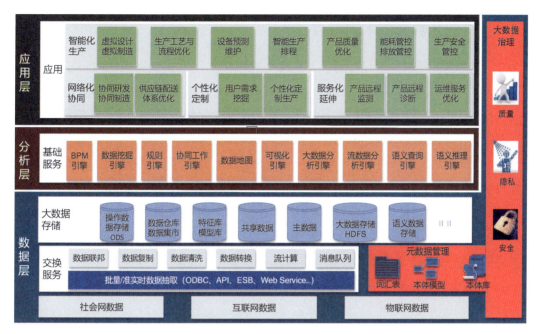

图 2.2　工业大数据平台参考架构

询、推理、可视化以及提供支撑作用的流程和规则管理。分析层是大数据应用平台的核心层，从结构上起到下联数据层、上通应用层的中间桥梁作用，从功能上是实现从数据资源到数据价值的转换器。分析层组件是获取数据价值的重要工具，其技术先进性代表了数据价值的挖掘能力。

### 3. 应用层

应用层是大数据应用需求以及最终价值体现的终端。工业大数据的目的是持续优化企业核心竞争力使其保持可持续发展的能力，大数据的发展与企业实际需求紧密关联、相辅相成。应用层从企业向智能制造转型发展的实际需求出发，将工业大数据应用分为智能化生产、网络化协同、个性化定制、服务化延伸。智能化生产的典型场景包括智能设计、生产工艺优化、智能生产排程、设备预测性维护、产品质量优化、能源优化、生产安全管控。网络化协同的典型场景有协同研发制造、供应链优化。个性化定制包含用户需求挖掘和个性化生产。服务化延伸主要体现在产品远程监测诊断和运维服务。

## 2.2　工业大数据技术布局

工业大数据技术是指围绕工业大数据的采集、处理、存储、分析、应用等各个阶段，为深度挖掘工业大数据潜在价值的所有技术的统称。工业大数据技术是实现工业大数据与工业领域深度融合的重要支撑，代表了工业大数据推动企业转型发展、实现智能制造的能级水平。

### 2.2.1　工业大数据技术的特点

对工业大数据进行分析已经超出了常规数据处理的能力，需要发展新的处理和分析技术及工具，因此工业大数据技术应运而生。相比其他行业应用的大数据，工业大数据有其自身的特点。工业系统所涉及的物理与化学变化使其复杂性远远超出其他大部分行业和领域。根据实际情况来看，工业大数据应用的最大瓶颈在于精准性。企业用户总是希望能从大数据分析中获得更加精确的控制模型，但是由于受到采集手段和环境的制约，大数据本身缺乏全面和高质量的数据，尽管大数据分析技术有效，也较难获得令用户满意的分析结果。

抛开因大数据质量低下而导致的分析结果不精准问题，从技术本身来看，工业大数据技术可以被认为是"数据创造智慧"的最佳手段。与传统的数据分析技术相比，工业大数据技术在数据处理类型、处理方式和处理性能方面呈现出下面几种特性。

**1. 工业大数据技术善于处理"非结构化"数据**

随着互联网技术在工业领域的广泛渗透，工业数据源从企业内部网大范围拓展至整个产业链的制造网络，企业不仅可以精准、高效地采集自身的业务信息和生产信息，也可以轻松地获得来自各级供应商和合作伙伴的生产信息、销售商的市场信息、互联网上的用户需求等海量数据。这些信息包含文本、视频、图像和语音等多元化结构数据类型，其中半结构化和非结构化数据占主要比重，这些信息相比结构化的生产经营记录，涵盖的范围更广，隐含的企业价值更大。依赖良好结构化数据的数据库处理技术难以适应大数据时代的"非结构化"特征，而工业大数据技术最大的潜力之一就是能有效地处理非结构化数据的复杂性，深度洞察非结构化数据中的巨大价值，帮助企业提高核心竞争力。

**2. 工业大数据以语义网为利器，实现多源异构数据的全方位整合**

工业大数据来源复杂，包括了来自企业内外部环境的经营管理数据、产品数据、生产数据、物流数据和运维数据等类型。数据形态呈现结构化、半结构化和非结构化相互融合的多维多样的特性，且分散存储特征明显。在此环境下，形成了众多的"信息孤岛"，难以进行统一的价值挖掘和知识发现。利用简单的关系型数据检索模式已经不能满足工业大数据的分析需求。为了解决数据的多源异构性所带来的大数据分析的瓶颈，构建语义网是一种必不可少的手段。语义网是一种进行语义判断的智能网络，可以实现人与电脑之间的无障碍沟通。以语义网的本体技术为工具，可以建立与多源异构工业大数据的语义一致、相互关联的统一数据模型，通过数据模型的语义关联，实现产品全生命周期的跨企业、跨部门、可追溯的工业大数据资源在统一描述框架下高效、安全、实时的整合和共享。

**3. 工业大数据的庞大体量需要"云架构"的存储和计算模式**

当前，工业大数据急速增长，体量庞大，数据量从 TB 级别跃升到 PB 级别。Facebook 一分钟内就能产出 350GB 的数据量，全球一分钟内总计发出 2.04 亿封电子邮件。如此巨大规模的海量数据已经远远超出以数据库为基础的集中存储和集中计算模式的处理能力范畴。以分布式存储和分布式处理为核心的云计算为工业大数据分析提供了超强的解决方案。狭义地讲,云计算是一种通过互联网以服务的方式提供动态可伸缩的虚拟化资源的计算模式,能够满足大规模数据的存储与计算需求。

#### 4. 工业大数据的"流式计算"满足时效性需求

工业大数据的指数级增长使数据的产生和传播呈现出鲜明的流式特征,更为重要的是,数据的有效价值具有时效性,要求大部分数据在较短时间内快速处理。工业大数据技术提供了批量处理和流式处理两种计算模式。前者对静态数据进行存储和分析,适用于对数据精准度和全面性有较高要求的应用场景,是一种线下分析;后者处理的是动态实时数据,不需要对数据预先处理,可以实现在线分析。"流式计算"的实时处理能力保证了数据价值的时效性,但数据分析的精准性较批量计算差。

#### 5. 工业大数据包含深度价值,需要"深度学习"

由于一般的大数据的价值密度低,质量低下,但工业大数据蕴含巨大价值,价值信息隐藏较深,相比传统数据挖掘与分析技术,人们对工业大数据技术的学习能力提出了更高的要求,希望工业大数据能够实现"自主学习",即在无外界干扰的情况下,能从海量、多类别、快速变化的数据中发现价值。目前,"深度学习"与"大数据"的结合研究引起极大关注。深度学习是机器学习的一个分支,它是一种"无监督"学习,能够自主学习客观事物并对其进行识别。两者相结合的一条有效途径在于,基于深度学习提供的高层次复杂模型,研发适合大规模数据的学习算法。

#### 6. 工业大数据从"数据"中进行知识发现

知识是人类认识世界并进行创新活动的核心引擎。在大数据思维未出现之前,工业领域中的知识发现主要以专家经验凝练和精准的模型分析为手段,这种模式难以应对企业在多变的全球化市场环境中所面临的压力和挑战,知识的获得及利用不能有效增强企业的核心竞争力。工业大数据技术脱离了对模型的依赖并摒弃了精准化分析,而是从巨量的、混乱无序的数据中挖掘深层次的价值信息,寻找蕴含在数据关联结构之间的知识,使企业具备更强的洞察力和决策能力。工业大数据技术从数据本身进行知识挖掘,因此更能保证知识的有效价值及时效性。

### 2.2.2 工业大数据技术发展趋势

#### 1. 大数据采集技术

工业大数据的多模态特征增加了大数据的采集难度。从来源看,工业大数据来自企业内部的物联网数据以及企业外部的社会网和互联网数据;从类型看,大数据包含结构化、半结构化、非结构化数据。需要针对数据的不同来源和类型,采取适当的采集手段。

1) 传感器采集

企业物联网数据主要来自生产设备的时序数据,这些数据一部分通过 PLC、SCADA、DCS、MES 的传感器采集,另一部分通过数据接口从实时数据库中获得。时序数据的采集频率高、吞吐量大,例如用于设备诊断的时序数据的采集频率可以达到毫秒级以上。时序数据主要用于过程监控、质量监测、设备诊断等场景,要求数据采集具有较高的容错性,防止数据缺失,并能够对异常数据进行自动分拣。

2) 文本分析

企业的文件系统是物联网数据采集的重要对象。针对文件系统中占比较大的文本这一非结构化数据,需要采用文本分析手段将文本转化为可处理的结构化形式。这属于自然语言处理技术范畴,将无结构的文本符号中包含的词、语法、语义等信息进行理解、抽取、表示,挖掘文本中隐含的事实和观点,对文本进行语义上的理解。文本分析的主要方法包括词频统计、分词算法、特征词选取、主题生成模型等。

**2. 网络爬虫**

网络爬虫按照一定的规则自动地从互联网上下载满足用户检索需求的网页。通用搜索引擎大多基于关键词进行搜索,并且尽可能地最大化网络覆盖率,难以满足不同用户的个性化搜索目标。网络爬虫可以高效率处理互联网上的音频、视频、图像、文本、数据库等各种类型数据,并且支持基于语义信息的搜索,能紧密结合用户主题开展搜索工作。网络爬虫算法主要包括通用网络爬虫、聚焦网络爬虫、增量式网络爬虫、深层网络爬虫。

**3. 大数据预处理技术**

由于数据采集手段的限制,采集到的原始数据往往存在数据缺失、数据异常、数据冗余等问题,为保证数据质量,在存储之前需要对原始数据进行必要的处理,提高数据在后续分析中的利用率。

1) 数据预处理

在原始数据中,有三种类型的非正常数据:①格式、类型、属性值存在错误或异常的噪声数据;②属性值缺失的不完整数据;③存在冗余的不一致数据。这些数据需要经过清洗、集成、转换、削减等预处理操作。清洗是指消除噪声数据中的错误;集成是将经过清洗的不同来源、不同类型的数据进行合并建立数据集;转换是指将一种格式的数据转换成另一种格式的数据;削减是指删除数据中的冗余,减少不一致性数据。数据预处理是进行数据存储之前的必要操作,可以缓解因采集错误造成的数据质量低下的问题。

2) 边缘计算

数据持续不断地爆炸性增长使"先存储后计算"的数据处理架构不堪重负,难以满足实时快速响应的计算要求。边缘计算将计算与存储资源前移到最靠近移动设备或传感器的网络边缘,它将部分计算和处理过程通过本地设备完成,不需要交给云端,极大地提高了数据处理效率,不仅降低了云端的计算负荷,更重要的是避免了因延迟、抖动等网络不稳定因素造成的响应慢和处理不及时的问题。边缘计算体现了工业互联网的分布式环境特征,将完全基于云端的中心计算模式转变为"边缘+中心"的组合模式,能够较好地满足大数据大规模应用的计算服务需求。

**4. 大数据治理技术**

随着工业大数据多源异构的特征逐渐增强,数据之间的复杂关联和紧密耦合的相互依存度使数据分析任务异常困难,改善数据质量和明晰数据之间的语义互联性是工业数据治理的根本任务,也是实现工业大数据价值的重要基础。

1) 大数据治理

围绕产品全生命周期的各个阶段,企业内部纵向层次之间、企业与企业之间、企业与用户之间存在大量的各种工业系统、框架、工具软件、应用程序、数据接口、外部资源等,企业对于整个信息链中各组件之间数据流动的掌控以及数据血缘的追溯变得愈加困难。另一方面,工业大数据分析是要找出数据之间的因果关联,能够从语义层面解释数据之间的内在关联。为了达到这一目的,企业需要了解数据元素的含义和上下文(语义),以保证不同来源、不同类型的数据集在整个信息链中的语义等效。因此,工业大数据综合治理是开展工业大数据分析的基础和先决条件,它可以有效解决数据获取类型僵化、数据存储割裂、数据追溯困难、数据存储同质异构等大数据应用所面临的实际问题。

2) 语义网治理技术

语义网是目前开展大数据治理的主流方法。语义网是由万维网联盟的蒂姆·伯纳斯·李在1998年提出的一个概念,它使计算机能够在语义层面进行理解、推理和判断。该技术使计算机不仅能够理解词语和概念,还能理解它们之间的逻辑关系。运用语义网的本体模型建立描述数据语义关系的元数据模型,元数据模型中的语义关系使企业可以清晰地了解自身的业务术语、规则、流程、定义、运算法则、模型等;进一步,将大数据集与元数据模型进行映射,使企业可以更好地掌控和追溯各个数据元素在整个信息链中的流动情况,并根据大数据应用目的从语义层面查询紧密关联的数据元素。

**5. 大数据存储技术**

相比互联网与消费领域,工业大数据增长速度更快、处理效率要求更高,为了应对工业大数据的高性能、高吞吐率、大容量的数据存储要求,需要更加高效、可靠、安全的大数据存储技术。

1) 分布式存储

工业大数据的多模态、强关联、高通量的特征使它需要大容量存储空间、高速的访问性能、灵活的可扩展性存储架构。单机无法处理大数据的海量数据,需要依靠集群方式的分布式存储实现大规模数据的共享和利用。分布式存储架构由分散在不同地理位置的物理磁盘空间组成，这些分布式磁盘空间构成虚拟存储设备，数据分散放置在这些虚拟存储设备上，并利用位置服务器定位存储信息，存储架构按照检索需求自动地定位数据的物理地址并进行相关数据的整合工作。虽然在物理上数据属于分布式存储，但在逻辑上已经形成包含各个数据要素的完整数据视图，对用户来说完全屏蔽了数据存放的实际物理位置。分布式存储的多服务器部署模式不仅满足了大容量存储空间的要求，而且提高了数据存储和访问的容错性和可靠性，相比单机模式的集中式存储更加安全高效。

2）云存储

云存储是在云计算的概念上衍生发展起来的一种在线网上存储方式，其本质与云计算的分布式处理一样，属于分布式存储解决方案。云存储服务提供商是由多台虚拟服务器组成的大型数据中心，数据托管用户以购买或租赁的方式使用数据中心空间存储数据。云存储为用户提供了一种安全、高效、灵活、可扩展的存储服务，通过供应商的基础设施，数据可以在任何时间、任何空间通过联网至云端被上传或访问。云存储的存储设备数量庞大，分布在不同的地理空间，存储设备之间通过集群、分布式文件系统、网格计算等技术进行协同，向用户提供统一的服务接口。

**6. 大数据分析技术**

工业大数据技术的主要作用是从数据中挖掘潜在的有价值的知识，优化和提升企业的核心竞争力。作为大数据应用的核心环节，大数据分析技术决定了从数据中获取知识的能力和水平。

1）数据挖掘

20 世纪 70 年代，随着数据库和网络技术发展，人们需要发现隐藏在数据背后有用的信息，数据挖掘技术由此产生并发展起来。数据挖掘是指从数据库的大量数据中挖掘隐藏在数据关联中的有价值的信息，这些数据对象可以是数据库、社交媒体数据、多媒体数据、时序数据、互联网数据、文本等结构化数据和非结构化数据。数据挖掘分为有指导的数据挖掘和无指导的数据挖掘。前者主要解决分类、估值、预测等问题，后者用于关联规则发现和聚类分析。数据挖掘的算法主要包括神经网络法、决策树法、遗传算法、粗糙集法、模糊集法、关联规则法等。数据挖掘与计算机和人工智能科学领域的发展密切相关，目前该技术已经应用于社会活动的各个领域，成为从数据中获取价值的有力手段。

2）机器学习

机器学习是人工智能科学研究的核心内容，从 1950 年艾伦·图灵提出建立一个学习机器的想法到当前的 21 世纪，机器学习的理论与方法不断发展变化，重要研究成果已经被广泛地应用于解决各种复杂工程问题和科学研究领域。机器学习是研究如何使计算机模拟人的学习行为，即通过持续的实践活动使计算机不断获得新的知识和技能，使其自身功能行为得到优化提升。随着大数据时代的到来，体量庞大的各类数据不断涌现，数据驱动的智能决策思维推动社会各个领域的数据分析需求日益增强，机器学习成为高效获取知识的重要利器。不同于数据挖掘通过算法模型发现数据中的潜在关联,机器学习通过模拟人的逻辑推理行为(符号主义)、人脑生理结构(连接主义)或者人与环境之间的刺激-反应机制(行为主义)获得类似人类学习的能力,能够完成处理复杂大规模数据的深层次分析任务。当前,人工智能进入了 2.0 时代,在核心算法上随着深度学习技术的发展,机器学习向前迈入了一个新的发展阶段,深度学习算法对类型复杂多样、质量低下的大规模数据的分析具有性能优势,它通过含有多个隐藏层的多层感知器,逐步将"底层"的特征转换成"高层"的特征,即利用大数据来学习特征,与人工构造特征的浅层学习算法相比,极大地提升了机器刻画数据本质信息和从数据中发现知识的能力。

# 第 3 章

# 工业大数据治理

## 3.1 工业大数据治理产生的背景

毫无疑问,在大数据时代,工业大数据已经成为企业的重要资产和核心生产要素。众多企业将大数据思维贯穿到企业生产经营活动的各个层面和各个领域,企业决策行为向数据驱动的创新模式转变,数据采集、数据处理、数据存储、数据传播、数据分析成为企业的常规决策流程和日常工作内容。数据资产对企业的重要性不言而喻,大部分企业都将大数据作为企业发展战略的重要组成部分并进行相关的技术研发和创新应用。然而在实施过程中,大数据管理存在诸多弊端,严重影响了大数据的应用成效。

### 1. 工业大数据质量参差不齐

工业系统的精密可控对工业大数据质量提出了完整性、一致性、可靠性的要求。而实际情况是,由于采集技术和管理流程的限制,工业大数据的质量普遍低下,数据缺失、数据异常、数据不一致的情况频繁出现。同时,随着大数据资源由企业内部的物联网数据向外部的互联网和社交媒体数据的扩展,数据类型的多样化和数据关联的复杂化进一步加大了数据质量的差异。

### 2. 工业大数据孤岛普遍存在

目前,一方面,由于大部分企业缺乏整体规划,信息系统的封闭式开发模式造成数据资源散落在不同的系统架构中，缺乏有效的集成，尤其在横向的不同信息系统之间以及纵向的信息系统与工业系统之间普遍存在明显的数据壁垒，形成了众多的数据孤岛；另一方面，随着企业边界向外部环境的拓展与延伸，工业大数据的来源更加复杂多样，大数据的多模态、高通量和强关联等特性进一步增强，工业大数据的多源异构性使企业所收集到的数据较为独立和分散，严重影响了大数据资源在整个产业链的流通性，进而限制了工业大数据应用的深度和广度。

**3. 工业大数据缺乏标准化**

我国企业工业大数据的标准化工作仍处在起步阶段。由于缺乏数据标准，"信息孤岛"的数据标准不统一，缺少全局的数字字典编制，不同生产环节的数据资源难以对接和共享，数据资源在不同信息系统中重复定义和存储，数据出现大量冗余和歧义，影响了数据分析结果的可靠性。

由此可见，一个真正的数据驱动型企业应该非常清晰地掌控何时何地运用何种数据进行何种分析从而做出科学合理的决策。数据质量是保证企业管好用好大数据的重要前提，而数据质量的保障需要大数据治理的有力支撑。

## 3.2 工业大数据治理的概念

大数据治理是为了确保大数据质量而提出的一种数据管理概念，包含用于管理企业大数据资产的技术、流程和策略。简单地说，大数据治理的目的是"把散落在产品全生命周期不同环节、结构异质、语义混乱、体量庞大、溯源不清的看似杂乱无章的多个数据孤岛通过梳理、转换、整合等手段，归整为有序组织的、语义明确的、血缘清晰的、流动可追溯的一体化数据资产"。经过治理的大数据资源，一方面，具有明显的数据完整性、一致性、可靠性和时效性，可以直接进行数据分析和数据决策；另一方面，数据治理具有可扩展性，不会随着数据量的不断增加和新数据的持续加入，增加数据管理的工作量。

工业大数据治理确保了工业大数据在产品全生命周期的优化、共享和安全使用。有效的工业大数据治理计划可通过改进决策、缩减成本、降低风险和提高安全合规等方式，将价值回馈于业务，并最终体现为增加收入和利润。有效的工业大数据治理能够促进工业大数据服务于创新和价值制造，有助于提升组织的工业大数据管理和决策水平，并能够产生高质量的数据，增强数据可信度，降低成本，提高合规监管和安全控制，并降低风险。

### 3.2.1 大数据治理的概念

大数据治理包含很多相关概念，概念之间的关系比较复杂。本节重点介绍"大数据""数据治理""大数据治理"的概念含义和概念间的关联关系。图3.1展示了大数据治理相关概念的逻辑关系及演化路径,将大数据治理的相关概念分为三类,分别是基本概念、衍生概念和概念组。本节要介绍的"大数据"属于基本概念;"数据治理"和"大数据治理"属于衍生概念,由基本概念层中的"数据""大数据"与"治理"衍生而来;"大数据治理、数据治理"属于概念组,由衍生概念中的"数据治理"与"大数据治理"组合而成,用来体现大数据治理与数据治理间的关联关系。

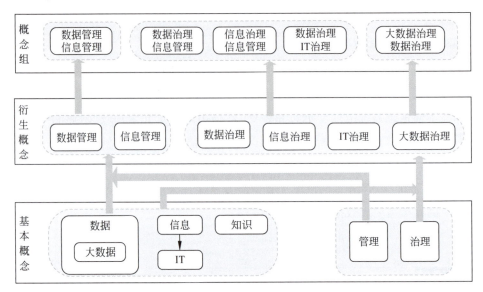

图 3.1 大数据治理相关概念的关系

**1. 大数据**

"大数据(Big Data)"这一概念最早由 20 世纪 80 年代著名未来学家阿尔文·托夫勒提出,他将"大数据"称为"第三次浪潮的华彩乐章",但由于受到当时信息技术的限制,这种局面直到 2009 年才逐渐出现。

目前,业内统一认识到大数据具有以下特征:数据量大、生成和处理速度快、多样性、价值大但密度低。根据大数据特征,一般可将大数据分为以下三种类型:

1) 企业数据

企业数据主要来源于企业的应用系统,比如客户关系管理系统中关于客户、产品、财务、售后服务等信息,供应商关系管理系统中关于供应商的相关信息,产品生命周期管理系统中与产品设计、产品工艺、产品生产等相关信息,ERP 系统的事务性信息及企业其他相关应用系统(比如集团协同办公平台)数据等。这些数据一般都是以结构化数据的形式存储在关系型数据库中,当然也有部分数据是以文档、图片、视频等非结构化数据以文件形式存储于文件系统中。

2) 机器对机器的数据

机器对机器技术,简称 M2M,指设备通过无线或者有线的方式与其他设备进行通信。机器对机器的数据主要是由智能仪表、制造传感器从生产设备、生产车间、商业建筑中所采集的数据或者是设备自身产生的工作日志等,属于过程性数据,这些数据一般都是以半结构化的形式存储的。需要说明的是,虽然机器对机器的数据量很大,但一般能用于决策的数据估计不到1%。

3) Web和社交媒体数据

随着信息技术的广泛应用,人们普遍使用Web和社交媒体(比如博客、微博、论坛等)来进行意见、见解、观点和经验的传递与分享。Web和社交媒体数据每天都在通过社交媒体源源不断地产生,这些数据一般以半结构化或者非结构化形式存在。

**2. 数据治理**

数据治理的实践早在20世纪90年代就开始了,例如IBM在1993年就开始了数据治理的探索,通过不断加以完善,目前数据治理在实践方面已经卓有成效。在理论研究上,由于数据治理是一个新兴的研究领域,所以目前的研究成果还不是很多。

到目前为止,学术界对于数据治理还没有达成共识和形成一个确切一致的定义。IBM数据治理委员会给出的定义为:数据治理是针对数据管理的质量控制范围,它将严密性和纪律性植入企业的数据管理、利用、优化和保护过程中。DGI(Data Goverance Institute)给出的定义为:数据治理是指针对信息相关过程的决策权和职责体系,这些过程遵循"在什么时间和情况下、用什么方式、由谁、对哪些数据、采取哪些行动"的方法来执行。DMBOK给出的定义为:数据治理是指对数据资产管理行使权力和控制的活动集合(如计划、监督和执行)。上述定义非常简洁和抽象,为了方便理解,下文将从数据治理的核心、职能、目标以及遵循的过程和规范四方面来解释。

1) 数据治理的核心

虽然数据治理的定义很多,但数据治理的核心是数据资产管理的决策权分配和职责分工,这一点在学术界已基本达成共识。数据治理不涉及具体的管理活动,而是专注于通过什么机制才能确保做出正确的决策。做出正确决策的有效核心机制正是决策权分配和职责分工,因此数据治理的核心就是上述内容。

2) 数据治理的职能

从决策的角度,数据治理的职能是"决定如何做决定",即数据治理必须回答在数据相关事务的决策过程中所遇到的问题,即"在什么时间和情况下、在哪些领域、由谁、对哪些数据、做出哪些决策";从具体活动的角度,数据治理的职能是"评估、指导和监督",即评估数据利益者的需求,以达成一致的数据资源获取和管理的目标,通过优先排序和决策机制来指导数据管理的发展方向,然后根据目标和方向来监督数据资源的绩效。

3) 数据治理的目标

通过数据治理建立一套完善的数据资产管控体系,确保统一的数据来源,确保数据始终处于规范化、标准化的状态,降低数据集成、管理、维护的成本,从而达到数据治理的目标,提升信息化能力、提升业务运营效率,实现数据资产价值的最大化。

4）数据治理遵循的过程和规范

"过程和规范"在上述定义中出现多次，过程主要用于描述数据治理的方法和步骤，是为了加强对数据的流程化管控，分别有数据业务上的控制、数据技术上的控制及数据逻辑上的控制。规范主要用于约束数据治理的过程，确保数据治理具有较强的严密性和纪律性，使企业的数据满足行业标准，符合国际、国家的法规等。

综上所述，数据治理的本质是对企业数据进行管控和利用，促进数据和服务紧密地结合，实现数据的内在价值，从而为企业创造经济价值。

### 3. 大数据治理

大数据治理是在大数据兴起以后才逐渐发展起来的，目前该领域的研究成果很少。大数据治理这一概念是根据大数据的特性，在数据治理的基础上进行扩展定义的。

目前，业界比较权威的"大数据治理"定义是由桑尼尔·索雷斯在《大数据治理》一书中给出的。大数据治理是广义信息治理计划的一部分，即制定与大数据有关的数据优化、隐私保护与数据变现的政策。可将大数据治理定义分解为以下六方面进行解释：

（1）信息治理机构必须将大数据治理整合到信息治理框架中，实施全方位信息管理。

（2）大数据治理需要识别使用大数据的核心业务流程和关键政策。

（3）大数据治理必须对元数据、主数据、数据质量、数据生命周期进行优化。对于元数据，需将因大数据新增的元数据与其所在组织的元数据库进行整合；对于主数据，将有关大数据整合到主数据管理环境中；关于数据质量，包括数据概要分析、数据审核、数据修正及数据整合；关于数据生命周期，需根据业务需求和规则，来决定对数据的删除、存档操作。

（4）大数据的隐私保护非常重要，大数据治理需识别敏感数据，并制定有关使用政策。

（5）大数据必须变现，使公司具备将大数据转换为现金的能力。

（6）大数据展现了跨功能的自然冲突，因此大数据治理必须能够协调多种跨功能的冲突性目标。

综上所述，该定义明确了大数据治理应该重点关注的领域，如大数据的优化，大数据的隐私保护以及大数据的变现；明确了大数据治理需要协调各个职能部门来制定策略；明确了大数据治理必须整合到信息治理框架中。

### 4. 大数据治理与数据治理关联关系

大数据治理与数据治理，从字面意义上可以发现，两者的本质都是治理，只是治理对象不同，因此治理对象之间的关系就决定了大数据治理与数据治理的关系。

大数据的本质是数据，是传统数据的一个新阶段。类似地，数据治理是大数据治理的基础，大数据治理是数据治理的新阶段。即数据治理的方法论，比如数据治理的原则、范围、框架和成熟度模型，只要适用于大数据特性，都能应用到大数据治理中。然而由于两者的侧重点不同，数据治理提供对数据的管理、应用框架、策略和方法，以确保数据的准确性、一致性和访问性,而大数据治理则是为了发挥数据的应用价值,通过优化和提升数据的架构、质量和安全,推动数据的服务创新和价值创新,因此需要对大数据治理进行适当调整和扩充,包括:

(1) 对大数据治理组织架构的改进与升级;
(2) 大数据中新增元数据与原有元数据库的集成;
(3) 大数据治理的隐私保护,即大数据的加密与屏蔽;
(4) 大数据的质量管理;
(5) 大数据生命周期的管理;
(6) 大数据分析。

### 3.2.2 大数据治理框架

图3.2描述了《大数据治理与服务》中提出的大数据治理框架,从大数据治理的原则、范围、实施与评估三个维度展示了大数据治理的主要内容。

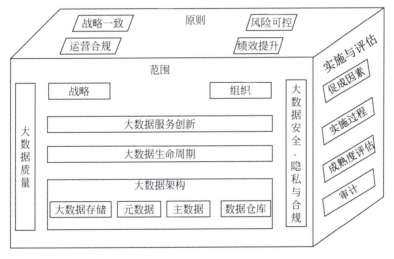

图 3.2 大数据治理框架

原则维度给出了大数据治理中必须遵循的指导性法则,即战略一致、风险可控、运营合规和绩效提升。这四项原则对大数据治理实践有指导的作用,只有将它们融入实践中,才能更好地执行大数据治理的战略和实现大数据治理的目标。

范围维度描述了大数据治理的关键域,即明确了大数据治理决策层应该在哪些关键领域内做出决策。范围维度包含了7个关键域:战略,组织,大数据质量,大数据安全、隐私与合规,大数据服务创新,大数据生命周期和大数据架构。

实施与评估维度主要包括促成因素、实施过程、成熟度评估与审计四方面,涉及大数据治理所需的实施环境、实施步骤和实施效果评价。

可根据原则维度中的四个指导原则,按照实施与评估维度中的方法论,对范围维度中的 7 个关键域进行科学的决策，持续稳步地推进大数据治理工作。

下面将详细地介绍大数据治理框架中的大数据架构，大数据架构主要包括 5 部分：大数据采集层、大数据存储层、大数据管理层、大数据分析层和大数据应用层，如图 3.3 所示。

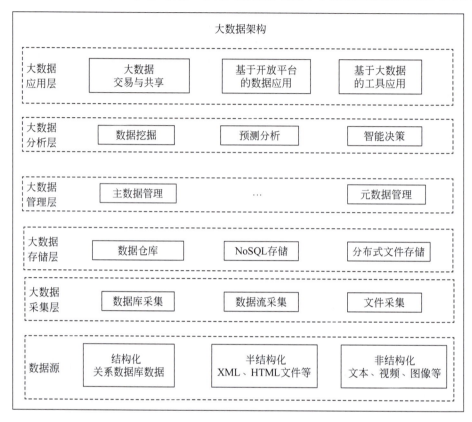

图 3.3 大数据架构

**1. 大数据采集层**

大数据采集层的功能是采集多源异构数据，数据主要包括关系型数据库中的结构化数据、XML、HTML 文件等半结构化数据和文本、视频、图像等非结构化数据。其中，对关系型数据库数据的采集可使用 Sqoop 工具，它的主要功能是在 Hadoop 和关系型数据库之间传递数据，将关系型数据库（如 MySQL、Oracle、Postgres 等）中的数据导入到 Hadoop 的 HDFS 中，也能将 HDFS 的数据导出到关系型数据库中。对 XML、HTML 等半结构化数据可采用日志采集框架 Flume 工具，它支持在日志系统中定制各类数据发送方，也具有对数据进行简单处理，将各种数据写到数据接收方的功能。对文本、视频、图像等非结构数据可采用文件数据处理工具 Kettle，它是一个 ETL 工具集，允许用户管理来自不同数据库的数据。

**2. 大数据存储层**

大数据存储层的功能是对采集层所采集的数据进行存储，可采用数据仓库、非关系型数据库、分布式文件系统进行数据存储。

数据仓库系统设计师 Inmon 将数据仓库定义为"数据仓库是支持管理决策过程的、面向主题的、集成的、稳定的、不同时间的数据集合"。根据定义可得出数据仓库的四个特性：面向主题的、集成的、不可更新的、包含历史数据的。数据仓库是面向主题组织数据的，"主题"对应于客观分析领域的对象，用于明确集成哪些部门或系统的相关数据。"集成"体现在数据仓库中的数据是从分散的数据源中抽取出来的，由于每一个主题对应的原始数据可能存在重复、冲突和不一致的地方，因此数据进入数据仓库需要进行集成处理。"不可更新"是因为数据在导入数据仓库后，企业对数据进行时间趋势、区域状况的分析决策只需进行查询操作，而不需要进行增加、修改和删除操作。"包含历史数据"是指数据仓库记录的是企业的历史数据，通过分析历史数据来预测企业未来的发展趋势。传统的数据仓库采用 MySQL、Oracle 等关系型数据库，新型的数据仓库可采用基于 Hadoop 的 Hive 数据库等。

NoSQL 数据库摒弃了关系模型的约束并弱化了一致性的要求，以解决大规模数据集合中多种数据种类带来的挑战，尤其是大数据的应用难题。目前，NoSQL 数据库主要有四大类：键值存储数据库、列存储数据库、文档型数据库和图形数据库。键值存储数据库主要使用哈希表，表中有一个特定的键和一个指向特定数据的指针。键值存储数据库在 IT 系统中容易部署，使用简单。然而对部分值进行查询或更新时，键值模型效率比较低。文档型数据库的数据保存载体是 XML 或 JSON 文件，以支持灵活丰富的数据模型。一般文档型数据库可以通过键值或内容进行查询。图形数据库使用灵活的图形模型，将数据保存在图中的节点或者节点间的关系上，同时能够扩展到多个服务器上。

根据上述四种类型的 NoSQL 数据库的描述，得出 NoSQL 数据库所具有的几个特性：数据模型比较简单、数据库性能比较好、存储在数据库中的数据不是高度一致的和对于给定键比较容易映射复杂值等。目前比较常用的 NoSQL 数据库有 Redis(键值存储数据库)、HBase(列存储数据库)、MongoDB(文档型数据库)、Neo4j(图形数据库)等。

分布式文件系统指管理网络中跨多台计算机存储的文件系统，即文件系统管理的物理资源是分布式部署的若干台独立的计算机，计算机之间通过网络进行互联。分布式文件系统的设计是基于客户机/服务器模式，一个分布式文件系统可能包括多台供多用户访问的服务器，或因对等特性，系统允许某些计算机扮演客户机和服务器的双重角色。目前，常见的分布式文件系统有 GFS(Google 公司为了满足本公司需求而开发的基于 Linux 的专有分布式文件系统)、HDFS(HDFS 是 Apache Hadoop Core 项目的一部分，是一个高度容错性系统，适合部署在廉价的机器上)、Lustre(由 Sun 公司开发和维护的一个大规模的、安全可靠的、具备高可用性的集群文件系统)等，它们都是应用级的分布式文件存储服务，可根据具体的应用领域进行选择。

**3. 大数据管理层**

大数据管理层主要包含元数据管理、主数据管理等，本节主要介绍元数据管理和主数据管理。

1）元数据管理

元数据（Metadata）通常被用来表达实体数据的描述信息，即可称为"数据的数据"，是抽象出用来表述数据特征的数据，比如数据的存储位置、数据的语义描述、数据的结构描述，其核心是对数据的统一管理，实现数据资源的科学整合，便于数据的长期保存。在大数据时代，元数据还包括对各种新型数据类型的描述，比如用户的点击次数、文件标签、传感器位置、传感器感应方向等。

元数据通常按照功能分为三种类型：业务元数据、技术元数据和操作元数据等。业务元数据描述了信息系统中业务领域术语、业务规则、运算法则及业务语言等，一般业务用户比较感兴趣；技术元数据描述了信息系统正常运行所需的信息，比如系统数据表结构信息、数据处理流程信息以及对存储过程的描述信息等。操作元数据是指描述信息系统的运行日志记录，比如用户访问量、记录数以及各个组件的分析和其他统计信息等。

在大数据时代，将元数据管理与大数据结合，可以对大数据中的敏感信息进行分类、标记，对大数据在信息供应链中的流动进行监测，及时了解流程中某处的工作是否出现故障或某些数据的丢失情况；也可以支持数据血统和影响的分析，回答诸如"数据来自何处""数据要到哪里去""数据流动中发生了什么事件"和"一个数据产品如何影响另一个数据产品"等基本问题；也可以创建针对非结构化数据的结构化索引，以支持非结构化数据的检索。

2）主数据管理

企业主数据是企业运营中担当关键角色的核心业务实体，一般指客户、供应商、产品、物料以及组织架构等数据，这些数据分散地存在于企业的各个业务系统中。只有确保企业主数据的完整和准确，才能保证企业业务流程的正确执行和应用系统产生正确的交易数据。

主数据管理是一组约束、方法和技术解决方案，主要功能是保证整个信息供应链中企业主数据的完整性、一致性和准确性，为报表提供一张主数据整合视图，或者为交易提供一个主数据的中央数据源，避免主数据的歧义，降低外部应用系统访问主数据的复杂性。

在大数据时代，将主数据管理与大数据进行整合，可以达到提升数据质量或达到大数据治理等目的，同时也为大数据分析提供了一个可靠的支撑载体。

**4. 大数据分析层**

要挖掘大数据的大价值必然要对大数据进行内容上的分析与计算。目前，越来越多的应用涉及大数据，而大数据的特性包括数量、速度、多样性等都呈现出不断增长的复杂性，因此分析方法十分重要，分析方法决定了能否从大数据中分析出需要的数据价值。大数据分析的理论核心是数据挖掘，基于不同的数据类型和格式的各种数据挖掘算法，可以呈现出数据本身的特征，使得大数据内部的价值得以被发现。大数据分析的应用核心是大数据预测。大数据预测完全依赖大数据来源，具有"全样非抽样，效率非精确，相关非因果"的特征。大数据分析的结果主要应用到智能决策领域。

**5. 大数据应用层**

在大数据应用的过程中,无论是数据的使用者还是数据的开发者,都是通过数据访问接口来获取数据。数据访问接口为大数据的应用提供了通用机制,从而实现了平台、语言和通信协议无关的数据交换服务。在平台可视化和应用接口的支撑下,大数据应用层主要有三种典型的应用模式:大数据共享和交易模式、开放平台接口模式和大数据应用工具模式。通过数据资源共享、数据接口以及服务接口的聚集,可以实现数据交易及数据定制服务等共享服务、接口服务以及开发支撑服务。

## 3.2.3 工业大数据治理的概念

工业大数据是指在工业行业中,基于典型智能制造模式,在产品全生命周期各个环节所产生的各类数据和相关技术及应用的总称,以产品各类数据为重点,同时延伸了传统工业数据的范围,并涵盖了工业大数据相关技术和应用。工业大数据不仅具备广义大数据的4大特征,还具有关联性强、模态多样化和传输通量高等特点。

工业大数据分析工作应本着需求牵引、技术驱动的原则开展,如图 3.4 所示。在实际操作过程中,要以明确用户需求为前提、以数据现状为基础、以业务价值为标尺、以分析技术为手段,针对特定的业务问题,制定个性化的数据分析解决方案。工业大数据分析的直接目的是获得业务活动所需各种的知识,贯通大数据技术与大数据应用之间的桥梁,支撑企业生产、经营、研发、服务等各项活动的精细化,促进企业转型升级。工业大数据的分析要求用数理逻辑去严格地定义业务问题。由于工业生产过程中

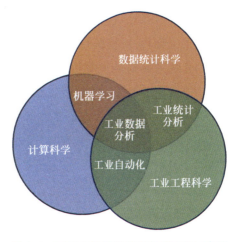

图 3.4 工业大数据分析多领域交叉示意图

本身受到各种机理约束条件的限制,利用历史过程数据定义问题边界往往达不到工业的生产要求,需要采用数据驱动+模型驱动的双轮驱动方式,实现数据和机理的深度融合从而较大程度地解决实际的工业问题。

对工业大数据进行高效治理并基于工业大数据相关技术进行潜在信息挖掘,是实现工业大数据应用价值的有效方式。目前,工业领域对多源异构数据的处理与利用仍缺乏通用的标准,因此如何实现有效的工业大数据治理,包括提高数据的准确性和完整性,实现数据资源的有效共享,推进数据资源的整合与对接等处理流程,从而为后续的数据价值挖掘奠定基础是工业大数据研究领域的重要内容。

## 3.3 基于语义网的工业大数据治理

**1. 数据语义是解决治理问题的总钥匙**

工业大数据应用的本质目标就是从高维、复杂、关联的海量数据集中挖掘有价值的新信息,发现新模式与新知识。这些海量数据的关系密切、关联性强、语义稳定度高的特点使数据语义成为解决大数据治理问题的总钥匙。因此,从建立数据语义模型入手,是开展工业大数据治理的关键。建立良好的语义模型,犹如为工业大数据注入了优质基因,具备语义的工业大数据是"聪明"的大数据,具有打通多领域数据的本领,可以为面向复杂"大机理",发现具备强泛化能力的新知识、获得多学科协同融合的"无缝智慧"提供关键支撑与坚实保障。

**2. 基于语义的工业大数据治理方法**

基于语义的工业大数据治理,除了包括制定战略战术、建立组织架构、明确职责分工等传统数据治理内容外,还要强调语义在工业大数据治理中的核心作用,其目标是实现工业大数据的语义化,实现数据的互联互通互融、风险可控、安全合规、绩效提升和价值创造,并为不断创新的大数据服务提供源源不断的充沛泵力。

基于语义的工业大数据治理思路如图 3.5 所示。通过对工业大数据进行业务术语规范和语义标注,利用本体技术及语义映射构建语义网模型。语义网(semantic web)是能够根据语义进行自动判断的智能网络,通过资源描述框架(resource description framework, RDF)和 Web 本体语言(Web ontology language)等对语义层面的本体关系(同义、反义、关联、隶属、属性约束等)进行定性与定量描述。计算机根据语义网模型,可以理解词语及其概念,并能够理解不同数据之间的语义关系,从而实现更深层次的语义关联、语义查询与逻辑推理。

语义网犹如搭建在工业大数据与分析之间的一座"逻辑桥梁",在本体和原始数据之间建立映射关系,通过逻辑层面的本体关联,控制物理层面的数据关联。语义网向下实现数据之间的语义互联与互融,执掌工业大数据治理的技术落地;向上支撑工业大数据深度分析与知识发现,肩负工业大数据的创新应用实现。

**3. 基于语义的工业大数据治理内容**

基于语义的工业大数据治理工作主要包括:制定元数据管理策略、确定元数据集成体系结构、定义业务问题、建立组织职能、本体建模与构建语义网、数据监管及度量与评价六部分,如图 3.6 所示。

本体建模与构建语义网是核心内容。该步骤可以采用自上向下的方法,即首先确定业

图 3.5 基于语义的工业大数据治理思路

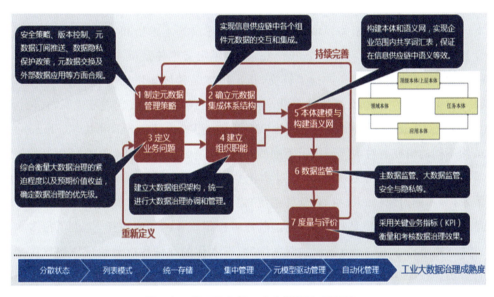

图 3.6 基于语义的工业大数据治理流程

务目标,从用例分析入手,明确业务范围;其次,根据业务目标,确定实现该目标分析的主数据;然后,根据主数据,逐步探寻业务范围内的关联信息,包括外部半结构化与非结构化数据;最后,建立本体模型,同时考虑依据大数据隐私策略,对相应的敏感数据进行标记和分类,并将数据与本体进行关联与映射,形成类似数据神经网络的语义模型,通过语义查询与推理,对本体模型和语义模型进行验证。

透过语义网络,可以监测大数据在整个数据链中的流动;可以通过数据血缘分析实现数据的正向追溯和逆向追溯,了解数据所经历的变化;还可以通过某个具体字段的变更来分析了解对数据链中其他字段造成的影响。

上述工作也可以与自下而上(数据字典提取、标签自动标注等)的方法相结合,更高效地完成概念分类及整合、规范化业务术语、建立本体及确定本体之间的定性与定量关系,保证每个数据元素在信息供应链中语义等效。

### 3.3.1 本体论

**1. 本体定义与分类**

本体起源于哲学领域,是形而上学的重要分支之一,研究自然以及事物的组织,试图回答什么刻画了存在,以及存在是什么,即本体是对客观存在的系统或领域的解释或说明,关心的是客观现实的抽象本质。

20世纪80年代初,信息科学开始对自然世界认知的形式化表示进行了重点研究。在1990年初,计算机领域使用了"本体"一词,含义为可被计算机表示、解释和利用的知识的形式化研究。

随着对本体的深入研究,研究人员给出了许多不同的本体定义。1991年Neches等给出的本体定义是通过抽取相关领域的词汇和关系,定义基本术语和关系,利用术语和关系的演绎规则进行规范性的定义。Gruber在1993年定义本体是概念化的规范说明。后来Studer等(1998)又对上述定义进行了补充,指出本体是领域知识规范的抽象和描述,是表达、共享、重用知识的方法,认为本体是共享概念模型的明确的形式化规范说明,它包含4层含义:概念化(Conceptualization)、明确化(Explicit)、形式化(Formal)和共享(Share)。

虽然不同的研究者对本体给出了不同的定义,但是关于本体的本质都是相近的。本体的本质概括起来就是在相关领域内,通过构建共享词汇库,明确领域中的概念及概念间的关联关系,为不同对象(如人、机器、软件系统)之间的交流提供语义基础。

虽然各类本体的本质是相近的,但是研究者根据本体的实际应用,提出了很多本体的分类方法。本节根据Guarino提出的两种维度,即本体的详细程度和领域依赖程度来对本体进行分类。按照详细程度,可将本体分为参考本体和共享本体,前者比后者的详细程度高。按照领域依赖程度可划分为四类本体,即顶级本体、领域本体、任务本体和应用本体,如表3.1所示。

表 3.1　本体按照领域依赖程度分类

| 本体名称 | 本体描述 |
| --- | --- |
| 顶级本体 | 描述的是最通用的概念及概念间的关系,如空间、时间、事件、行为等,完全独立于特定的问题和领域,其他本体都是该类本体的特例 |
| 领域本体 | 描述的是特定领域(如医学、地理、企业运营等)中的概念及概念之间的关系 |
| 任务本体 | 描述的是特定任务或行为中的概念及概念之间的关系 |
| 应用本体 | 描述的是依赖于特定领域和任务的概念及概念之间的关系 |

另外,其他研究者提出了其他分类方法,比如按照本体的形式化程度和是否具有推理功能进行分类,如表3.2所示。

表 3.2  本体按照形式化程度和推理功能分类

| 本体分类方法 | 本体名称 | 本体特征 |
| --- | --- | --- |
| 形式化程度 | 高度非形式化本体 | 使用自然语言松散表示 |
| | 结构非形式化本体 | 使用限制的结构化自然语言表示 |
| | 半形式化本体 | 使用半形式化(人工定义的)语言表示 |
| | 严格形式化本体 | 所有术语都具有形式化的语义,能在某种程度上证明完全性和合理性 |
| 本体是否具有推理功能 | 轻量级本体 | 不具备逻辑推理功能,例如叙词表和 WordNet |
| | 中级本体 | 具有简单的逻辑推理功能,本体中一阶谓词逻辑的表达式可以被系统识别 |
| | 重量级本体 | 具有复杂的逻辑推理功能,本体中复杂的二阶谓词逻辑的表达式可以被系统识别 |

**2. 本体建模原则与方法**

Gruber 在 1995 年提出了最有影响的 5 个本体构建原则,如下所示:

1) **清晰性**(Clarity):本体必须能够有效表达所定义术语的内在含义。术语定义必须是客观的,不能被局限于具体的场景或需求;是形式化的,必要时可采用逻辑公理来描述;可以使用自然语言加以说明;

2) **一致性**(Coherence):本体必须能够支持与其定义相一致的推理,推理结果不能与定义相矛盾;

3) **可扩展性**(Extendibility):本体必须能够支持在已有概念体系上扩展新的概念体系,以满足可预见的任务;

4) **编码偏好程度最小性**(Minimal encoding bias):编码是为了满足描述或者执行的便利性,在本体的设计中编码偏好程度应该达到最小,从而在不同编码的描述系统中实现知识的共享;

5) **本体承诺最小**(Minimal ontological commitment):本体对模型化的领域提供尽可能少的要求,即仅仅定义满足知识交流所必需的概念即可。

虽然 Gruber 提出了 5 个本体构建原则,但是由于没有成熟的理论给本体建模方法作指导,导致本体建模方法都是针对具体领域和项目提出的,因此目前存在很多本体建模方法。具有代表性的本体构建方法主要包括骨架法、TOVE 法、IDEF5 法、斯坦福七步法、五步循环法、METHONTOLOGY 法、KACTUS 法、SENSUS 法和循环获取法等。

骨架法、TOVE 法和 IDEF5 法是用于描述和获取企业本体的方法。骨架法是基于流程导向的构建方法,它只提供开发本体的指导方针,其构建流程如图 3.7 所示。

TOVE 法专用于构建多伦多虚拟企业本体,TOVE 本体包括了企业设计本体、工程本体、计划本体和服务本体,其构建流程如图 3.8 所示。

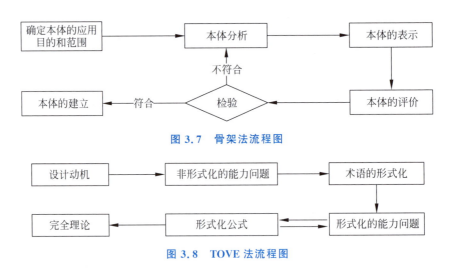

图 3.7　骨架法流程图

图 3.8　TOVE 法流程图

IDEF5 法采用图表语言和细化说明来构建企业领域本体,其本体开发步骤如下:

1) 定义课题、组建队伍;

2) 收集数据;

3) 分析数据;

4) 建立初始化的本体;

5) 本体的精炼与确认。

KACTUS 法、METHONTOLOGY 法、SENSUS 法和斯坦福七步法主要用于构建领域知识本体,它们的不同之处是:KACTUS 法主要是对已有本体的提炼、扩展,主要用于解决知识复用的问题;METHONTOLOGY 法专用于构建化学知识本体;SENSUS 法遵循自上而下的层级结构,可操作性较强;斯坦福七步法是基于本体构建工具 Protégé 的本体建模方法,目前应用广泛,其构建流程如图 3.9 所示。

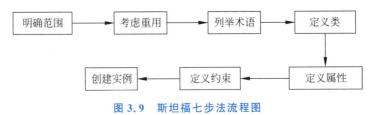

图 3.9　斯坦福七步法流程图

### 3. 本体建模元语

Perez 等按分类法来组织本体,归纳出本体包含的 5 个基本的建模元语(Modeling Primitive),如下所示:

1) **类(Classes)**:也叫作概念(Concepts),表示对现实世界中个体的抽象,表示对象的集合。

2) **关系(Relations)**:表示领域中概念之间的交互关系,一个关系包含定义域和值域两部分,即关系在被限定了所适用范围的同时,也将概念进行了关联。本体包含了 5 种基本的关系,如表 3.3 所示。

表 3.3　本体中的基本关系

| 关 系 符 号 | 关 系 描 述 |
| --- | --- |
| Is-a | 表达概念之间的继承关系 |
| Part-of | 表达概念之间整体与部分的关系 |
| Attribute-of | 表达某个概念是另一个概念的属性 |
| Association | 表达两个概念是相关的关系 |
| Instance-of | 表达概念与实例之间的关系 |

3) **函数**(**Functions**):表示一类特殊的关系,表示前 $n-1$ 个元素可以唯一决定第 $n$ 个元素。

4) **公理**(**Axioms**):用于描述概念或关系之间等价、包含、对称关系等的永真断言。

5) **实例**(**Instances**):代表类所对应的对象,即概念的具体化。

在实际构建本体的过程中,不必严格地按照上述 5 个本体建模元语进行本体的构建,而是可以根据具体的应用需求以及领域的特征,对建模元语进行扩展,以满足实际应用需求。

**4. 本体描述语言**

1) 资源描述框架(RDF)

RDF 是由 W3C 提出的一种用于描述 Web 资源的信息框架,其主要目的是以最低限度的约束,灵活地描述信息,从而得能够存储、理解和处理关于数据本身的元数据信息。RDF 中提及的资源不同于人们日常所理解的资源,它已经泛化成关于任何能识别事物的信息。

W3C 为 RDF 定义了一个抽象的语法,该语法描述了一个简单的基于图的数据模型。该数据模型包含节点和连接弧,节点之间通过带有箭头和标记的连接弧进行连接。RDF 的基础构件是由主体、谓词(属性)、客体(取值)组成的三元组,通过对主体的属性进行赋值,来描述资源的元数据。RDF 三元组是断言,它说明三元组中主体和客体所表示的事物之间存在谓词表达的二元关系。一个三元组可以用来表示主体的一个特性,即一系列三元组可描述主体的多个特性。

由上文可知,RDF 采用一种建模的方式来描述数据语义(严格来说,是描述语义关系),使得 RDF 可以不受具体语法表示的限制,即同一个模型既可以采用 Turtle 语法来表示,也可以采用 XML 语法来表示。另外,为了实现 RDF 在 Web 上的应用,一般都将 RDF 序列转化为 XML 进行表示,因为 XML 是被广泛支持的 Web 数据表示标准,这样做有利于使 RDF 获得更好的 Web 应用支持。总之,RDF 采用 XML 表示,可以很好地实现对数据的语义描述、建模和系统之间数据的真正交换。

但是,由于 RDF 为了保持充分的灵活性,遵循着"越少规则越好"的最小权利原则,其仅仅提供了一个描述关系的通用模型,而对资源的属性没有施加任何限制,导致在具体应用中容易出现一词多义和一义多词的现象。由于这种语义上的含糊,会导致机器对语义的识别错误,而这些问题可通过本体描述语言来解决。

2) RDFS

RDF 允许用户使用自己的词汇来描述资源及资源间的联系。RDFS(RDF Schema,资源描述框架模式)是在 RDF 的基础上,以"http://www.w3.org/2000/01/rdf-schema♯"作为命名空间的词汇表,用户必须按照这个词汇表的标准来构建特定领域的本体模型。图 3.10 展示了 RDFS 词汇之间的关系。

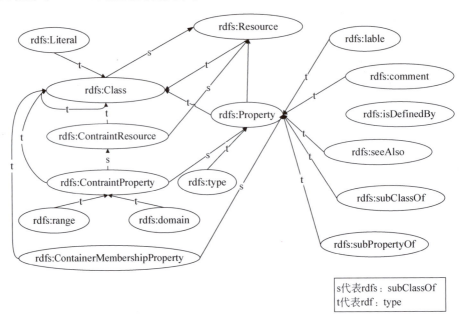

图 3.10　RDFS 词汇及关系

(1) 核心类

rdfs:Resource,所有资源的类。

rdfs:Class,所有类的类。

rdfs:Literal,所有文字的类。

rdf:Property,所有属性的类。

rdf:Statement,所有具体化声明的类。

(2) 定义联系的核心属性

rdf:type,将一个资源关联到它的类,该资源被声明为该类的一个实例。

rdfs:subClassof,将一个类关联到它的超类。需要注意的是,一个类可能有多个父类。

rdfs:subPropertyOf,将一个属性关联到它的超属性。

(3) 限制属性的核心属性

rdfs:domain,指明一个属性的定义域,声明任何拥有某个给定属性的资源是定义域类的一个实例。

rdfs:range,指明一个属性的值域,声明一个属性的取值是值域类的一个实例。

(4) 对具体化有用的属性

rdf:subject,将一个具体化声明关联到它的主语。

rdf:predicate,将一个具体化声明关联到它的谓语。

rdf:object,将一个具体化声明关联到它的宾语。

(5) 容器类

rdf:Bag,包的类。

rdf:Seq,序列的类。

rdf:Alt,选择的类。

rdf:Container,所有容器类的超类。

(6) 功能属性

rdfs:seeAlso,将一个资源关联到另一个解释它的资源。

rdfs:isDefinedBy,是 rdfs:seeAlso 的一个子属性,将一个资源关联到它的定义之处。

rdfs:comment,注释,一般是长的文本,可以与一个资源关联。

rdfs:lable,将一个与人类友好的标签与一个资源关联,其中一个目的是在将 RDF 文档进行图形化表示时作为节点的名称。

从这些 RDFS 元语可以发现,RDFS 已经初具定义模式知识的能力,因此它被认为是一种简单的本体描述语言。

3) OWL

由于 RDFS 的表达能力较弱,W3C 又发布了 Web 本体语言(OWL),进一步为应用领域提供更加丰富的知识表示和推理能力。OWL 以描述逻辑为理论基础,将概念用结构化的形式表示,通过 RDF 中的 URI 将本体分布在不同的系统中。OWL 的设计核心是要在语言表达能力和提供高效智能服务的推理能力之间找到一个合适的平衡。

OWL 提供了 3 种子语言,分别是 OWL Full、OWL DL(description logic,描述逻辑)和 OWL Lite。OWL Full 的表达能力很强,但是它表示的本体不能进行自动推理,所以 OWL Full 一般适用于可判定性不强或不用计算完全性的场合。OWL DL 与 OWL Full 相比表达能力弱一些,它的基础是描述逻辑。由于描述逻辑是一阶逻辑的一个可判定的变种,因此采用 OWL DL 描述的本体可以进行自动推理,使计算机能区分出本体中概念的分类层次,以及判断本体中概念是否一致。OWL Lite 是 OWL 子语言中最简单的一种,适用于构建层次结构简单、复杂程度低、容易操作和只包含简单约束的本体,比如在将叙词表及分类系统转化为计算机可读的形式方面,OWL Lite 可以很好地发挥它的优势。

## 3.3.2 语义网

**1. 语义网概述**

目前互联网的发展可以分为两个阶段:第一阶段,给用户提供一个界面友好、交流方便、信息共享的平台；第二阶段,计算机具有识别和处理互联网上信息的能力,实现计算机或者用户之间信息的交互。从互联网近几年的发展来看,互联网第一阶段目标已经实现,用户可以在网页上进行无障碍交流和合作,但是如何使计算机能够处理网页上的信息是目前研究的热点和难点。为了解决上述问题,W3C 在 HTML 和 XML 的基础上提出了语义网(semantic web)的概念,相较于互联网,语义网最大的优势在于"计算机可理解"。

语义网是互联网的延伸,语义网中的信息能够被计算机理解,使得计算机可以重用这些信息并且可以对信息进行自动处理,从而实现计算机与计算机之间、计算机与用户之间无障碍的交流和合作。互联网是面向文档的,网页主要使用 HTML 标记语言,着重于网页的表现形式,如大小、颜色、布局等,却忽略了网页中信息的内容和含义,而语义网是面向数据的,着重于网页信息的语义内容,核心是计算机对网页信息的理解与处理,并且语义网还具有一定的推理能力。

**2. 语义网体系结构**

语义网体系结构如图 3.11 所示,自下而上分别是编码定位层、XML 层、资源描述层、本体层、逻辑层、证明层、信任层等,下面进行简要介绍。

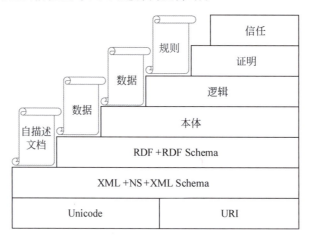

图 3.11 语义网体系结构

1) 编码定位层

编码定位层是语义网的基础,由统一字符编码 Unicode 和统一资源定位符 URI 组成。Unicode 字符集通过两个字节可以表示高达 65536 个字符,Unicode 是一种能够涵盖所有语言的字符,因此采用 Unicode 可以将网络上的任何字符进行统一编码,有利于资源的共享和传递。URI 可以唯一地标记网络上的资源,因此 URI 是资源的标识。Unicode 和 URI 有效地解决了网络上资源的定位、各个地区之间字符编码的问题。

2) XML 结构层

XML 结构层又称语法层,包括 XML、Name Space、XML Schema 等相关技术,其中 XML 是一套用户可以自定义的标签,同时拥有 SGML 的强大功能和 HTML 语法简洁的优点。在进行程序描述时,为了避免不同的程序使用相同的标签来表述不同的事物,W3C提出了Name Space命名空间机制。XML的标签结构由DTD或XML Schema进行规范,同时XML Schema还具有数据校验的功能。在语义网体系结构中,XML结构可以根据用户的需求灵活改变、Name Space可以保证数据的准确唯一性、XML Schema对XML标签结构具有约束作用,这三者的良好结合实现了语义网中数据的交换、传递和共享。但是XML结构层仅定义了数据的语法,欠缺机器可以学习的形式化语言,因此语义网又增加了资源描述层。

3) 资源描述层

资源描述层又称元数据层,包括RDF、RDFS。RDF是一个开放的元数据框架,语法上符合XML规范,用于描述Web上的信息资源。RDF可以将XML的描述语言转为计算机可以识别的语言,且可将网络信息资源描述为"资源(resource)-属性(property)-属性值(value)"形式的三元组数据模型。RDFS采用计算机可以识别的框架来定义资源以及资源之间关系的词汇(属性和类)。RDF和RDFS一起称为RDF(S),它们共同实现对Web资源的描述。但是RDF(S)不能解决一义多词、一词多义等语义模糊的问题,并且RDF(S)无法平衡表述能力和推理能力。

4) 本体层

本体层在RDF(S)的基础上描述领域知识。本体用概念描述领域知识,其知识表达能力强于RDF(S),更有利于揭示复杂丰富的知识关系。同时,本体的一致性原则保证了知识的准确唯一性,解决了RDF(S)存在的词义模糊不清的问题,并且本体具有数据结构严谨、语义表述明确的优点,因此本体更加广泛地用于知识的表达和推理研究。综上所述,本体层解决了资源描述层无法平衡表达能力和推理能力的问题。

5) 规则层

语义网中的规则层包括逻辑层(logic)、证明层(proof)和信任层(trust)。语义网的推理依赖于数据和规则,本体层中对领域知识的规范化描述提供了推理所需数据,而逻辑层的主要任务就是提供与语义网结构相适应的规则。逻辑层定义的规则和公理由计算机自动读取执行。证明层给出计算机推理结果的解释。信任层用于数据和推理结果的评价验证,通过验证交换和数字签名建立信任关系,从而证明语义网的输出结果有效可靠。

### 3.3.3 关键技术

**1. 本体建模工具**

本体的构建离不开工具的支持。随着本体在人工智能、语义网、信息抽取、信息检索和数据整合等领域的广泛应用,有上百个团队开发出了许多不同的本体建模工具。不同的本体建模工具功能差异很大,比如软件操作的便利性、界面的友好性、功能的易用性、扩展性等方面不同,还有对本体语言的支持能力、表达能力、逻辑推理能力等都不同。目前使用广泛的建模工具有 Protégé、ontoEdit、WebOnto、Ontolingua 等。

由于本书案例部分使用了 Protégé 软件来进行本体模型的构建,下面将主要介绍 Protégé 软件。Protégé 软件是由斯坦福大学医学院采用 Java 语言开发的。这款软件是构建本体的核心开发工具。Protégé 提供了构建本体的概念、关系、属性和实例的功能,采用图像化界面来进行本体的构建,即用户构建本体只需停留在概念层次,无须关心具体的本体描述语言。

下面具体介绍 Protégé 软件的界面。启动 Protégé 软件,单击"Create new OWL ontology",就进入本体编辑窗口,如图 3.12 所示。

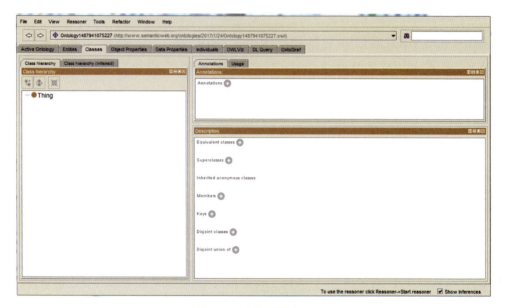

图 3.12　本体编辑窗口

Protégé 软件的界面包含以下几种开发画板:类(OWL classes)画板,可在类画板中添加和编辑类、子类,并以树形结构来展示类的层次结构;对象属性(object properties)画板,可在对象属性画板中添加和编辑对象属性,即类之间的关联关系;数据属性(data properties)画板,可在数据属性画板中添加数据属性,即类的属性;实例(individual)画板,用于添加某个类的实例。通过使用 Protégé 软件包含的功能,可将本体中类与类、类与对象属性、类与数据属性进行关联以及类与实例进行绑定。

通过对 Protégé 软件的功能描述,可以发现,使用 Protégé 软件构建本体无须掌握具体的本体描述语言。另外,相比于其他建模工具,Protégé 软件还具有功能扩展性比较强、支持众多的插件等特点,比如使用 OWLViz 可进行本体的可视化、使用 Pellet 可进行本体的推理以使用 Graphviz 可实现中文关系的显示等,这也是它成为国内外众多本体研究机构首选工具的原因之一。

**2. 本体存储技术**

目前,本体储存支持文件存储和数据库存储两种方式,在具体应用中可根据实际的需求,选择合适的存储方式。文件存储方式是将本体以 RDF 或者 OWL 的文件形式存储在文件系统中。应用程序需要获取本体信息时,会将整个文件读入到计算机内存中,然后在内存中处理本体,处理完毕后,需要对本体中的所有内容进行保存。文件存储方式比较适合于小型本体,对小型本体的编辑、更新、备份比较方便,而不太适合较大的本体,因为较大的本体会占用计算机较多的内存,影响计算机处理本体的效率。特别地,若计算机所操作的本体包含很多推理规则,那么处理本体时会占用计算机更多的内存。

对于数据库存储方式,可细分为 2 种,一种是采用关系型数据库进行存储,另一种是采用 NoSQL 数据库的多索引表进行本体的存储。若采用关系型数据库存储本体,则使用关系型数据库的表结构来存储本体中的三元组数据,目前有 MySQL、SQL Server、Oracle 等关系型数据库支持存储本体。关系型数据库存储本体需要配置一个数据库连接,通过这个连接将本体包含的数据写入数据库中。其中,数据库连接包括的参数有数据库 URI、用户名、密码和数据库类型。将本体存储到数据库中后,用户就可以对本体进行查询、编辑、推理等操作。该方式由于研究时间较长,因此相关技术比较成熟,存储系统比较稳定。但是由于关系型数据库模型与 RDF 数据模型不太一致,因此在对本体进行存储、查询、推理操作时转换的开销比较大。

总之,基于数据库的本体存储方式相比于文件存储方式,能处理更大、更复杂的本体,而且不需要显式地保存数据模型,效率更高,但是需要对数据库参数进行设置。

**3. Jena**

Jena 是惠普公司开发的用于创建语义网应用系统的 Java 框架,它为本体的开发提供了开发环境,同时也为本体的检索和推理分别提供了查询引擎和推理引擎。用户可通过使用 Jena 开发包对 RDF、OWL 等文件进行解析和处理,从文件中读取本体信息并存储于特定的模型中,从而能够方便地对本体进行编辑和解析,并可以根据一定的推理规则,通过推理引擎对本体进行推理,从而实现语义推理和语义检索。

Jena 将 RDF 图作为其核心的接口,主要由以下 5 部分构成:

1) 将 RDF 模型视为一组 RDF 三元组集合的 RDF API;

2) 用于对 RDF 数据进行查询,可伴随关系型数据库存储一起使用以实现查询优化的查询语言 RDQL;

3) 基于 RDF、OWL 等规则集的推理,也可自己建立规则的推理机子系统;

4) 对 RDF 进行内存暂时存储和在 Oracle、MySQL、PostgreSQL 中进行数据持久化存储;

5) 提供不同接口支持的本体系统来解析和处理 OWL、DAML+OIL 和 RDFS。

Jena 主要由 API 和 SPI 组成,SPI 为 Jena 提供核心数据结构,用户若需要使用 Jena 的功能,只需要调用 Jena API 即可。Jena 以 Jar 包进行管理,在开发中经常需要用到的包有:

1) com.hp.hpl.jena.rdf.model 包。主要包含对 RDF 图的创建、编辑等功能，是 Jena API 的基础，包结构如图 3.13 所示。

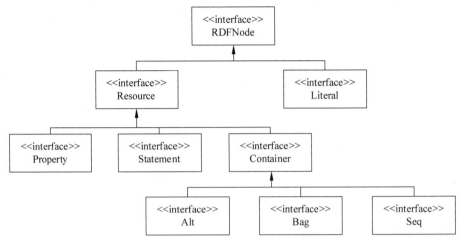

图 3.13　rdf.model 包主要接口函数

2) com.hp.hpl.jena.ontology 包。为操纵基于 RDF 的本体提供了抽象接口和实现，结构如图 3.14 所示。

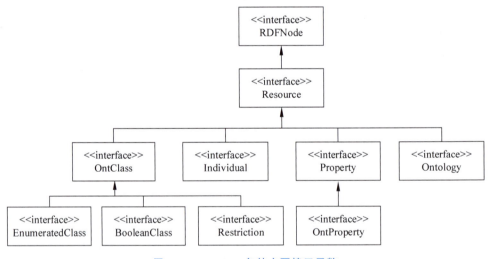

图 3.14　ontology 包的主要接口函数

### 4. D2R

D2R 目前是一款比较流行的用于发布 RDF 数据的工具，其主要功能是将关系型数据库的表数据发布为 RDF 数据，目前 Oracle、MySQL、Microsoft SQL Server、Microsoft Access 等主流的关系型数据库都支持其功能。图 3.15 描述了 D2R 的结构体系。

从图 3.15 可知，D2R 主要由 D2R 服务器、D2RQ 引擎以及 D2RQ 映射语言组成。

1) D2R 服务器

D2R 服务器是一个 HTTP 服务器，通过 D2R 服务器访问数据可以将查询结果以图形

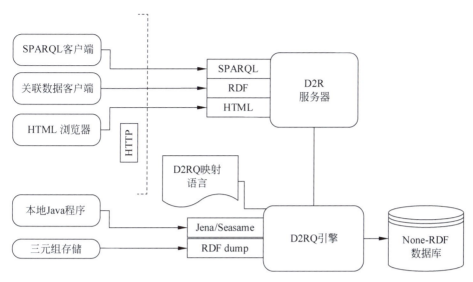

图 3.15　D2R 结构体系

化的形式展示出来,数据间的关系非常清晰明了。从 D2R 体系结构中可以发现,用户可以通过 SPARQL 客户端、关联数据客户端或者 HTML 浏览器来分别调用 D2R 服务器提供的 RDF 数据查询接口来访问数据。

2) D2RQ 引擎

D2RQ 引擎通过采用 D2RQ 映射语言编制的 D2RQ 映射文件,将关系型数据库的表数据转换为 RDF 格式数据。其中,D2RQ 并没有将表数据发布为真实的 RDF 数据,而是通过映射文件将表数据映射为虚拟的 RDF 数据。若需要将表数据转换成真实的 RDF 数据,用户可以通过本地 Java 程序或者三元组存储分别调用 D2RQ 引擎提供的 Jena/Seasame 或者 RDF Dump 来获取真实的 RDF 数据。

3) D2RQ 映射语言

D2RQ 映射语言用于构建将关系型数据库的表数据转换成 RDF 数据的映射文件。D2RQ 映射语言包含的两个重要的概念,分别是 d2rq:ClassMap 和 d2rq:PropertyBridge。

(1) d2rq:ClassMap 代表本体模型中的类,一般与关系型数据库中数据表的表名进行映射,它包含 2 个重要属性:d2rq:Class 表示该 ClassMap 所对应的类,其取值可以来自本体模型,也可以根据数据表中的数据特征定义新的类;d2rq:UriPattern 描述了一个 URI 模板,指导数据表转换为实例资源的真实 URI。一般用"makt/@@makt.物料号|urlify@@/@@makt.语言代码|urlify@@"来表示,"/"前面的部分为表名,后面"@@"之间的部分为表的列,若"@@"中包含多个列,则用"|"隔开。

(2) d2rq:PropertyBridge 代表本体模型中类的数据属性,一般与关系型数据库的数据表中的列进行映射。其中包括几个重要属性:d2rq:belongsToClassMap 表示该 propertyBridge 所属的 ClassMap,即用于说明该属性属于哪个类;d2rq:property 表示该 propertyBridge 所对应 property，其取值可以取自现有的本体模型，也可以根据数据表中的数据特征定义新的数据属性；d2rq:column 表示该 propertyBridge 关联的关系型数据库中表的某列；d2rq:refersToClassMap 表示该 propertyBridge 引用了其他的 ClassMap，从而使 propertyBridge 的取值来自于它所引用的 ClassMap，而不是它所属于的 ClassMap 的值。当 propertyBridge 使用多个 d2rq:refersToClassMap 时，需使用 d2rq:join 来指明各个 ClassMap 之间的关联条件，d2rq:join 类似 SQL 语句中的 where 条件。

## 3.4 基于知识图谱的工业大数据治理

### 3.4.1 工业大数据与知识图谱

当前，新一轮科技革命席卷全球，大数据、云计算、移动互联网等技术成为构筑开放合作的制造业新体系的基石，扩展了制造业创新与发展的空间。制造业正迈向转型升级的新阶段——由数据驱动转向知识驱动，制造业隐性知识面临显性化需求。

传统的大数据具有数据容量大、数据生成速度快、数据格式类型多、数据置信度较低以及数据价值密度低的特点。与传统的大数据不同，工业大数据具有装备类型多、工况种类复杂、生产要素多等特征，并且需要较高的领域知识支撑。

知识图谱是一种研究数据之间关联关系的新兴技术，能有效地展现错综复杂的数据之间的各种关联关系，清晰地表达数据的知识结构，让数据的分析结果具有一定的可解释性。工业大数据知识图谱具有数据构成复杂、知识体系特殊等特征。区别于传统真实世界知识图谱的自然文本输入，工业大数据知识图谱的输入数据一半来源于已经结构化了的传感器数值数据，另一部分是半结构化数据和来自于一些具有高度规则的文档、图片、音视频的非结构化数据。同时工业大数据知识图谱包括一些高度领域化的实体及实体关系。因此，需要研究构建适应于特定场景的工业知识图谱的方法。

通过构建基于工业大数据的知识图谱实现工业大数据综合治理，可以提高数据管理的统筹能力。基于工业大数据的知识图谱可以将多源异构数据层层分解并关联起来，将离散的、分段的数据实现知识层面的集成，反映工业生产场景的整体面貌。

### 3.4.2 工业大数据环境下的知识图谱构建

工业大数据环境下的知识图谱通常包括一些通用的物理机理领域知识和一些面向特定工业生产过程以及特定生产装备的专业领域知识。通过构建面向特定工业领域的知识图谱，可最终实现面向特定工业问题的辅助决策分析。知识图谱具有很多构建理论，一般从知识图谱的基本结构来看，构建需要以下 5 个步骤：

(1) **明确数据来源**。领域不同,构建知识图谱的数据也相应不同,且数据来源往往存在于不同的架构体系中,表现形式难以统一。

(2) **知识提取**。结构化数据往往已经过清洗加工,可直接进行知识提取。而对于非结构化数据往往要通过实体抽取技术将实体及其关系抽取出来,从而得到具有实体关系表征的元数据。

(3) **数据清洗及合并**。知识提取后得到的数据依然缺乏层次,并可能存在错误重复的问题,没有进行有效组织,需对其进行清洗、合并等进一步处理,以得到高质量数据。

(4) **数据处理及知识模型构建**。用人类逻辑对这些海量高质量数据进行抽象和组织,并构建知识模型,使数据组织符合人类认知。此阶段需要人工高度参与。

(5) **构建知识图谱**。根据上一步的结果构建知识图谱,并且随着知识的更新,不断对其进行升级迭代。

构建工业大数据环境下的知识图谱的核心思想在于构建一个知识体系,以对海量多源异构数据的管理实现有力的支撑。如图 3.16 所示为工业大数据环境下一般知识图谱的构建流程。其中虚线框内部分为知识图谱的构建过程,同时也是知识建立和更新的主要流程。首先是原始数据处理,数据源可能是结构化的、非结构化的以及半结构化的,然后通过一系列自动化或半自动化的技术手段,从原始数据中提取出知识要素,即若干实体关系,并将其存入知识图谱的模式层和数据层。构建知识图谱是一个迭代更新的过程,根据知识获取的逻辑,每一轮迭代包含知识存储、信息抽取、知识融合、知识计算四个阶段。

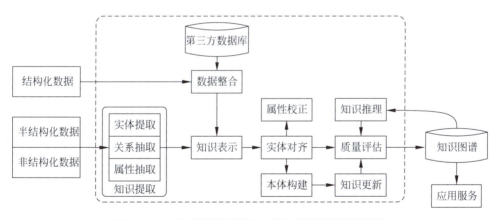

图 3.16 工业大数据环境下一般知识图谱的构建流程

(1) **知识存储**:针对构建知识图谱设计底层的存储方式,完成各类知识的存储,包括基本属性知识、关联知识、事件知识、时序知识、资源类知识等。存储方式的优劣将直接影响查询效率和应用效果;

(2) **信息抽取**:从各种类型的数据源中提取出实体、属性以及实体间的相互关系,在此基础上形成本体化的知识表达;

（3）知识融合：在获得新知识之后，需要对其进行整合，以消除矛盾和歧义，比如某些实体可能有多种表达，某个特定称谓也许对应多个不同的实体等；

（4）知识计算：对于经过融合的新知识，需要经过质量评估之后（部分需要人工参与甄别），才能将合格的部分加入知识库中，以确保知识库的质量。

在知识图谱构建完成后，将其与工业领域数据和业务场景相结合，将助力企业在该领域取得实际的商业价值。

# 第 4 章

# 工业大数据分析技术

## 4.1 工业大数据分析技术概述

工业领域大数据是一种与工业领域相关的大数据,来自于生产经营相关的业务、物联网设备、外部生态环境等。工业领域的数据与生产制造的全过程具有强关联性,从客户的业务需求到可行方案的设计,从材料的采购到产品的研发,从产品的供应、库存、交付到售后服务,从市场的销售到运维等,每个环节都会产生数据,而这些数据中蕴含着无限的可能,或是潜在的问题与风险,或是新的商机和优化策略。

工业领域的大数据分析相较于传统大数据分析而言,分析工作的侧重点存在明显不同。早在 2015 年,李杰教授就在《工业大数据》一书中提出工业大数据应用的"3B"挑战,即①Broken:数据分散在多个信息系统中,碎片化问题严重;②Bad Quality:工业现场环境恶劣,数据质量差;③Background:数据受到设备参数设定、工况、环境等背景信息的影响。因此在进行工业大数据分析前,需要进行数据预处理以使后续建模分析过程更加顺利以达到预期效果。具体内容如下:

(1) 检测数据质量,数据来源包括传感器、主控系统、振动信号等。保证该阶段的数据质量,确保异常数据在建模过程中的干扰降到最低。

(2) 识别数据的背景信息,如运行工况等。要把不同工况分割并标准化处理,以便后续特征提取等工作顺利进行。

（3）整合碎片化数据，比如常见的数据对齐问题，从传感器、控制器及其他外接系统等不同信息系统中采集到的数据，都需要进行数据对齐与整合。

（4）通过数据变换来强化后续建模工作所需的线索，如在风电场景中，通过计算叶间速比、风能利用指数等一系列更能表征风机运行状态的物理量，辅助后续建模工作。

工业大数据分析有很多应用，如加速产品创新、产品故障诊断和预测、工业物联网生产线的大数据应用、工业供应链的分析与优化、产品销售预测与需求管理、产品计划与排程、质量管理与分析等。

## 4.2 工业大数据分析主要技术

随着大数据技术在互联网、金融等领域取得出色的成效，制造业领域也逐渐引进大数据相关技术和相关算法，本节将对一些典型工业大数据分析算法进行介绍，包括传统机器学习方法以及深度学习方法，并将这些方法应用于工业大数据分析典型案例。

### 4.2.1 传统机器学习方法

传统机器学习方法基于一些观测样本，试图不通过原理分析发现规律，相关方法包括逻辑回归、隐马尔可夫、支持向量机、贝叶斯等。传统机器学习方法为解决有限样本问题提供方法，可平衡结果的有效性与模型的可解释性。

**1. 序列最小优化算法**

1）SMO 算法简介

序列最小优化（sequential minimal optimization，SMO）算法于 1998 年由 John C. Platt 提出，该算法可以快速地训练 SVM。它把大规模 SVM 的二次规划问题分解为多个小规模的子问题，其中最小的子问题只有两个变量，这样就能用解析的方法求解小的子问题。Keerthi 和 Gilbert 证明了 SMO 算法具有收敛性。SMO 算法的出现使 SVM 可以处理大规模数据回归问题，因此它也得到了广泛应用。

SMO 算法与其他 SVM 优化算法相比，共同之处是它们解决问题的方式都是将一个大问题拆解成许多小问题，独特之处在于 SMO 将每一步工作样本集的大小都设置成 2，即每一步只有 2 个变量，从而能采用解析法求解问题，避免了矩阵的存储和迭代导致的误差累积，大大节省了算法运行时间。因此，选用 SMO 算法进行工艺参数模型构建比其他算法更具优势。

2）SMO 算法基本思想

Platt 提出的 SMO 算法可以当作是分解算法的特例，它的优势在于可以用解析方式处理两个样本的二次规划问题。在只有两个变量的情况下，使用等式约束能够用一个变量表示另一个变量,因此迭代时可以通过解析的方式解得所有子问题的最优解。并且其工作集的选择也没有采用传统的最陡下降法,而是采用了启发式方法,通过一个两层的嵌套循环对工作样本集的样本进行选择。

将 $\alpha_1$、$\alpha_2$ 设为工作集中样本所对应的变量,并且使每一次迭代 $\alpha_1$、$\alpha_2$ 都处于一条直线,即

$$\alpha_1 y_1 + \alpha_2 y_2 = \text{const} = \alpha_1^{\text{old}} y_1 + \alpha_2^{\text{old}} y_2 \tag{4-1}$$

式中,$\alpha_1, \alpha_2 \in [0, C]$。这样就能将问题转换成关于 $\alpha_2$ 单变量优化问题进行求解。

SMO 算法先求得 $\alpha_2^{\text{new}}$,从而求得 $\alpha_1^{\text{new}}$。矩阵约束 $\alpha_1, \alpha_2 \in [0, C]$ 使 $\alpha_2^{\text{new}}$ 满足式(4-2)的取值范围:

$$U \leqslant \alpha_2^{\text{new}} \leqslant V \tag{4-2}$$

当 $y_1 \neq y_2$ 时,

$$\begin{aligned} U &= \max(0, \alpha_2^{\text{old}} - \alpha_1^{\text{old}}) \\ V &= \min \end{aligned} \tag{4-3}$$

当 $y_1 = y_2$ 时,

$$\begin{aligned} U &= \max(0, \alpha_2^{\text{old}} + \alpha_1^{\text{old}} - C) \\ V &= \min(C, \alpha_1^{\text{old}} + \alpha_2^{\text{old}}) \end{aligned} \tag{4-4}$$

假设 SVM 的输出函数为

$$f(x) = \sum_{\text{支持向量}} y_i \alpha_i k(x_1, x) + b \tag{4-5}$$

并且

$$E_i = f(x_i) - y_i = \left( \sum_{j=1}^{l} \alpha_j y_j k(x_i, x_j) + b \right) - y_i \tag{4-6}$$

$$k = k(x_1, x_1) + k(x_2, x_2) - 2k(x_1, x_2) \tag{4-7}$$

当且仅当以 $\alpha_1$、$\alpha_2$ 为变量,使其余 $\alpha$ 不变时,泛函的最大值可根据式(4-8)确定。

$$\alpha_2^{\max} = \alpha_2^{\text{old}} + \frac{y_2(E_1 - E_2)}{k} \tag{4-8}$$

根据约束条件 $U \leqslant \alpha_2^{\text{new}} \leqslant V$,可知 $\alpha_2^{\text{new}}$ 的取值范围如下:

$$\alpha_2^{\text{new}} = \begin{cases} V, & \alpha_2^{\max} > V \\ \alpha_2^{\max}, & U \leqslant \alpha_2^{\max} \leqslant V \\ U, & \alpha_2^{\max} < U \end{cases} \tag{4-9}$$

$\alpha_1^{\text{new}}$ 的取值根据式(4-10)得到

$$\alpha_1^{\text{new}} = \alpha_1^{\text{old}} + y_1 y_2 (\alpha_2^{\text{old}} - \alpha_2^{\text{new}}) \tag{4-10}$$

每轮选取 $\alpha_1$、$\alpha_2$ 都需要根据两层循环而定,并且没有直接用 $k$ 来进行计算,而是通过分类器对样本的错误量进行估算。工作集确定后,便可解得二次规划问题的解析解。在具

体应用中,样本数据可能存在大量的零值,SMO 利用稀疏性对核函数计算进行优化,从而大大提高了运算效率。

3) SMO 算法实现

SMO 算法的实现一般要进行两层循环,如图 4.1 所示。

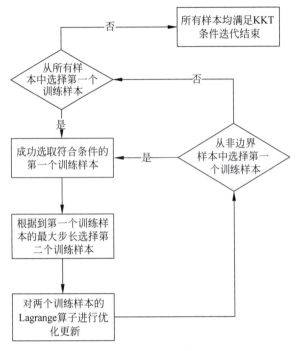

图 4.1  SMO 算法两层循环图

内层循环针对遇到违反 KKT 条件的样本时需要选取其他与其配对的样本的情况,这个样本的选取条件是要能使得完成匹配的一组样本的步长最大。假设已不存在可优化的样本,那么首先遍历全部非边界样本,判断是否可以搜索到与第一个样本配对的样本,若在以上所述样本中搜索不到,则遍历所有样本。除了第一次遍历,后面都是从随机位置开始进行遍历,这样遍历的好处是能消除算法向一个固定方向偏差的影响。

外层循环遍历是对非边界样本或全部样本进行遍历。一般会先对非边界样本进行循环遍历,如果存在违反 KKT 条件的样本,那么需对它们进行调整,循环结束的条件是非边界样本必须完全满足 KKT 条件。如果不存在需调整的非边界样本,那么就对所有样本进行循环遍历。如果在外层循环中对样本进行了优化,那么就对非边界样本再次优化,循环的结束条件是整个训练集都满足 KKT 条件。

算法伪代码如下:

```
target = desired output vector
point = training point matrix
procedure takeStep(i1, i2)
    if (i1 == i2) return 0
```

```
procedure examineExample(i2)
    y2 = target[i2]
    alph2 = Lagrange multiplier for i2
    E2 = SVM output on point[i2] - y2
```

```
alph1 = Lagrange multiplier for i1
y1 = target[i1]
E1 = SVM output on point[i1] − y1
(check in error cache)
s = y1 * y2
Compute L, H via equations (13) and
(14)
if (L == H)
  return 0
k11 = kernel(point[i1], point[i1])
k12 = kernel(point[i1], point[i2])
k22 = kernel(point[i2], point[i2])
eta = k11 + k22 − 2 * k12
if (eta > 0)
{
 a2 = alph2 + y2 * (E1 − E2)/eta
 if (a2 < L) a2 = L
 else if (a2 > H) a2 = H
}
else
{
 Lobj = objective function at a2 = L
 Hobj = objective function at a2 = H
 if (Lobj < Hobj − eps)
    a2 = L
 else if (Lobj > Hobj + eps)
    a2 = H
 else
    a2 = alph2
}
if(|a2 − alph2|< eps * (a2 + alph2 + eps))
 return 0
a1 = alph1 + s * (alph2 − a2)
Update threshold to reflect change in
Lagrange multipliers
Update weight vector to reflect
change in a1 & a2, if SVM is linear
Update error cache using new Lagrange
multipliers
Store a1 in the alpha array
Store a2 in the alpha array
return 1
endprocedure

(check in error cache)
r2 = E2 * y2
if ((r2 < − tol && alph2 < C) || (r2 >
tol && alph2 > 0))
{
 if (number of non − zero & non − C
 alpha > 1)
 {
  i1 = result of second choice
  heuristic
  if takeStep(i1, i2)
    return 1
 }
 loop over all non − zero and non − C
 alpha, starting at a random point
 {
  i1 = identity of current alpha
  if takeStep(i1, i2)
    return 1
 }
 loop over all possible i1, starting
 at a random point
 {
  i1 = loop variable
  if (takeStep(i1, i2))
    return 1
 }
}
 return 0
endprocedure
main routine:
 numChanged = 0;
 examineAll = 1;
 while (numChanged > 0 | examineAll)
 {
  numChanged = 0;
  if (examineAll)
    loop I over all training
  examples
      numChanged = numChanged +
    examineExample(I)
  else
    loop I over examples where alpha
  is not 0 & not C
      numChanged = numChanged +
    examineExample(I)
  if (examineAll == 1)
    examineAll = 0
  else if (numChanged == 0)
    examineAll = 1
 }
```

**2. 多目标粒子群算法**

1) 多目标优化算法原理

基本粒子群优化(PSO)算法是进行函数优化的有效算法之一。该算法需要给种群中所有粒子赋初值,包括变量初值和适应度评价函数初值,所有初值不能超出限定范围。每次迭代时,首先每个粒子都会重新判断最优值并进行更新,然后整个种群对全局最优值进行判断和更新,从而使单个粒子和整个种群都达到最优。适应度函数可以对粒子的优劣进行评价,因此它可以为寻找最优值提供参考依据,是优化过程中较为重要的因素之一。

在优化的过程中,任何粒子的飞行都不是随机的,它们都遵守一定的秩序,也就是说它们都以适应度值为规则在搜索空间移动。算法中每个粒子通过自身的飞行经验和其他粒子的飞行经验不断地调整飞行状态,而不需要像其他算法一样通过进化算子调整。

假设有一个粒子群体 $\boldsymbol{X}$,它的第 $i$ 个粒子用 $\boldsymbol{X}_i=(x_{i1},x_{i2},\cdots,x_{id})$ 表示,每个粒子在飞行过程找到的最佳位置用 $\boldsymbol{P}_i=(p_{i1},p_{i2},\cdots,p_{id})$ 表示,记作 $p_{\text{best}}$,粒子群体在整个飞行过程找到的最佳位置记作 $g_{\text{best}}$,如果某个群体只存在一个粒子,则 $p_{\text{best}}=g_{\text{best}}$,第 $i$ 个粒子在空间中的飞行速度用 $\boldsymbol{V}_i=(v_{i1},v_{i2},\cdots,v_{id})$ 表示。迭代过程中粒子值按如下迭代方程变化:

$$v_{id}^{t+1}=w\times v_{id}^{t}+c_1\times r_{1_{id}}^{t}\times (p_{id}^{t}-x_{id}^{t})+c_2\times r_{2_{id}}^{t}\times (p_{gd}^{t}-x_{id}^{t}) \tag{4-11}$$

$$x_{id}^{t+1}=x_{id}^{t}+v_{id}^{t+1} \tag{4-12}$$

式中,$d(d=1,2,\cdots,D)$ 表示搜索空间的维数;$i(i=1,2,\cdots,N)$ 表示粒子的编号;$t$ 表示迭代的次数;$v_{id}^{t}$ 表示在第 $t$ 次迭代时,第 $i$ 个粒子在第 $d$ 搜索空间维度的速度;$x_{id}^{t}$ 表示在第 $t$ 次迭代时,第 $i$ 个粒子在第 $d$ 搜索空间维度的位置;$p_{id}^{t}$ 表示在第 $t$ 次迭代时,第 $i$ 个粒子在第 $d$ 搜索空间维度的最佳位置;$p_{gd}^{t}$ 表示在第 $t$ 次迭代时,粒子群体在第 $d$ 搜索空间维度的最佳位置;$r_1$、$r_2$ 表示[0,1]上的随机数;$c_1$、$c_2$ 表示粒子的加速因子,可以对每次迭代的步长进行调整。式(4-11)中,$w\times v_{id}^{t}$ 为每个粒子第 $t$ 次迭代时的速度;$c_1\times r_{1_{id}}^{t}\times (p_{id}^{t}-x_{id}^{t})$ 为当前迭代对自身的反馈;$c_2\times r_{2_{id}}^{t}\times (p_{gd}^{t}-x_{id}^{t})$ 为对整个粒子群体的反馈。

基本 PSO 算法一般只能解决单目标优化问题,获得一个解,而多目标优化问题需要获得一组解。多目标粒子群算法(MOPSO)的主要目标是找到一组使所有目标尽可能最优的解,这就导致不能直接使用基本 PSO 算法求解多目标优化问题。MOPSO 算法可以求得多组解,并找出一组非支配解,即 Pareto 最优集。因此在多目标优化过程中需要达到三个基本目标:

(1) 求得的解与 Pareto 边界之间的距离要尽可能小;

(2) 求得的解尽可能均匀分布在 Pareto 边界附近,使非支配解尽可能多;

(3) 求得的非支配解需要维持。

要使求得的解与Pareto边界之间的距离尽可能小,关键是要通过合适的适应度函数来判断。适应度函数的选取主要基于以下三种方法:

(1) 基于聚类的方法,该方法需要对所有优化目标的权值进行设置,优化目标的加权和即为适应度函数。

(2) 基于准则的方法,该方法就是在优化过程中,每次仅用一个目标函数寻找最优值,适应值函数即为该目标函数。

(3) 基于Pareto支配的方法是最常用的方法,该方法通过非劣关系将所有粒子都进行排序,适应度值就是每个粒子的支配等级。

为了使求得的解尽可能均匀分布在Pareto边界附近,使非支配解尽可能多,需要通过能使决策向量更靠近Pareto边界的方法来实现。而维持求得的非支配解主要是通过将最优解存放在存储库中来实现的。

2) 多目标粒子群算法的性能度量

一个算法是否高效准确是用性能度量来衡量的,因而性能度量也是优化问题的关键步骤之一。单目标优化算法只需对适应度函数值进行比较,而多目标优化算法比单目标优化算法更为复杂,因为算法求得的是一组Pareto解,不能根据支配关系对粒子进行比较。

算法的性能度量一般针对以下两项:第一项是优化过程需要的资源数量;第二项是最终求得的最优解的优劣。优化过程需要的资源数量一般是以算法从开始到结束整个过程所需时间为依据进行度量的。最优解的优劣在单目标的情况下可以直接对其大小进行度量,但是在多目标情况下很难权衡所有解。在最早时研究者们主要采用主观评价的方式,这种方式得到的结果因人而异,后来有研究者将最优解的质量进行量化后再度量。下面介绍两种常见的多目标优化算法的性能度量方法:

(1) 世代距离。

世代距离可以对非支配解前沿($PF_{know}$)和真实Pareto前沿($PF_{true}$)间的距离进行计算,也就是两者之间的偏差,该值越大表明算法越差,越小则表明算法越好,下式为世代距离计算公式:

$$GD = \left(\frac{1}{n_{know}}\sum_{m=1}^{n_{know}} d_m\right)^{\frac{1}{2}} \qquad (4-13)$$

式中,$n_{know}$指的是$PF_{know}$中解的数量;$d_m$表示搜索空间里第$m$维向量$f_m$与$PF_{true}$相距最近的粒子之间的距离,表示如下:

$$d_m = \min_{f_{true} \in PF_{true}} \{\|f_m - f_{true}\|\} \qquad (4-14)$$

该性能度量方式简单易用,计算量不大,因而在实际应用中使用较多。

(2) 非支配解的分布。

该方式可以对$PF_{know}$中分布的均匀性进行评价,依据如下公式:

$$S = \frac{\left[\frac{1}{n_{\text{know}}} \sum_{m=1}^{n_{\text{know}}} (d_m - \bar{d})^2\right]^{\frac{1}{2}}}{\bar{d}} \tag{4-15}$$

式中，$n_{\text{know}}$ 表示 $\text{PF}_{\text{know}}$ 中解的数量；$d_m$ 表示搜索空间里第 $m$ 维向量 $f_m$ 与 $\text{PF}_{\text{true}}$ 相距最近的粒子之间的欧氏距离；$\bar{d} = \frac{1}{n_{\text{know}}} \sum_{m=1}^{n_{\text{know}}} d_m$。

$S$ 为零时，非支配向量的分布是均匀的，但是实际应用中一般不会存在这种情况，$S$ 的值越小，表示非支配向量的分布越均匀。

### 4.2.2 深度学习方法

作为人工智能的一个重要组成部分，深度学习有着悠久的历史，最初源于人工神经网络(Artificial Neural Network，ANN)。一般认为，深度学习经历了三次发展浪潮，20 世纪 40 年代到 60 年代深度学习的雏形出现在控制论(cybernetics)中，20 世纪 80 年代到 90 年代深度学习表现为联结主义(connectionism)，直到 2006 年，Hinton 正式提出深度学习的概念，自此深度学习的名字才为大家所熟知。发表于 Nature 杂志的 Deep Learning 一文中，人工智能界的几位翘楚 Yann LeCun、Yoshua Bengio 和 Geoffrey Hinton 总结了深度学习近几年的发展。深度学习目前已在语音识别、视觉物体识别、目标检测等领域取得了令人瞩目的成绩。深度学习可以自动学习海量数据中好的特征，而不像传统方法那样需要大量专业知识和工程技能设计的特征提取器，这是深度学习有别于其他机器学习算法的关键优势。

**1. 深度神经网络**

1) 神经网络

人工神经网络也简称为神经网络，这一算法模型模拟生物神经系统的行为特征，能够以分布式的方式并行地对信息进行处理。神经网络中包含大量具有适应性的简单神经元，将这些神经元连接起来，整个网络就可以像动物的神经系统对现实世界的刺激做出反应一样，依据外部信息的变化自行地做出调整。

通过模仿动物神经系统的方式，神经网络不仅能够采用分布式的方式存储数据，而且还能够并行地处理这些信息，其主要特性可以概括为以下三点：

(1) 自学习。通过对输入样本数据的学习，神经网络能够不断调整内部参数，进而提取出包含在样本数据中的重要特征，而且可以有效地抑制噪声和信息的不完整对分析结果的影响。

(2) 非线性。神经网络自身就具备非线性的特征，通过选择合适的非线性激活函数，整个网络能够反映任意的非线性映射关系。

(3) 并行化处理数据。构成神经网络的每个神经元都可以单独地对接收到的数据进行运算和处理后输出,使得网络的并行性得到提高。

神经网络由许许多多的单个神经元联结而成,典型的神经元模型结构如图 4.2 所示,它一般具有多个输入,但只有单个输出。

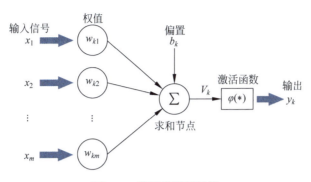

图 4.2 神经元模型结构

$x_i$ 为当前神经元的输入信号,它是初始输入或者前一个神经元的输出信号,$i \neq k$;$w_{ki}$ 为两个神经元之间的权值;$b_k$ 为加入该神经元的偏置,它是用来对值域进行调整的;$\varphi(*)$ 是非线性的激活函数;神经元的输出信号是 $y_k$,它也可以通过权值和其他的神经元连接。神经元的映射关系可以用以下数学公式表示:

$$y_k = f\left(\sum_{i=1}^{n} w_{ki} x_i + b_k\right), \quad i \neq k \tag{4-16}$$

激活函数 $f(*)$ 是神经元中的一个重要元素,它的作用是在保留输入信号特征的前提下,将接收到的一系列输入信号映射为一个输出结果,该结果通常都是非线性的,这就使得神经网络能够解决一些线性函数难以解决的复杂问题。常用的激活函数包括 Sigmoid 函数和 ReLU 函数等。Sigmoid 函数可以通过数学公式表示为

$$f(x) = \frac{1}{1 + e^{-x}} \tag{4-17}$$

更为直观的图形表示如图 4.3 所示,可以看到,Sigmoid 函数在信号的中间区域,Sigmoid 函数获得的增益比较大,在两侧的增益相对较小,在映射非线性输入向量空间时能够获得良好的效果,这也是大多数应用选择 Sigmoid 函数作为激活函数的原因。然而近年的研究应用发现使用 Sigmoid 函数时会激活很多不必要的神经元,这导致了大量冗余数据的出现,增加了计算的复杂性。

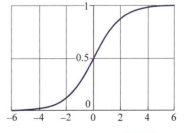

图 4.3 Sigmoid 函数图形

ReLU 函数是从生物学的角度模拟出的更接近脑神经元的激活模型,这个模型与 Sigmoid 函数主要有三点不同:正侧增益、激活边界更为宽阔以及稀疏的激活性。ReLU 函数的目的是不断查找一个尽可能稀疏的矩阵来对输入数据的特性进行表示,这样就大大减少了运算的复杂性,同时稀疏矩阵也可以减少依存关系,尽量避免模型出现过拟合的情况。

大量的神经元组合在一起就得到了神经网络,早期的神经网络只有两层,在实际应用中只能对一些简单的线性问题进行处理,当面对一些非线性映射的复杂应用场景时,它就显得无能为力了。因此,人们很自然想到并开始在两层神经网络中加入一些隐含层,以加强神经网络的非线性表达能力,从而增强了其健壮性。神经网络的每层都接收上一层的输入数据,在处理完毕之后输出到下一层的神经网络中,并使用权值来表示神经元影响的大小。神经网络对样本反复训练的过程中,权值会发生改变,最后通过权值可以确定一些与目标输出关系较大的神经元,并通过这些神经元可以对新数据进行计算预测。

2) 浅层神经网络

在浅层神经网络的研究和应用中,学术界最为认可的一种网络结构莫过于前馈神经网络。BP(back propagation)神经网络就是一种具有多层感知器的前馈网络,它采用误差反向传播算法对样本进行训练,由于其学习效率高,训练速度快,因而在解决实际问题时获得了广泛的使用,并取得了优良的效果。BP 神经网络能够映射任意的非线性关系,而无须构建表达这种关系的数学公式。

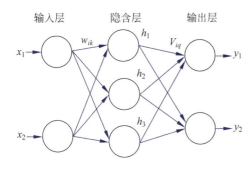

图 4.4 单层神经网络结构模型

如图 4.4 所示是只含一个隐含层的 BP 神经网络模型的基本结构,在隐含层的前后各有一个输入层和输出层。隐含层节点的个数并没有严格的限制,需要根据不同的应用场景进行具体的调整。

根据是否需要一组已知目标输出的学习样本集,机器学习主要包括监督学习和无监督学习两大类,而 BP 神经网络属于前者。确定采用几层的 BP 神经网络,以及各层的节点个数后,我们还需要确定各层的神经元节点间的权值系数,然后就可以根据输入数据得到准确的输出值了。在对网络进行训练之前,一般会赋予网络权值一个随机值,输入学习样本得到初始输出值。然后采用某种算法根据网络的输出误差对各个节点间的连接权值进行修正,使得误差不断减小,直到满足网络训练的终止条件,BP 神经网络就训练完成了。对连接权值进行修改的方法有多种,BP 神经网络一般沿着误差性能函数的负梯度方向调整权值,属于最速下降法,其他的方法还包括如最小二乘法、拟牛顿法等,下面重点对最速下降法进行介绍。

最速下降法是一种求取最优化目标的算法,通常用来解决无约束条件下的寻优问题,其原理为:如果在某点 $x_0$ 处函数 $f(x)$ 有定义而且是可微的,则该点梯度的反方向就是函数 $f(x)$ 下降最快的方向。所以,首先要对 $x_0$ 点处的梯度进行计算,然后以一定的步长沿着梯度的反方向改变自变量的大小,距离目标值越近,步长越小,前进得越慢。

假设在三层结构的 BP 神经网络中,有 $I$ 个输入信号,$M$ 个隐含层节点,$J$ 个输出神经元节点,输入层神经元 $i$ 和隐含层神经元 $m$ 之间的连接权值为 $w_{im}$,隐含层神经元 $m$ 和输

出层神经元 $j$ 之间的连接权值为 $w_{mj}$，选择 Sigmoid 函数作为隐含层的激活函数，选择线性函数作为输出层的激活函数。对于 $N$ 个训练样本 $(S_n, d_n)$，节点 $i$ 的输出为 $O_i$，对于样本 $n$，其输入为 $n$ 维向量 $S_n$，输出为 $m$ 维向量 $d_n$。当将样本 $n$ 输入节点 $j$ 时，其输入值为

$$I_{jn} = \sum_{i=1}^{n} w_{ij} \cdot O_{in} \tag{4-18}$$

对应 $I_{jn}$ 的输出值为

$$O_{jn} = f(I_{jn}) \tag{4-19}$$

其中，

$$f(x) = \frac{1}{1+e^{-x}} \tag{4-20}$$

误差反向传播的过程中，定义网络的期望输出 $d_n$ 与实际输出 $y_n$ 之间的误差平方和为目标函数

$$E_n = \frac{1}{2} \sum_{j=1}^{m} (d_{jn} - y_{jn})^2 \tag{4-21}$$

则所有样本的误差总和为

$$E = \frac{1}{2n} \sum_{k=1}^{n} E_k \tag{4-22}$$

训练网络的过程可以归结为一个数学上的无约束条件下的寻优问题

$$E(w) = \min(E) \tag{4-23}$$

式中，$w$ 为网络的连接权值，最后的目标就是使得误差最小，权值 $w$ 改变的公式为

$$w_{ij}(t+1) = w(t) - \theta \cdot \frac{\partial E}{\partial w_{ij}}, \quad \theta > 0, \quad \frac{\partial E}{\partial w_{ij}} = \sum_{k=1}^{n} \frac{\partial E_k}{\partial w_{ij}} \tag{4-24}$$

式中，$\theta$ 为学习率，$n$ 为样本总数，$t$ 为迭代次数。

BP 学习算法的流程如图 4.5 所示，大致可以概括为以下几步：

（1）为神经元节点间的连接权值设置一个初始值，这个初始值一般为 0～1 的一个较小的随机数。

（2）将训练样本逐个输入 BP 神经网络，不断地重复这一过程直到到达一个收敛点：

正向传播过程：从输入层开始逐步向前计算各个神经元的输入值和输出值，最后计算得到整个网络的输出值。

反向传播过程：对每层的各个神经元，根据误差的情况沿着梯度下降最快的方向依次调整权值。

从学习过程中数据的流向来看，BP 神经网络属于前馈型网络，信息正向流动，误差反向传播，这种网络通过连接大量的简单神经元来表达复杂的输入输出关系。在使用神经网络作为预测模型的实际应用中，大部分选择的都是 BP 神经网络，但是 BP 神经网络具有一些较难克服的局限性，主要有以下四方面：

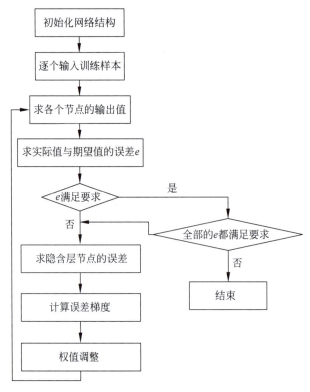

图 4.5　BP 学习算法流程图

（1）容易陷入局部最小点。在 BP 神经网络对样本数据集的学习进行到一定的程度后，模型的权值误差会在很小的范围内变化或根本不再发生变化，而此时网络的输出误差相比训练终止条件还有很大的差距，BP 神经网络就陷入了局部极小点。这是由于 BP 神经网络的 Sigmoid 函数是非线性的，会存在多个极小值，而网络收敛时很有可能陷入其中的某一个局部极小点而不是全局误差的最小值。

（2）样本依赖性。训练数据集的典型性在很大程度上决定了预测模型的性能及泛化能力，而如何抽取合适的样本数据又是一个很困难的问题。得到的最终效果也与样本有一定关系，这一点 BP 神经网络体现得尤为突出。如果训练数据集没有反映所有的特征空间、存在冗余或互相矛盾的数据，那么得到的预测模型就很难满足实际应用的需要。

（3）参数设定困难。学习率 $\theta$ 一般取值区间为 $0.01\sim0.1$，$\theta$ 取值目前没有理论指导，假如 $\theta$ 设定过小，收敛可能很慢，会导致训练时间比较长；若 $\theta$ 设定太大，可能会导致模型无法完成学习过程，即始终停留在目标函数的饱和区，梯度很小，随之每个节点的权值调整量也会很小，网络的连接权值几乎没有变化。而初始权值如果选择得不合适也会导致 BP 神经网络陷入局部最小点，这些参数的合理值与模型的预测效果息息相关。目前为止，只能通过相关经验得到一个很粗略的范围，没有一个简单直接有效的方法来确定参数，导致算法很不稳定。

（4）网络结构确定困难。理论上，三层神经网络已经可以实现任意复杂程度的分界面，但是,要达到相同的分界面复杂程度,三层网络所需要的神经元数目远远超过四层网络所需要的数目。若隐含层的神经元过多,则意味花费的计算时间变长,网络对样本集的学习速度会很慢,另一方面,学习过程中很容易陷入局部最优点而不是全局最优点,此时就会出现"过拟合"的情况。然而实践中,三层以上的网络具有太多的权值参数,在运行效率上难以接受。

由于以上原因,传统神经网络的深度一般在三层左右,刚好能表达复杂的映射关系,又不会有过多的局部最优值和运行时间开销,这种神经网络统称浅层神经网络。由于网络层数有限,感知机不能真正像人类视觉系统一样层层提取数据特征信息,浅层神经网络往往需要人们借助大量相关领域经验从原始数据中抽取特征向量构建网络的输入参数,从而提高识别效果。

3) 深度神经网络

与浅层神经网络只包含一个隐含层不同,深度神经网络中隐含层的层数可能高达几百。在过去的数十年里,神经网络理论的研究和发展为人工智能领域带来了巨大的进步,在之后的研究应用中,由于计算机计算水平的限制,浅层神经网络具有的一些固有缺点逐渐暴露了出来,例如参数调整困难、处理多样本集速度缓慢,这些问题使得由神经网络引导的人工智能逐渐发展到瓶颈。

在这种情况下,研究人员将深度学习作为研究重点,随着一系列研究成果的出现,一度发展缓慢的人工智能又焕发了勃勃生机。与浅层神经网络不同,深度神经网络模型通常都有着更加复杂的层次结构,从本质上讲,这是一种多层次递进的非线性数据处理模型。通过神经元的激活函数对输入输出做非线性变换,从而激活或者抑制该神经元,再将前一层神经元的输出值输入到后面一层的神经元中,这样就可以将底层获取到的特征信息提取出来。每一层提取到的信息都包含了一部分的原始特征,但每一层也都表达了自己独有的不同特征,逐层的特征变化可以将样本从一个多维空间映射到另一个多维空间,在训练的过程中不断调整深度神经网络的参数,获得我们所需视域下的状态空间特征,从而以最有效的方式表达样本数据集。而且深度神经网络对训练样本不会出现饱和现象,也就是说,就目前的状况而言,学习的样本数据越多,网络的层次结构越复杂,模型的预测效果就越好。

深度神经网络也是由一个个神经元组成的。如图4.6所示的是由1层输入层、5层隐含层和1层输出层构成的深度神经网络。在深度神经网络中,当前层的节点与前一层的所有节点、后一层的所有节点都是全连接,即对于当前层的某一个节点,它与前一层的所有节点均有相连的边,同理,它与下一层的所有节点也都有相连的边。

**2. 长短时记忆网络**

1) 循环神经网络(Recursive Neural Network,RNN)

不同于全连接神经网络或者卷积神经网络,RNN模型的独特之处在于该网络包含持

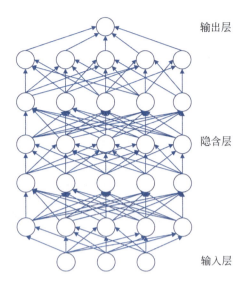

图 4.6 深度神经网络结构

久化的信息,可以将先前的信息应用到当前的任务上,打破了传统神经网络空间的边界,得以在时间序列上延拓,使得网络具有一定的"记忆性"。RNN 的隐含层之间的节点是有连接的,这样隐含层的输入不仅包括当前输入层,还有上一时刻隐含层的输出,RNN 典型结构如图 4.7 所示。

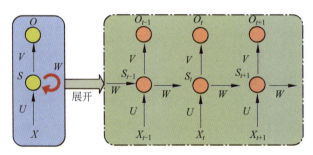

图 4.7 RNN 典型结构

其中,$X_t$ 为 $t$ 时刻的输入,$S_t$ 为 $t$ 时刻被网络"记住"的状态,$S_t$ 表达式如下:

$$S_t = f(UX_t + WS_{t-1}) \tag{4-25}$$

式中,$f$ 可以为 tanh 等函数。$O_t$ 为 $t$ 时刻的输出,$O_t$ 表达式如下:

$$O_t = f(VS_t) \tag{4-26}$$

典型的 $f$ 为 softmax 函数。

从图 4.7 和上述表达式都可以看出,RNN 当前状态 $S_t$ 是根据上一时刻的状态 $S_{t-1}$ 和当前输入 $X_t$ 共同决定的,可以看作是同一个神经网络结构在时间序列上被复制多次,这里复制多次的结构就是循环体。

2)长短时记忆网络(Long Short-Term Memory,LSTM)

RNN 虽然有一定的记忆性,但是当有效信息之间的间隔变远时,RNN 就失去了这种学习能力,而 LSTM 可以学习这种长期依赖(long-term dependencies)。LSTM 是 RNN 的一种特例,最初由 Sepp Hochreiter 等提出。LSTM 通过门控方法(gating method)改进了标准的 RNN 的性能。LSTM 内部结构中最基本的单元称为 cell,其基本结构如图 4.8 所示。

由图 4.8 可见,LSTM 与普通的 RNN 类似,但是每个单元有更多的参数和控制信息流动的门控系统——遗忘门、输入门、输出门,其中遗忘门的表达式如下:

$$f_i^{(t)} = \sigma \left( b_i^f + \sum_j U_{i,j}^f x_j^{(t)} + \sum_j W_{i,j}^f h_j^{(t-1)} \right) \tag{4-27}$$

式中,$x^{(t)}$ 是当前输入向量,$h^{(t)}$ 是当前隐含层向量,$b^f$ 是偏置项,$U^f$ 为输入权重,$W^f$ 是遗忘门的循环权重。

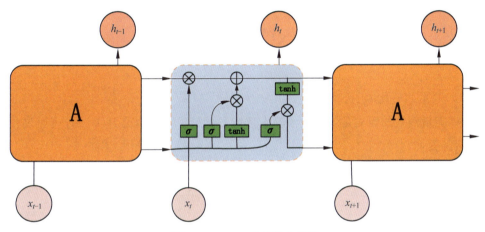

图 4.8 LSTM 单元基本结构

外部输入门和遗忘门公式类似,都是使用 Sigmoid 函数获得一个 0~1 的数值,但是参数不一样,同理输出门也类似。外部输入门和输出门的表达式分别如下:

$$g_i^{(t)} = \sigma \left( b_i^g + \sum_j U_{i,j}^g x_j^{(t)} + \sum_j W_{i,j}^g h_j^{(t-1)} \right) \tag{4-28}$$

$$q_i^{(t)} = \sigma \left( b_i^o + \sum_j U_{i,j}^o x_j^{(t)} + \sum_j W_{i,j}^o h_j^{(t-1)} \right) \tag{4-29}$$

**3. 深度置信网络 DBN**

1)受限玻耳兹曼机

受限玻耳兹曼机(restricted bolzmann machine,RBM)是一种典型的随机神经网络,包含可见层、隐含层,层内之间无连接,而可见层和隐含层之间通过权值连接(见图 4.9),通过权值实现两层之间的信息传递,而权值的获取是通过无监督逐层训练方式实现的。

对于分布函数未知的输入特征数据,学习成本一般非常高,因此训练求解通常会事先拟定假设的分布模型。但统计学结论表明,可以将任何概率模型转换成基于能量的模型,能量模型特有的性质能够运用到很多分布中,因此通过能量模型学习特征数据能够解决学

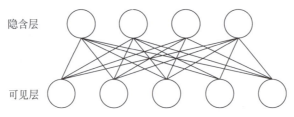

图 4.9  RBM 结构图

习成本高的问题。而 RBM 就是根据能量模型转变来的,RBM 的能量定义为

$$E(v,h\mid\theta)=-\sum_{i=1}^{n}a_iv_i-\sum_{j=1}^{m}b_jh_j-\sum_{i=1}^{n}\sum_{j=1}^{m}v_iW_{ij}h_j \qquad (4\text{-}30)$$

上式假设 RBM 分别有 $m$ 个隐单元和 $n$ 个可见单元,隐单元和可见单元的状态向量分别用 $h$ 和 $v$ 表示,$v_i$ 表示第 $i$ 个可见单元的状态,而 $h_j$ 表示第 $j$ 个隐单元的状态,$W_{ij}$ 表示隐含层和可见层之间的连接权重。$(v,h)$ 联合概率分布如下:

$$P(v,h\mid\theta)=\frac{\mathrm{e}^{-E(v,h\mid\theta)}}{Z(\theta)}, \quad Z(\theta)=\sum_{v,h}\mathrm{e}^{-E(v,h\mid\theta)} \qquad (4\text{-}31)$$

式中,$Z(\theta)$ 表示归一化因子。

RBM 能量函数的建立是为了关注输入数据 $v$ 的概率分布情况 $P(v\mid\theta)$,可通过公式求解出似然函数:

$$P(v\mid\theta)=\frac{\sum_{h}\mathrm{e}^{-E(v,h\mid\theta)}}{Z(\theta)} \qquad (4\text{-}32)$$

由于隐含层层内之间不存在连接,在给定可见单元状态的前提下,隐含层单元的状态是互相独立的,由此可得第 $j$ 个隐单元的激活概率公式:

$$P(h_j=1\mid v,\theta)=\sigma\Big(b_j+\sum_i v_iW_{ij}\Big) \qquad (4\text{-}33)$$

式中,$\sigma$ 为激活函数,$\sigma(x)=1/(1+\exp(-x))$。

由于 RBM 为对称结构,在隐单元状态给定的情况下,第 $i$ 个可见单元的求解公式如下:

$$P(v_i=1\mid h,\theta)=\sigma\Big(a_i+\sum_i h_jW_{ij}\Big) \qquad (4\text{-}34)$$

2) 深度置信网络

深度置信网络(Deep Belief Networks,DBN)算法由 Hinton 在 2006 年提出,该算法是目前在机器学习领域得到广泛应用的深度神经网络算法,属于生成性深度结构,具有多层隐含层,通过模型训练可以找到输入层训练数据和样本标签的联合分布关系。DBN 解决了浅层神经网络训练多层网络时遇到的问题,进行模型训练时训练集合无须过多地标注数据,收敛速度更加快速,并且设定任何初始参数都能得到全局最优解。在传统的神经网络中,只包含单层非线性单元结构,仅可以把输入信号转换到特定问题空间,而深度神经网络可以通过增加网络深度表达复杂函数,因此对于复杂函数的逼近程度更高,能够从训练数据样本中提炼出更深层次的特征。

DBN 是由多个 RBM 堆叠而成的,如图 4.10 所示,典型的 DBN 由 3 个 RBM 堆叠而成,前一个 RBM 的隐含层作为下一个 RBM 的显层。训练过程分为预训练和微调过程,每一层的 RBM 的输出会作为下一层 RBM 的输入,通过无监督贪心算法逐层训练得到权重。在 DBN 预训练过程中,每层的 RBM 都会单独训练,保证在形成不同的映射关系时能够最大化保留特征信息。在微调过程中,通常 DBN 模型会设置一层 BP 神经网络,接受 RBM 传递的特征向量作为输入,有监督地训练模型,将错误信息自定义向下反向传播至每一层 RBM,微调整个 DBN 网络。RBM 网络训练的过程是对 BP 神经网络权值参数初始化的过程,从而避免了 BP 神经网络随机设置初始化参数而导致的陷入局部最优和训练速度慢的缺点。

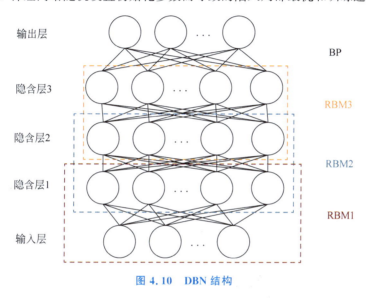

图 4.10 DBN 结构

#### 4. 指针网络

指针网络在 Seq2Seq 网络模型上添加了注意力机制,使得其输出可以随输入长度改变。Seq2Seq 网络模型的结构如图 4.11 所示,它是一种 Encoder-Decoder 结构,包括两个不同的 RNN 模型,一个用于输入序列,另一个用于输出序列。具体来说,给定输入序列 $x=\{x_1, x_2,\cdots,x_m\}$,其中,$m$ 表示序列元素的长度,然后通过编码器(Encoder)进行处理,得到固定大小的隐含层 $z$,最后解码器应用隐含层得到输出 $y=\{y_1,y_2,\cdots,y_n\}$。Seq2Seq 网络模型的目标是使式 4-35 所示的条件概率最大化。

$$p(y_1,y_2,\cdots,y_n \mid x_1,x_2,\cdots,x_m) = \prod_{t=1}^{n} p(y_t \mid z,y_1,y_2,\cdots,y_{t-1}) \quad (4-35)$$

LSTM 由于可以学习长时间依赖的问题,通常被用于 Seq2Seq 网络模型。LSTM 内部结构如图 4.12 所示,参数如下:

$$f_t = \sigma(W_f[h_{t-1},x_t] + b_f) \quad (4-36)$$

$$i_t = \sigma(W_i[h_{t-1},x_t] - b_i) \quad (4-37)$$

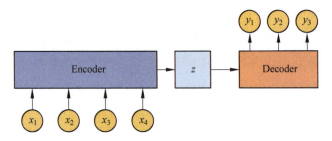

图 4.11 Seq2Seq 网络模型结构图

$$c_t = f_t c_{t-1} + i_t \tanh(W_c[h_{t-1}, x_t] + b_c) \tag{4-38}$$

$$o_t = \sigma(W_o[h_{t-1}, x_t] + b_o) \tag{4-39}$$

$$h_t = o_t \tanh c_t \tag{4-40}$$

指针网络在 Seq2Seq 网络模型基础上添加了注意力模块,由编码器和解码器两个网络共同组成,结构如图 4.13 所示。其中编码器和解码器采用 LSTM 网络,将模型输入序列映射为一系列按概率指向输入序列元素的指针,注意力模块将 softmax 函数的结果作为条件概率输出,公式表示如下:

$$u_j^i = v^T \tanh(W_1 e_j + W_2 d_i), \quad j \in (1, \cdots, n) \tag{4-41}$$

$$p(C_i \mid C_1, \cdots, C_{i-1}, P; \theta) = \text{softmax}(u^i) \tag{4-42}$$

式中,向量 $u^i$ 为输入元素的指针;$v$、$W_1$ 和 $W_2$ 是指针网络模型可以训练的参数;softmax 函数将向量 $u^i$ 进行归一化、标准化为输入字典上的输出分布;$p(C_i \mid C_1, \cdots, C_{i-1}, P; \theta)$ 表示选中的条件概率。

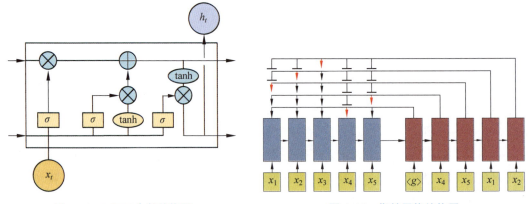

图 4.12 LSTM 内部结构图　　图 4.13 指针网络结构图

采用指针网络模型可以从一个序列学习到另一个序列,而且其输出序列的长度和输入序列的长度直接相关,使得算法具有很高的通用性。然而采用指针网络来进行学习,需要大量的训练集,如果训练集通过启发式算法获得,其结果也受启发式算法准确性的限制。

**5. 集成学习**

集成学习是一种将多个仅比随机猜测正确率高的弱学习器进行线性组合形成的学习

模型,集成学习的准确度通常会高于单一的强学习器。根据子数据集生成策略的不同,集成学习可以分为并行学习和串行学习。

并行集成学习的集成模式反映了子学习器的重要程度,假设一个集成学习包含了 $N_e$ 个子学习器,分类集合表示为 $C=\{c_1,c_2,\cdots,c_k,\cdots,c_p\}$,且 $c_k=k$。$r_{ij}$ 表示第 $i$ 个子学习器对第 $j$ 个类的预测置信度,并进行标准化处理,$\sum_{j}^{p} r_{ij}=1$。

$s_i$ 表示第 $i$ 个子学习器预测结果,该结果来自于 $s_i = \underset{k}{\mathrm{argmax}}\{r_1,r_2,\cdots,r_k,\cdots,r_p\}$,常用的集成手段包括:

(1) 硬集成或投票策略:这种策略下,每个子学习器对最终分类结果具有同等的投票权利,不会受到子学习器准确度的影响,表达式为

$$O_{\mathrm{class}}^* = \arg\max_{k}\left\{\sum_{i}^{N_e} [\![s_i=c_k]\!] \mid k=1,2,\cdots,p\right\} \tag{4-43}$$

式中,$[\![s_i=c_k]\!] = \begin{cases} 1, & s_i=c_k \\ 0, & 其他 \end{cases}$。

(2) 软集成:提供了置信度分数作为参考,如果子学习器分类中极度倾向于某一类,即类别间的预测置信度差异很大,那么将会具有更高的集成权重。表达式如下:

$$O_{\mathrm{class}}^* = \arg\max_{k}\left\{\sum_{i}^{N_e} r_{ik} \mid k=1,2,\cdots,p\right\} \tag{4-44}$$

(3) 加权集成:该集成方法考虑到了子学习器的性能并作为集成权重。该方法的决策规则为

$$O_{\mathrm{class}}^* = \arg\max_{k}\left\{\sum_{i}^{N_e} \alpha_i \phi_{ik} \mid k=1,2,\cdots,p\right\} \tag{4-45}$$

式中,$\phi_{ik}$ 表示基于 $s_i$ 或者 $r_{ik}$ 的决策方程结果;$\alpha_i$ 是第 $i$ 个子学习器权重,计算公式为 $\alpha_i = e_i / \sum e_i$,$e_i$ 是所有子学习器标准化的训练误差或者通过进化算法计算得到。

并行集成学习的建模步骤如下:

步骤1:参数初始化,确定子数据集生成策略、子学习器数量以及子学习器类型;

步骤2:基于子数据集训练子学习器;

步骤3:基于预先制定的集成规则对子学习器进行集成,并输出最优的结果。

在本书中,子数据集采用并行的生成方式,在集成过程中,因为不存在分类或预测问题,初始化的变量排序基于加权集成和硬集成结合的方式生成。

### 6. XGBoost(extreme gradient boosting)

XGBoost 是一种在梯度提升(gradient boosting)框架下经过优化的机器学习算法,可广泛应用于解决有监督学习问题,它对于传统的 GBDT(gradient boosting decision tree,梯

度提升决策树)算法做了很多细节上的改进,主要包括损失函数的设计、运用正则化防止过拟合、优化切分点查找算法、稀疏感知算法、并行化算法等。XGBoost 针对工程领域进行了大量优化,更适合应用于工业大数据场景。

例如,通过 XGBoost 方法训练模型,拟合带钢过程数据与表面缺陷的关联关系,可以用于评估各个特征对于缺陷产生的重要程度。具体来说,根据数据集对带钢表面缺陷质量类别进行二分类,使用 CART(classification and regression tree,分类回归树)决策树作为基学习器,通过网格搜索与交叉验证的方法确定 n_estimatores、max_depth、subsample、alpha、lambda 等关键参数,其中,n_estimatores 表示决策树的数量,max_depth 表示决策树的最大深度,subsample 表示训练每棵树时使用的数据占全部训练集的比例。一般来说这些参数值越大,越容易过拟合;值越小,越容易欠拟合。合理调节这些参数可以有效地防止模型过拟合,从而得到更准确的特征贡献度评价。alpha、lambda 是正则化参数,可以降低模型的复杂度,有效防止过拟合现象的产生,从而提高模型的表现。

特征重要性是通过对过程数据中的每个特征分别进行计算与排序得到的。一般来说,特征重要性的分数衡量了它在决策树构建中的价值,一个特征越多地被用来在模型中构建决策树,它的重要性就相对越高,反之其重要性就越低。具体来说,在单个决策树中可以通过每个特征分裂点改进性能度量的程度来计算特征的重要性,选用基尼系数进行性能度量:

$$\text{Gini}(D) = \sum_{k=1}^{N} p_k (1 - p_k) \tag{4-46}$$

式中,$D$ 表示决策树中某一个分枝对应的样本子集,假设 $N$ 表示 $D$ 中缺陷类型的个数,$p_k$ 表示第 $k$ 个缺陷类型占整个样本子集的比例。将 $D$ 通过特征 $F$ 的值 $a$ 分为 $D_1$、$D_2$ 两个子集,则有:

$$\text{Gini}(D, F) = \frac{|D_1|}{|D|} \text{Gini}(D_1) + \frac{|D_2|}{|D|} \text{Gini}(D_2) \tag{4-47}$$

$$\text{Gain}(A) = \text{Gini}(D, F) - \text{Gini}(D) \tag{4-48}$$

最终将一个特征在所有决策树中的计算结果进行加权求和并取平均值,得到其重要性的分数并按降序排列,至此数据集中各个特征的重要度就得到了量化。因此,重要度反映了该特征与带钢表面缺陷的关联关系,即重要度越大,特征对应的设备越可能存在问题。带钢数据样本的每一个特征都来自热轧生产线上的某一个设备或板坯本身,可以将来自同源的多个特征的重要度累加起来作为最终的特征贡献度,其大小反映了缺陷原因与缺陷类别之间潜在的因果关系。

通过基于 XGBoost 方法的特征重要度评估可以筛选出前 $k$ 个最关键、贡献最大的特征,为神经网络构建与节点分类奠定基础。整个过程数据特征选择过程的算法流程如下:

输入：
$X \in \Re^{n \times m}$：过程数据样本矩阵，其中共有 $n$ 个样本，每个样本有 $m$ 维特征
$k$：保留样本特征维数
输出：
$F_{topk} = \{f_1, f_2, f_3, \cdots, f_k\}$：保留的特征集合
具体步骤：
$X_{norm}$ 对原始样本矩阵 $X$ 进行归一化
$Obj$ 给定 LASSO 表达式作为优化目标函数
$X_{select}$ PGD 方法求解 $Obj$ 并保留筛选后特征
Train：XGBoost（Input $X_{select}$，$Para_{ori}$）
$L_{para}$ 添加 n_estimatores、max_depth 等核心参数至列表
$L_{range}$ 对应每个参数设置上下边界 $[Para_{min}, Para_{max}]$
for $i$ in $L_{para}$ do
for $j$ in $L_{range}[i]$ do
$L_{score}$ 在 $[Para_{min}, Para_{max}]$ 范围内穷举每一种组合进行计算，通过 $k$ 折交叉验证取平均值
end for
end for
for $i$ in $L_{score}$ do
$Para_{opt}$ $L_{score}[i]$ 取最大值处对应的参数组合
end for
Train：XGBoost（Input $X_{select}$，$Para_{opt}$）
$F_{imp}$ 评估各个特征在模型中的重要程度并打分
$F_{topk} = \{f_1, f_2, f_3, \cdots, f_k\}$ 取 $X_{select}$ 中分数位于前 $k$ 的特征作为结果
return $F_{topk}$

第二篇

# 知识图谱：使机器更"有学识"

# 第 5 章

# 知识图谱概述

## 5.1 知识图谱的定义与分类

### 5.1.1 知识图谱的定义

2012年,为了加强智能搜索,Google提出了知识图谱(knowledge graph,KG)的概念。知识图谱是一种关系图谱,能够将不同种类的知识关联到一张图谱上。知识图谱的本质是语义网络的一种,其中,节点代表实体(entity)或概念,而边则代表它们之间的语义关系。知识图谱涵盖了语义网的一些特征,但具有更加广泛的数据来源,涵盖了知识表示、知识融合等多种技术。与知识库相比,尽管知识图谱具有与之相似的理论与方法,但涵盖了更为广泛的知识集合。

### 5.1.2 知识图谱的分类

知识图谱的分类方式有很多,按照知识图谱的覆盖范围,可以将其划分为通用知识图谱和领域知识图谱。一般来说,通用知识图谱的构建面向通用的领域,涵盖结构化的知识库和常识性知识,覆盖范围广泛;而领域知识图谱,也称为垂直知识图谱或行业知识图谱,一般面向特定领域,应用各种语义技术,为某一具体行业建立知识库,对领域知识的深度、标准化有较高的要求。如图5.1所示为当前常见的知识图谱。

而按照知识图谱研究内容,可以将知识图谱划分为文本知识图谱、视觉知识图谱和多模态知识图谱等,如图 5.2 所示。

### 1. 文本知识图谱

文本知识图谱主要将文本作为研究对象,将知识表示、知识推理等技术应用于文本知识。文本知识图谱应用于多个领域,如语义检索、深入搜索、情报分析等。

### 2. 视觉知识图谱

视觉知识图谱主要对图像进行知识表示、知识加工、推理更新等,在语义图像检索、判断文本真假关系等方面应用广泛。

### 3. 多模态知识图谱

多模态知识图谱的研究对象主要是多模态样本,对多模态样本进行知识表示、知识推理更新等,主要应用于将文本与视觉结合起来的知识问答领域,应用更加广泛。

图 5.1　当前典型知识图谱

图 5.2　知识图谱按研究内容划分

## 5.2　知识图谱的作用与意义

1994 年图灵奖获得者费根鲍姆提出知识工程的概念,"将知识集成到计算机系统从而完成只有特定领域专家才能完成的复杂任务"。历经 40 年的发展,知识工程的演进过程经历了前知识工程时期、专家系统时期、万维网 1.0 时期、群体智能时期以及知识图谱时期等几个时期,如图 5.3 所示。知识工程经历了极具挑战的发展,也为人工智能的发展做出了可观的贡献,演变而来的知识图谱已成为人工智能的一个重要分支。

图 5.3　知识工程发展历程

知识图谱结构化地对客观世界中的概念、实体及其关系加以描述,针对互联网上海量的信息，知识图谱能够更好地对其组织、管理和理解，并转换为人类更好理解的形式。知识图谱技术是指建立和应用知识图谱的技术，是与机器学习、知识表示与推理、融合认知计算、自然语言处理、信息检索与抽取以及语义 Web 等研究相交叉的技术。知识图谱具有高效资源发现、逻辑推理、自然关联、可解释性、透明共享及可视化等优势，有着广阔的应用前景。

知识图谱不仅能够提高互联网语义搜索的效率，在智能问答系统中也有着不可替代的作用，同时极大地推动着互联网环境下知识驱动的智能应用的发展。随着互联网、人工智能等技术的飞速发展，大数据、深度学习以及知识图谱发挥着愈加重要的作用。其中，知识图谱的应用价值愈加突出，当前知识图谱的应用主要有 4 方面，如图 5.4 所示。

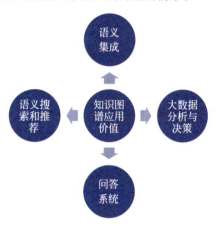

图 5.4　知识图谱应用价值

**1. 语义集成**

语义集成，即将知识图谱融合为统一的形式，能够为基于知识图谱的不同程序间的交互提供语义上的互操作性。语义集成包含的技术主要有本体匹配、实例匹配以及知识融合。知识图谱可以通过语义标注和链接，整合分布异构的大数据，提供以知识为中心的资源语义集成服务。语义集成对于提升知识图谱的智能化水平，并推动人工智能的发展具有重要意义。

**2. 语义搜索和推荐**

语义搜索，即在当前关键词搜索的基础上添加实体和关系的检索，可以更准确地捕捉用户的目的，通过语义搜索，可以更精准地检索出用户需要的答案。通过语义推荐，知识图谱可以根据用户输入的搜索词为用户搜索出满足其需求的结构化信息，而不是网页信息。

**3. 问答系统**

问答系统是一种可以自动回答用户问题的系统，其基于用户提出的问题，以对话的形式返回精准的答案。基于知识图谱的问答系统能够自动地将用户的问题转化为要查询的内容，通过到知识图谱中查询的方式，得到用户想要的答案。问答系统被看作是未来技术服务的颠覆性技术之一。

**4. 大数据分析与决策**

大数据技术结合知识图谱进行大数据分析，能够分析出数据中的语义信息，使得大数据分析更加智能化。通过语义链接，知识图谱可以使大数据具有洞察力，为数据注入灵魂，进而为其提供决策支撑。

## 5.3 知识图谱的研究进展

### 5.3.1 知识图谱的研究现状

当前国内外关于知识图谱的研究主要集中于知识图谱关键技术的研究,知识图谱的关键技术主要包含知识抽取技术、知识表示技术、知识融合技术与知识推理技术,如图 5.5 所示。

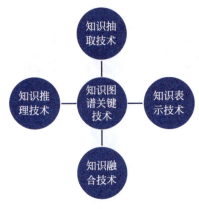

图 5.5 知识图谱关键技术

**1. 知识抽取技术**

构建知识图谱的数据来源于文本、图像、视频等,而抽取方式主要有两种,一是从网页上获取,二是从数据库等数据集中抽取。知识图谱构建的关键技术主要涵盖怎样从各种数据源中抽取所需元素,如实体、关系、属性等,在构建知识图谱时,抽取的知识越完整,所构建的图谱就越全面,从而应用价值也越高。其中,常见的实体抽取方法主要包括基于规则、基于统计机器学习和基于开放域的抽取方法。

**2. 知识表示技术**

知识表示是指使用符合逻辑表达的数据表达方式,对现实世界中的实体及其之间的相关关系进行建模,以提高人与计算机之间的沟通效率。目前常用的知识表示方法主要有基于语义网络、基于产生式规则和基于框架、基于逻辑、基于语义本体等表示方法,而对基于逻辑的表示方法研究较多。

**3. 知识融合技术**

从各个数据源获取知识后,本体被用来提供统一术语,以将不同来源的知识进行融合,从而生成一个大型知识库,并可以让用户灵活地建立或修改数据模型。在不同本体之间,往往会存在同一类数据用不同术语表示的情况,此时就需要本体融合技术来对这些本体进行融合,以解决此类问题。本体融合的基本流程如图 5.6 所示。通过本体解析、特征选取、相似度计算、结果表达、本体评价等流程,融合后形成的知识库往往需要一个存储和管理的解决方案。根据用户查询场景不同,所采用的存储管理方案往往不同,一般的存储架构包

图 5.6 本体融合流程

括 NoSQL 和关系数据库两种。大规模知识库往往具有大数据特征，因此可能需要传统大数据平台如 Spark 或者 Hadoop 来提高计算能力和性能以及支持快速运算。

**4. 知识推理技术**

知识推理往往应用于知识图谱数据来源不全面或抽取过程不准确的情况，知识推理可以从已有的知识图谱中进一步挖掘缺失的或者更深层次的实体与关系间的联系。其方法主要包括：

（1）基于传统方法的推理，主要包括基于传统规则推理的方法和基于本体推理的方法。

（2）单步推理，包括：①基于分布式表示的推理；②基于神经网络的推理；③混合推理。

（3）多步推理，包括：①基于规则的推理；②基于分布式表示的推理；③基于神经网络的推理；④混合推理。

## 5.3.2 知识图谱的发展趋势

知识图谱具有广泛的应用价值，如图 5.7 所示，在人工智能、大数据的带动下，知识图谱在未来会有更大的发展；知识图谱与各领域、各行业相结合，也可以带动行业的发展，为各行业注入智能，未来知识图谱的更多创新应用有待开发。

**1. 人工智能与知识图谱**

人工智能追求的目标是利用机器快速地获取高质量信息，进而辅助智能化的应用，而人工智能的关键技术之一就是知识图谱，并且知识图谱是实现人工智能多元化应用的核

图 5.7　知识图谱的发展趋势

心力量。目前，以深度增强学习为主导的通用智能发展越来越需要知识工程的辅助，知识图谱主导的可知的认知智能将成为未来战略技术的核心。

**2. 大数据与知识图谱**

大数据和知识图谱相辅相成，两者存在多个异同点：一是两者均是关于"结构化"和"关联"，不过大数据是关于数据结构化，而知识图谱则是关于知识结构化，并且大数据的关联在数据级别，而知识图谱的关联在知识级别；二是在应用场景上，两者一般都被应用于解决有关分析洞察的问题中，不过知识图谱更擅长处理"关系"问题，可以在解决此类问题时达到更加直观高效的效果。并且在分析和洞察问题中，知识图谱已经成为一种新的分析手段，在一些扩展能力上如设计多层次、多关系事物模型时，可突破传统数据分析的技术瓶颈。

**3. 各行业与知识图谱**

通过应用知识图谱技术智能化地处理海量信息，计算机能够更好地理解网络、用户、资

源等，从而最终提供新型智能化服务。在互联网行业以及传统行业中，构建并应用知识图谱具有重要意义，知识图谱的应用可以提升服务质量和效率。以搜索引擎为例，基于知识图谱的智能搜索引擎能够以理解用户意图的方式来呈现搜索结果，使搜索引擎更加"人性化"，并且使人和搜索引擎的交互更加自然。知识图谱还能升级传统行业，构建行业知识图谱，可以为传统行业注入新动能，实现行业升级。

# 第6章

# 知识图谱体系架构及技术布局

## 6.1 知识图谱体系架构

当今,企业处于互联网大规模数据紧密环绕之中,随时随地扑面而来的数据资源为企业获得知识从而提升自身决策能力提供了良好契机。知识图谱技术的出现能帮助企业快速、准确地从各类数据中自动获取知识,将看似毫无价值、混杂凌乱的大数据转变成具有决策价值的知识,提升对数据资源的理解和洞察能力。知识图谱体系架构展示工业大数据时代的发展方向,它是从数据到信息再到知识,最终提升企业智慧能级的完整技术体系,同时也明确了知识图谱技术从底层数据资源到顶层知识服务的多级功能的层次关系,图6.1为知识图谱的体系架构。

知识发现是指从大数据资源、专业领域或专家经验中获取有价值的信息,辅助企业智慧决策的过程。传统的知识来源主要包括专业领域深层知识的逐步积累和专家经验浅层知识的人工挖掘,知识获取方法以人工操作为主,效率低下,知识发现能力有限。大数据分析技术的出现和发展极大地拓展了知识发现的深度和广度,从类型丰富的大数据资源中挖掘潜在的数据关联成为企业高效获取知识的重要途径,相关方法包括大数据分析和深度学习。大数据分析是通过统计、在线分析处理、情报检索、机器学习、专家系统和模式识别等手段,从大量的、不完全的、有噪声的、模糊的、随机的实际数据中挖掘隐含的、规律性的信息。深度学习是大数据分析技术的进一步发展,属于机器学习的重要分支,它通

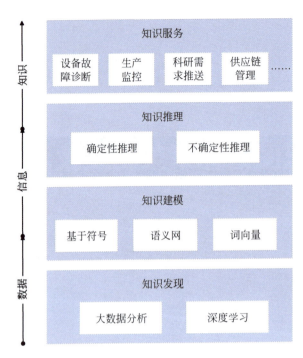

图 6.1 知识图谱的体系架构

过组合低层特征形成更加抽象的高层表示属性类别或特征,以发现数据的分布式特征表示。

知识建模是指将现实世界中各种类型的知识表示成计算机可以识别并能够操作的形式。知识建模方法分为三大类。(1)基于符号结构的知识表示,这是最为传统的知识表示,以符号结构为基础,包括谓词逻辑、产生式规则、语义、框架等方法;(2)语义网,以网络格式表示知识,使万维网上的机器能够像人一样理解并使用语言,基于 RDF 的三元组表示是工业领域的主流方法;(3)词向量,将单词或短语映射为实数向量,属于自然语言处理中的热点研究方向。

知识推理是指基于已有的知识图谱推导出新的实体关系,从而对已有知识图谱进行更新和补全。按照知识的精确性,分为确定性推理和不确定性推理两大类。确定性方法以基于一阶谓词逻辑的演绎系统为代表。不确定性方法从最初的贝叶斯、D-S 证据理论发展到现在的模糊推理、神经网络等多种方法。

知识服务是指与知识图谱典型场景相结合助力企业业务转型和能级提升。伴随知识图谱在金融交易、电子商务等消费领域的成功应用,知识图谱已经开始逐步渗透到教育、医疗、交通、政务、公安和工业等其他领域。特别是在工业领域,知识图谱在设备故障诊断、生产监控、科研服务推送等方面发挥了重大作用。

## 6.2 知识图谱技术布局

### 6.2.1 知识发现

知识发现是从包括数字、符号、图形、图像、声音等的数据集中提取出隐含的、事先未知的、存在潜在效用并能被人理解的模式的特定过程。传统的知识发现主要基于知识库,过程通常包含数据收集、数据预处理、数据转换、数据挖掘、模式解释和评价等几个步骤。知识发现方法根据知识粒度的不同分为基于统计的知识发现方法、基于可视化的知识发现方法和基于机器学习的知识发现方法。

**1. 基于统计的知识发现**

统计方法是从事物的外在数量上的表现去推断该事物可能的规律性。科学规律性的东西一般总是隐藏较深,统计方法作为初级的知识发现方法用来挖掘数据表面的一些线索,借助这些假说进一步挖掘深层次的知识类型。传统的基于统计的知识发现方法包括回归分析、判别分析、探索性分析(如主成分分析法、相关分析法)。随着数据数量呈指数增长以及数据关联性的不确定程度的加大,快速捕获数据中关联知识的方法逐渐受到学者的重视,其中聚类和频繁项挖掘是两种最典型的方法。而为了模仿人脑对数据的认知性,并考虑不完全、含噪声和不精确数据对知识的影响,模糊集和粗糙集也是重要的基于统计的知识发现方法。

统计方法的优点在于对数据的处理简单,计算复杂度一般较低,发现的知识模型易于理解和使用,在发现规律型知识时表现出较好的性能,可以为产生式的知识模型提供推理服务。但在以下方面存在不足:(1)基于统计的知识发现得到的知识内容浅显,往往忽视数据中的异常信息。(2)由于产生知识规则简单,在大规模数据面前会出现知识规则爆炸甚至是冲突的问题,不易于复杂环境下的知识应用。(3)对高维数据的知识发现效果较差,基于统计的知识发现方法在高维数据中受到噪声的干扰会导致伪相关的情况发生。

**2. 基于可视化的知识发现**

可视化是将数据、信息和知识转化为可视形式的过程。可视化提供了一种人脑与计算机的通信接口,通过对数据的可视化建模,激发人的想象力和联想力,提升数据转化为知识的速度。目前主流的信息可视化知识发现模型主要包括文本可视化、网络(图)可视化、时空数据可视化、多维数据可视化等。

可视化模型的优点在于直观地将数据特征以图形的方式呈现,操作性强,由于采用了人机互动的模式,易于人脑捕捉关键信息,提供的交互模型增加了数据的探索能力。但也存在以下缺点:(1)可视化模型对使用者的知识经验要求极高,不同的可视化模型展示了不同的知识特征,而知识的真伪辨别严重地依赖使用者的个人经验;(2)知识密度低,大量的模型可能仅包含了极少数重要的知识;(3)对高维数据的可视化依然难以很好地实现,目前高维数据的可视化模型依然难以建立,通常的做法是构建平行坐标系,但这种方法难以表示多属性特征之间的关联性。

**3. 基于机器学习的知识发现**

机器学习是研究计算机模拟或实现人类学习行为,以获取新的知识或技能,重新组织已有的知识结构使之不断改善自身的性能的过程。机器学习最早起源于20世纪50年代,在控制理论中,使用多项式等为基函数,利用优化方法建立模型,用来刻画被控对象的行为;另一种模型称为感知机模型,以多神经元的多感知机网络模仿人类的思维活动构建模型。由于对数据出色的处理和建模能力,后期大量的学者将机器学习应用于知识发现。传统的基于机器学习的知识发现方法包括案例推理、支持向量机和神经网络,大量学者利用上述方法结合不同的数据处理方式以适应不同的知识需求。神经网络模型起源于神经科学,通过模仿人脑信息传递构建了大量感知机模型,由于强大的非线性映射能力,神经网络受到了大量关注,反馈神经网络作为基础的网络结构,由于训练速度快,拟合效果好,在初期有很好的应用。受限于反馈神经网络隐含层数量和隐含层神经元数量难以确定的问题,径向基函数神经网络(radial basis function neural network,RBF 神经网络)和极限学习机模型(extreme learning machine,ELM)被提出。自组织映射(self-organizing map,SOM)是一种并列多神经网络模型,该模型中的神经网络均会对数据输出结果,其特点在于考虑到存在大量的未标记样本,模型通过样本自适应调节网络权值,达到知识发现的目标。但20世纪八九十年代,机器学习发展得却非常缓慢,首先,受限于数据集的规模太小,数据并不能反映出全部的客观特征;其次,计算机的计算能力不足,难以对复杂的知识模型进行训练,而最关键的问题在于,基于 Sigmoid 的神经网络模型存在梯度衰减的问题,即当神经网络结构过于复杂时,后层网络基本不能够对模型有任何的非线性变化能力。

随着互联网、大数据以及计算机并行处理的流行,新的机器学习模型逐步进入研究人员的视线,其中以深度学习和集成学习两种典型的方法为代表。而对于深度学习(deep learning)的研究,直到2006年,Hinton 利用预训练方法缓解了局部最优解问题,将隐含层推动到7层后才真正开始风靡,随后大量的学者开展了对深度学习的研究。

基于机器学习的知识发现方法由于具有很强的非线性拟合能力和快速训练大规模数据的能力,能够为挖掘多元要素之间复杂深层次的知识提供有效的模型支持。由于具有对复杂多元关系的建模能力,机器学习方法可以实现快速分类、识别和预测,为知识发现提供良好的条件。

## 6.2.2 知识建模

知识建模也称为知识表达,属于知识工程的一部分,最早起源于逻辑学,该研究主要是为了构建类似于人类对客观世界进行感知和反应的信息系统,并且该系统能够根据环境实现判断和推理能力。近两年随着人工智能逐渐被社会所接受,企业、政府、医疗、工业、交通等领域纷纷开始对人工智能在行业中的应用和推广进行研究,以提高智能化程度,实现自感知、自适应和自决策。而知识建模作为人工智能的"大脑",也受到大量的关注。知识建模方法主要分为基于产生式的知识建模、基于框架的知识建模、基于客观认知的知识建模以及基于本体的知识建模等。

### 1. 基于产生式的知识模型

基于产生式的知识模型通常用于表示具有因果关系的知识,模型将知识分为两类:静态知识(事务、事件和关系)和规则(推理和行为)。以产生式的知识模型为主的知识系统兴起于20世纪60~70年代,最典型的产生式知识模型为 IF-THEN 规则。

产生式的知识模型表达能力强,具有良好的机器可识别性和推理能力,它模仿人脑对具体环境反射式的知识推理方式,返回一系列的行为结果。由于知识间相互独立,修改与扩充容易。但是,产生式知识模型的缺点在于:①推理效率较低、表达能力差;②所表示的知识规则之间不能相互调用,较难进行层次化的知识建模;③难以解释复杂知识、对复杂知识环境建模能力差。

### 2. 基于框架的知识模型

1975年,Minsky 首次提出了框架式的知识模型,用于描述类和实例,其基本观点是当人面临新场景时,基于人脑中已存储的大量典型场景选择一种框架作为基本知识结构。依据当前新的场景对框架具体内容进行修改和补充,以形成对新场景的认识并记忆。框架理论将框架视为知识单位,而将相关的框架进行连接形成框架系统。

基于框架的知识建模表现力强、层次结构丰富,其数据结构构建与问题求解的过程与人类思维过程相似,适用于与其他知识建模方法交叉应用。但是,在基于框架的知识建模过程中,知识多样化严重,难以相互融合;知识维护和更新能力弱,适应能力弱;且方法缺乏形式理论,没有明确的推理机制保证问题求得的可行性和推理过程的严密性。

### 3. 基于客观认知的知识模型

基于客观认知的知识建模主要可以分为基于过程的知识建模与面向对象的知识建模两种。基于过程的知识建模主要利用知识去求解客观问题,使用知识产生控制策略,其重点在于对知识的利用,把与问题相关的知识及如何运用知识来解决问题的策略表述为过程,并为每个过程生成一段程序。在求解问题时,应用到某个过程时便调用相应程序以得到结果。而面向对象的知识建模是从事物内部结构出发模拟客观世界,为实际问题建立可用软件实现的模型。

基于客观认知的知识建模的优点在于,具有良好的层次性和结构性,关系简单,推理效率高。但缺点在于不够灵活,无法单独应用,难以表达复杂的知识逻辑。

#### 4. 基于本体的知识模型

本体(ontology)原本是一种哲学上的概念,是对实际存在的事物的一种系统描述。被广泛接受的本体定义为:"本体是概念化的明确的规范化说明。"本体具有良好的概念层次结构和对逻辑推理的支持,且在知识表达方面具有较强的语言表达能力,将其引入知识建模中,可以保证领域知识模型化后,在传递和共享过程中知识理解的唯一性和精确性,使知识搜索、知识积累、知识共享的效率显著提高。

1998年,蒂姆·伯纳斯-李(Tim Berners-Lee)提出了语义网(semantic web)的概念,语义网并不是一个单独的网络,而是当前网络的扩展。语义网上的信息被赋予了正确理解的含义,使计算机能够"读懂"网络上的数据,从而能够更好地满足用户的需求。计算机虽然具有很强的数据计算和处理能力,但对于人类领域信息的处理能力还非常有限,大量的智能工作如选择、组合和聚集等必须通过人类解读和完成,计算机难以发挥其强大的处理功能。语义网则可以通过语义层面的处理,提升计算机和人类的交互能力,充分发挥计算机的能力,提高处理和分析数据的效率,实现大规模的语义数据查询、个性化的分析任务和智能化的消息推送等功能。在语义网的体系架构中,本体作为核心被提出,意味着借助语义网良好的编程语言环境和系统,可以弥补本体在推理上的不足。基于本体的建模研究受到了大量学者的关注。

随着围绕本体的建模、推理工具和技术的发展与成熟,基于本体的知识模型能够实现知识的自动关联和推理,简化了通过人工手段对知识进行拼接验证的过程,而严格的术语定义和标准制定则为多源知识融合提供了基础。基于此,大量学者投入到对知识推理和建模的研究中,推动本体成为知识建模的研究热点,随着数据资源的不断膨胀,本体的应用也从以知识建模为主逐渐进入了以数据为主的建模中,为加速数据与知识的融合提供了有力的支持。

### 6.2.3 知识推理

知识推理是指在计算机或智能系统中,依据推理控制策略,利用形式化的知识进行机器思维和求解问题的过程。知识推理依托于计算机等平台利用形式化的知识进行问题的分析、求解、优化,主要包含两方面的因素:知识和推理,其中知识是推理的前提,方法是推理的手段。通过推理机(用来实现推理的程序)计算机或智能系统可完成推理过程。推理机的两大任务是搜索与匹配,即在一定的控制策略指导下,搜索知识库中可用的知识,与数据库匹配以产生或论证新的事实。典型的知识推理方法包括基于本体的知识推理、基于贝叶斯网络的推理、模糊推理等。

#### 1. 基于本体的知识推理

本体推理主要应用在两方面,一是判断本体定义中是否存在冲突以解决本体不一致性的问题并优化本体表达;二是获得本体中隐含的知识集合以解决应用中的实际问题。本体推理主要通过各类推理机来实现,基于推理机的具体推理机制把隐含在显式定义和声明中的知识提取出来。常用的推理机有逻辑描述推理机 Fact++、OWL DL 推理机 Pellet 和快速 OWL 推理机 HermiT 等。

### 2. 基于贝叶斯网络的知识推理

贝叶斯网络是一种带有概率信息的网络模型,其推理基于概率,其中贝叶斯公式、条件概率公式、联合概率公式是贝叶斯网络进行推理的基础。贝叶斯网络自身拥有的条件独立性使其广泛用于解决不确定性、不完善性问题。贝叶斯网络的推理实质为概率计算的过程,在求解变量的概率时,考虑与该变量相关的部分变量,可简化求解问题的难度,能够在有不确定信息的条件下进行复杂问题的学习和推理。

### 3. 基于 SWRL 的推理

语义网规则语言(Semantic Web Rule Language,SWRL)是由万维网联盟(W3C)在 2004 年提出的,用来描述推理规则。作为一种以语义方式表示规则的语言,SWRL 规则的部分概念是从 RuleML(rule markup language,规则标记语言)演变而来,并与 OWL 本体论结合形成。语义网服务虽然支持本体推理,但是无法进行诸如 if-then 之类的推理,而 SWRL 采用 if-then 语句,可以有效地弥补这一缺陷,使本体具有更强的推理能力。

1) 原理概述

一般来说,SWRL 规则由 4 个组件组成,包括 Imp、Atom、Variable 和 Built-In。SWRL 规则的结构如图 6.2 所示。

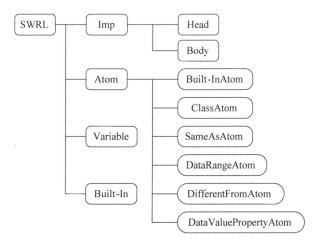

图 6.2 SWRL 规则结构图

图 6.2 中,Imp 是 Implication 的缩写,由 Head 和 Body 组成,Head 和 Body 分别代表推理结果和推理前的初始状态。Head 和 Body 的基本元素是 Atom。Atom 的变量存储在 Variable 中。Atom 的四种基本形式在 Variable 中定义如下:

$C(x)$：$C$ 表示 OWL 描述或数据范围。

$P(x,y)$：$P$ 是 OWL 的属性。$x$ 和 $y$ 可以是变量、OWL 实例或 OWL 数据值。

$SameAs(x,y)$：表示 $x$ 等于 $y$。

$DifferentFrom(x,y)$：表示 $x$ 和 $y$ 不同。

Built-In 是 SWRL 的一个模块化组件，包含逻辑运算公式，如布尔运算、数学计算、字符串运算等。表 6.1 中定义了七种内置插件。

表 6.1 Built-In 部分解释

| Built-In | 例子 | 解释 |
| --- | --- | --- |
| Comparisons | swrlb:equal | 如果第一个参数和第二个参数相同 |
| Math | swrlb:abs | 如果第一个参数是第二个参数的绝对值 |
| Boolean Values | swrlb:booleanNot | 如果第一个参数为真，第二个参数为假，反之亦然 |
| Strings | swrlb:startsWith | 如果第一个参数以第二个参数开始 |
| Date，Time and Duration | swrlb:time | 如果第一个参数是 xsd:time 表示，后面是小时、分钟、秒和时区的参数 |
| URIs | swrlb:anyURI | 如果第一个参数是一个 URI 引用，然后是 scheme、主机、端口、路径、查询和片段的参数 |
| Lists | swrlb:empty | 如果第一个参数列表为空 |

如前所述，SWRL 规则由 antecedent(Body) 和 consequent(Head) 组成。Body 和 Head 都有多个 Atom。在下式中描述了 SWRL 规则的抽象语法。

$$rule ::= \text{'Implise('[URIreference]'\{annotation\}body consequent)'}$$

$$antecedent ::= \text{'Antecedent('\{atom\}')'}$$

$$consequent ::= \text{'Consequent('\{atom\}')'}$$

上述语法相当冗长，不太容易阅读。因此，我们经常使用一种相对非正式的"人类可读的"形式，类似于在许多已出版的规则著作中使用的形式。

$$antecedent \Rightarrow consequent$$

antecedent 和 consequent 都是 Atom 的结合，写成 $a_1 \wedge \cdots \wedge a_n$。变量使用在其前面加上问号（例如 $?x$）的标准约定来表示。使用这种语法，断言父属性和兄弟属性组合的规则意味着 uncle 属性应该这样写：

$$parent(?x,?y) \wedge brother(?y,?z) \Rightarrow uncle(?x,?z)$$

2）规则编写

编写合适的规则可以使原本体模型具有更强大的语言表达能力，以热轧调度场景为例，根据需要编写如下规则。

规则 1：由此规则可以得到 Operation 需要的轧制单元

$$needPart(?p,?u) \wedge hasProcess(?o,?p) \Rightarrow corresPart(?o,?u)$$

规则 2：由此规则可以得到 Operation 所需工件的来源

$$Operation(?o) \wedge corresPart(?o,?u) \wedge comesFrom(?u,?w) \Rightarrow relatedSources(?o,?w)$$

规则 3：由此规则可以推理出可能受影响的 Operation

$$Operation(?o) \wedge relatedSources(?o,?w) \wedge statesIs(?w,"fault"\hat{}\hat{}xsd:string)$$
$$\Rightarrow statesIs(?o,"influenced"\hat{}\hat{}xsd:string)$$

不确定时间发生在调度生产的过程中，其发生时间为 event.startTime，在此时轧制单元按照确定情况下的轧制顺序在轧制，每个操作（Operation）都有一个 Operation.startTime 和 Operation.endTime，当 Operation.endTime＜event.startTime 时表示此 Operation 已经加工完成。

查询 1：查询 Operation 开始时间，如图 6.3 所示。

```
SPARQL query:
PREFIX rdf: <http://www.w3.org/1999/02/22-rdf-syntax-ns#>
PREFIX owl: <http://www.w3.org/2002/07/owl#>
PREFIX rdfs: <http://www.w3.org/2000/01/rdf-schema#>
PREFIX xsd: <http://www.w3.org/2001/XMLSchema#>
PREFIX sche: <http://www.semanticweb.org/18329/ontologies/2021/2/untitled-ontology-9#>
SELECT ?operation ?time
        WHERE { ?operation sche:startTime ?time}
```

图 6.3　查询语言 1

查询 2：查询 Operation 结束时间，如图 6.4 所示。

```
SPARQL query:
PREFIX rdf: <http://www.w3.org/1999/02/22-rdf-syntax-ns#>
PREFIX owl: <http://www.w3.org/2002/07/owl#>
PREFIX rdfs: <http://www.w3.org/2000/01/rdf-schema#>
PREFIX xsd: <http://www.w3.org/2001/XMLSchema#>
PREFIX sche: <http://www.semanticweb.org/18329/ontologies/2021/2/untitled-ontology-9#>
SELECT ?operation ?time
        WHERE { ?operation sche:endTime ?time}
```

图 6.4　查询语言 2

查询 3：Operation 开始时间大于 5，如图 6.5 所示。

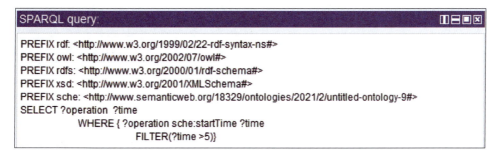

图 6.5　查询语言 3

查询 4：受影响的 Operation ($x$ 为事件发生时间)，如图 6.6 所示。

```
SPARQL query:
PREFIX rdf: <http://www.w3.org/1999/02/22-rdf-syntax-ns#>
PREFIX owl: <http://www.w3.org/2002/07/owl#>
PREFIX rdfs: <http://www.w3.org/2000/01/rdf-schema#>
PREFIX xsd: <http://www.w3.org/2001/XMLSchema#>
PREFIX sche: <http://www.semanticweb.org/18329/ontologies/2021/2/untitled-ontology-9#>
SELECT ?operation ?time
        WHERE { ?operation sche:isInfluenced "influenced";
                sche:endTime ?time
                FILTER(?time >x) }
```

图 6.6　查询语言 4

# 第 7 章

# 数据驱动的知识发现

## 7.1 数据驱动的知识发现概述

### 7.1.1 数据驱动的知识发现内涵

知识发现是从数字、符号、图形、图像、声音等数据中发现隐含的、未知的且具有潜在效用并能被人理解的模式的特定过程。这一过程实现了将低层数据提炼转化为根据不同需求的可理解性知识。由于在数据体量和质量上的精简,知识发现使用者能够屏蔽原始数据的烦琐细节,获取其中简洁和公允性的规律、特征用于辅助决策,提升使用者决策的准确性和高效性。图 7.1 展示了知识发现的表现层次。

随着物联网、云计算及移动互联技术的发展与成熟,人类生活模式逐渐从物理空间向虚拟空间蔓延,数字化程度逐步深化,导致大量的数据和信息产生,图 7.2 为全球产生的数据总量情况。近年来,一方面,随着数据科学的不断成熟,面向大数据的机器学习方法,例如深度学习、集成学习和进化计算等被提出和应用,大幅提升了数据分析能力,为大规模复杂数据的知识发现提供了理论和方法支持,致使以专家经验为主的知识发现逐渐向以数据驱动的知识发现方法转变,为大数据场景下的知识发现方法研究提供了集成;另一方面,随着物联网、云计算、移动

图 7.1 数据-信息-知识层次图

互联和大数据技术在工业制造中的广泛应用以及国家"互联网＋工业"、《中国制造2025》、"工业互联网"等战略支持,通过对企业的数据资源实施采集、知识发现和知识决策,提高了生产水平,实现了大数据带动下的制造业改革创新,完成向网络化协同、个性化定制、智能化生产和服务化延伸的转型。

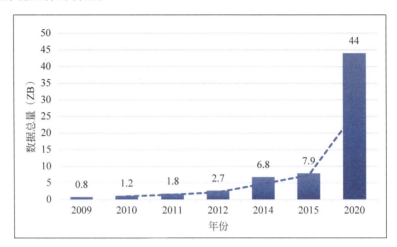

图 7.2　近年来全球产生的数据总量情况

但是,数据量的不断增加并不意味着企业或个人决策能力的提升。相反,大量的数据资源会造成企业运营和维护成本的增加。尽管已有大量的企业存储了海量的数据资源,但仍有部分企业并未对大数据加以利用,转化为决策创新。大数据决策价值的提升必须通过有效的知识发现方法,对数据进行针对性的精简凝练以获得合理的规律、准则。

当前基于大数据的知识发现研究的挑战主要体现在以下四方面:

**1. 数据规模庞大化**

互联网、物联网及云存储的发展使数据爆炸式增长,数据已经从小规模、标准化朝大规模、多类型和多变化的方向变化。这一现象导致以数据仓库为基础的知识发现方法无法满足对无边界的现实感知数据的及时感知。同时,高维度大规模的数据环境也给知识的时效性与可理解性带来了挑战。

**2. 涉及领域多元化**

数据量的膨胀式增长源自大规模基于经验采集的数据库数据和基于潜在价值驱动的被动式采集的数据,这种组合数据产生方式导致知识的产生往往涉及多个领域和交叉学科,造成数据异质、互相关及共线性等问题。以专家经验为主导的知识发现策略已经难以应对复杂知识场景,利用自动知识发现方法获得数据的关联特征已经成为当前基于大数据知识发现的首要任务。

**3. 数据价值稀疏化**

与传统数据仓库相比,当前环境下被动式的数据采集虽然有了庞大的数据规模,但从数据转化为知识与价值的模式考虑尚不明确,导致数据的真实价值相对更加稀疏。对海量数据资源筛选甄别,选择高质量的特征数据是数据价值最大化的保障,也是提高知识真实度和简洁性的前提。

**4. 知识需求普遍化**

行业间竞争的白热化致使知识已经成为企业重要的战略资源,在市场竞争中起到决定性作用。企业掌握知识就等于掌握了创新的源泉。在全球化贸易大背景下,利用大数据进行知识发现为企业获取知识、快速成长提供了可能。针对具体创新目标,选择合适的数据资源、提供明确的关联知识亦对当前知识发现方法提出了挑战。

此外,随着我国互联网红利的逐渐消退以及国民经济增长的放缓,实体经济在稳固国民经济中的关键作用已逐渐显现,工业尤其是制造业成为实体经济中重要的一环。基于工业大数据的知识发现研究能够实现数据资源的快速利用,优化生产流程,实现自感知、自学习和自决策的智能生产循环,提高企业创新能力和竞争力,完成向以安全、绿色、智能为核心的生产运营模式的转变。机器学习方法在知识发现和工业应用中潜力巨大,基于机器学习的知识发现方法也将推动人工智能在工业领域相关研究的发展。

## 7.1.2 数据驱动的知识发现过程

知识发现的一般过程由数据预处理、数据挖掘、结果的表达和解释三个核心步骤组成,如图7.3所示。数据一般来源于不同类型的数据库,知识发现任务的最终目的是从数据库中挖掘出有价值的数据,经过数据预处理形成高质量的待挖掘数据仓库或数据库,然后选择适当的数据挖掘算法进行挖掘,得到不同的模式,最后对得到的不同模式进行评估,筛选出真正有意义的模式,这些模式就是知识发现要发现的知识,然后以可视化的方式提供给用户。

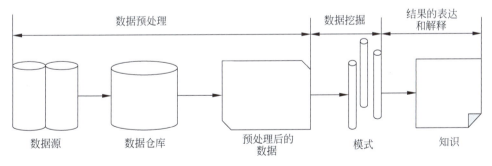

图7.3 知识发现流程图

**1. 数据预处理**

数据预处理是知识发现过程的起点,是对数据源的初步分析处理,预处理后数据的质量直接关系到知识发现活动的最终结果。数据预处理的意义在于保证数据的准确性、完整性以及一致性,将数据源所包含的数据转换成适合挖掘的形式。数据预处理一般包含数据清洗、数据集成、数据规约和数据变换等多个子步骤。

**2. 数据挖掘**

数据挖掘是知识发现活动的核心,数据挖掘算法的选择是整个知识发现活动中至关重要的问题。在数据挖掘任务执行之前必须对不同的数据挖掘算法以及挖掘需求有充分的理解,在明确挖掘需求的基础上,选择最佳的挖掘算法,这个过程可能需要业内专家的参与。同一个任务可以由很多算法实现,但产生的效果却截然不同,因此要分析两个主要因素:一是数据集的特征和表现形式;二是具体的需求和硬件配置。

**3. 结果的表达和解释**

结果的表达和解释是知识发现活动的最后一步,主要完成模式评估和知识表示的任务。模式评估是对挖掘出来的模式进行评测和判断的过程,一般使用某种兴趣度指标度量,剔除低于兴趣度阈值的不相关模式,从而最终向用户提供真正有用的模式。模式评估是每一个知识发现系统必不可少的环节,它不仅起到了过滤无用模式的功能,也起到了反馈和交互的功能。知识表示是挖掘结果的最终展示的过程,一般通过图形、图像以及用户界面等可视化形式表示。

## 7.1.3 工业大数据与商业大数据知识发现区别

在对数据进行知识发现的处理过程中,工业大数据与商业大数据有明显的不同,对比分析如图 7.4 所示。

| | 工业大数据 | 商业大数据 |
|---|---|---|
| 研究对象 | 以物理实体或环境为中心<br>(Cyber-Physical-People) | 以互联网为支撑的交互<br>(Cyber-Cyber-People) |
| 现有基础 | 中/微观机理模型与定量领域知识<br>在当前基础上前进"半"步都很困难 | 宏观理念与定性认识<br>存在广阔的提升空间 |
| 新驱动力 | 新的感知技术<br>产品的服务化转型 | 新的交互渠道<br>(如社交媒体) |
| 对分析的期望 | 因果关系才有用<br>模型的高可靠性<br>(很难接受概率性的预测) | 相关性关系就非常有帮助<br>大数据原则 |

图 7.4 工业大数据与商业大数据对比图

(1) 研究对象不同:众所周知,商业大数据的研究对象主要是人造系统,商业大数据知识发现的主要目标是试图理解其中的行为模式。而工业大数据知识发现则以物理实体或环境为中心,研究并发现其中的动态规律和因果关系。

(2)现有基础不同:在商业领域中,存在较多的是一些宏观理念,定性地描述人的行为模式或者经济的发展规律,这给商业大数据分析及知识发现带来极大的发挥空间。然而工业领域却不同,因为人们对工业过程进行了深入的研究并对许许多多的工业过程都实现了模型化,纷繁复杂的中观、微观的工业过程机理模型蕴含着丰富的领域知识,因此对工业大数据分析提出了更高的要求。

(3)新驱动力不同:互联网及移动终端的飞速发展为商业大数据的知识发现及业务数据融合带来了新的生机。然而在工业领域,现有的工控技术无法应对大数据分析的挑战,目前高速发展的感知技术成为工业大数据知识发现的新驱动力。

(4)对分析的期望不同:商业大数据分析常常遵从大数据原则,概率性的分析结果可以为商业运行提供较为合理的知识支撑。工业领域却对知识发现的结果有着更严苛的要求。首先,不同的工业生产场景对技术指标的要求天差地别,此外,工业系统通常对实时性、动态性、精确度有着严格的要求。

综上所述,工业大数据的知识发现过程应该更加充分理解工业过程机理模型,参考实际生产领域经验,才能够真正地将工业大数据驱动的知识发现实实在在地应用于生产实践中,创造更多的价值。

## 7.2 数据驱动的知识发现主要方法

知识发现是将数据转化为决策和价值的重要过程,以数据驱动的知识创新已成为主流方向。不过,大数据规模庞大化、涉及领域多元化、数据价值稀疏化和知识需求普遍化等特点给传统知识发现方法造成巨大挑战,特别是面向预测分析的关联知识发现,以专家经验和机理特征的关联变量识别已无法应对复杂的数据场景。因此,本书利用机器学习的相关理论与方法,对基于工业大数据数据驱动的关联知识发现方法展开介绍,主要集中于基于关联集成进化的多元回归变量选择与基于改进多项式的非线性变量选择这两种知识发现方法,为加速工业大数据转化效率、提升数据价值提供途径。

### 7.2.1 基于关联集成进化的多元回归变量选择方法

多元回归变量选择是知识发现的重要研究方向,其目的是通过选择更少的重要变量改善响应变量的预测效果。基于关联集成进化的多元回归变量选择可以有效处理大规模复杂数据集上的变量组合问题,将贪婪算法和随机搜索算法应用于集成学习框架,分割数据集利用随机搜索算法求解局部重要变量,在集成过程中,利用统计理论识别重要的变量组合并通过贪婪算法获得全局重要变量集合,由此可选择更少且拟合程度更优的自变量组合,提升预测模型的泛化能力。

**1. 多元回归变量选择**

多元回归变量选择是指识别与响应变量线性相关的重要自变量,提升预测模型泛化能力的重要过程。相较于调整模型参数改变自变量的拟合贡献度,该方法侧重于选择更少且拟合程度更优的自变量组合以提高预测能力。

已知原始数据集 $D=(x_1, x_2, \cdots, x_m)$ 由 $m$ 个自变量和 $n$ 个样本组成且 $x_i=(x_{1i}, x_{2i}, \cdots, x_{ni})^T$,数据集 $D$ 的自变量集表示为 $x=\{x_1, x_2, \cdots, x_m\}$,这些自变量包括与响应变量有关的潜在重要自变量,也包括大量的冗余自变量。$x_i$ 表示第 $i$ 个自变量对应的样本值向量,$x_{ji}$ 表示自变量 $x_i$ 的第 $j$ 个样本的值,多元回归变量选择过程就是通过特定的筛选过程获得重要的自变量集合使之满足下式:

$$y = \beta_0 + \beta_1 \tilde{x}_1 + \cdots + \beta_p \tilde{x}_p + \varepsilon \tag{7-1}$$

式中,$\varepsilon$ 表示不可观测的系统噪声;$y$ 表示 $n$ 个样本的响应变量向量;$\boldsymbol{\beta}=(\beta_0, \beta_1, \cdots, \beta_p)$ 是被估计的未知回归系数。$\{\tilde{x}_1, \tilde{x}_2, \cdots, \tilde{x}_p\}$ 表示从 $m$ 个原始变量中选出的重要自变量集且 $p \leqslant m$。通常,求解 $\boldsymbol{\beta}$ 采取最小均方估计:

$$\boldsymbol{\beta} = (\tilde{\boldsymbol{X}}^T \tilde{\boldsymbol{X}})^{-1} \tilde{\boldsymbol{X}}^T \boldsymbol{y} \tag{7-2}$$

其中,

$$\tilde{\boldsymbol{X}} = \begin{bmatrix} 1 & \tilde{x}_{11} & \tilde{x}_{12} & \cdots & \tilde{x}_{1p} \\ 1 & \tilde{x}_{21} & \tilde{x}_{22} & \cdots & \tilde{x}_{2p} \\ \vdots & \vdots & \vdots & \ddots & \vdots \\ 1 & \tilde{x}_{n1} & \tilde{x}_{n2} & \cdots & \tilde{x}_{np} \end{bmatrix} \tag{7-3}$$

**2. 基于关联集成进化的多元回归变量选择算法**

1)基于 GA-Bagging 的局部变量选择算法

为了减少计算时长并增强每个局部最优变量集的独立性,采用集成学习的子数据集生成策略,即用 bootstrapping 将原始数据集有放回地随机等份采样到多个 bagging 中,采用 GA(genetic algorithm,遗传算法)结合 L-M(Levenberg-Marquardt)算法在每个 bagging 上以 AIC(asymptotic information criterion,渐进信息标准)作为评价指标进行随机策略的局部变量集选择。

(1)基于 Bagging 的变量选择

通常,集成学习有两种 bagging 生成方法:一种是串行生成方法,每个 bagging 具有较强的关联和依赖性;另一种是并行生成方法,每个 bagging 相互独立。为了更好地通过并行计算来减少计算时间,采用并行重采样的子数据集生成策略 bootstrapping。

对具有 $n$ 个样本的数据集 $D$,令 $\{d_1, d_2, \cdots, d_h\}$ 作为抽取后的 $h$ 个 baggings,每个

bagging 拥有 $k$ 个样本且 $n \geq k$。每个 bagging 中的样本采用随机放回策略进行选取，提升每个 bagging 的相互独立性。对每个 bagging 采用相应的目标函数进行局部最优变量集的选择。基于 AIC 的目标方程如下所示：

$$x_i^* = \arg\min_{\hat{x}_i \in x} \text{AIC}(|\hat{x}_i|) \tag{7-4}$$

该方程的扩展形式表示为

$$x_i^* = \arg\min_{\hat{x}_i \in x} n(\log(2\pi) + \log(\sigma_i^2)) + n + 2(|\hat{x}_i| + 2) \tag{7-5}$$

且

$$\sigma_i^2 = \frac{\sum_{j=1}^{k}\left(y_j - \left(\beta_0^i + \sum_{r=1}^{|\hat{x}_i|}\beta_r^i x_{jr}\right)\right)^2}{k} \tag{7-6}$$

式中，$\boldsymbol{x}_i^* = \{x_{a-i}^*, x_{b-i}^*, \cdots, x_{c-i}^*\}_i^*$ 表示 bagging 中选择出的重要变量集，共包括 $\|\boldsymbol{x}_i^*\|_0$ 个变量。$x_{a-i}^*, x_{b-i}^*, x_{c-i}^*$ 分别表示第 $a,b$ 和 $c$ 个变量且 $a,b,c \in \{1,2,\cdots,m\}$。$|\hat{x}_i|$ 是被选择的重要变量个数。BwGA(bagging with the genetic algorithm)的流程如下：

---

**输入**：
  $\boldsymbol{D}$：原始数据集，包含 $n$ 个样本和 $m$ 个原始变量
  $h$：用于集成的 bagging 个数
  $k$：用于集成的 bagging 中的样本个数
  $n_{\text{bagging}}, N_{\text{GE}}, s_2, P_{\text{SE}}, P_{\text{CR}}, P_{\text{MU}}$：GA-LM 算法的参数
**输出**：
  $x_1^*, x_2^*, \cdots, x_h^*$：每个 bagging 获得的相对最优重要变量集
  $\kappa_{1\text{-best}}^*, \kappa_{2\text{-best}}^*, \cdots, \kappa_{h\text{-best}}^*$：每个 bagging 对应相对最优重要变量集的最小 AIC 值
**算法 BwGA**：
for $i \leftarrow 1,2,\cdots,h$
1.  $d_i \leftarrow$ 利用 bootstrapping 从 $\boldsymbol{D}$ 中采样生成第 $i$ 个 bagging 的子数据集
2.  $x_i^*, \kappa_{i\text{-best}}^* \leftarrow$ 通过式(7-5)和 GA-LM 算法计算 $d_i$ 的相对最优的重要变量集
end for
**return** $x_1^*, x_2^*, \cdots, x_h^*$ and $\kappa_{1\text{-best}}^*, \kappa_{2\text{-best}}^*, \cdots, \kappa_{h\text{-best}}^*$

---

(2) GA-LM 算法

GA 作为一种典型的进化计算方法，适用于对复杂大规模空间进行搜寻并获得邻近最优解，并且在大量的应用和研究中得到了有效验证。因此在本方法中，利用 GA 搜索每个 bagging 的局部最优重要变量集合。

为了防止式(7-2)由于变量共线性问题导致不可逆使得回归系数无法求解，本方法采用了 L-M 算法求解 $\boldsymbol{\beta}$ 值，该算法结合了高斯牛顿法和最陡下降法，对多元回归的系数求解有很好的效果。GA-LM 算法流程如下：

**输入：**

$D_{\text{sub-}l}$：第 $d_l$ 个 bagging 中的数据集，其中包含 $n_{\text{bagging}}$ 个样本

$x = \{x_1, x_2, \cdots, x_m\}$：原始变量集合

$N_{\text{GE}}$：种群中的基因数量

$s_2$：最大迭代次数

$P_{\text{SE}}, P_{\text{CR}}, P_{\text{MU}}$：分别表示遗传算法中每一代种群的选择、交叉和变异的基因数所占比例

**输出：**

$x_l^* = \{x_1^*, x_2^*, \cdots, x_{p_l}^*\}$：第 $d_l$ 个 bagging 的最优变量集合

$\kappa_{l\text{-best}}^*$：对应最优变量集合的 AIC 值

**GA-LM 算法：**

  for $i \leftarrow 1, 2, \cdots, N_{\text{GE}}$

1.  $L_i \leftarrow$ 生成基因链，DNA 的值在 0 和 1 中随机选取，其中 $L_i \in \mathbb{R}^{1 \times m}$

  end for

  for $j \leftarrow 1, 2, \cdots, s_2$

   for $i \leftarrow 1, 2, \cdots, N_{\text{GE}}$

2.  $D_{\text{sub-}l}^i \leftarrow L_i$ 长度与 $x$ 相等，$L_i$ 等于 $i$ 对应位置的 $x$ 中的变量为选中变量，生成仅仅包含选中变量的新的数据集

3.  $\hat{\beta}_{ij}^* \leftarrow$ 通过 L-M 算法计算回归系数

4.  $\kappa_{ij}^* \leftarrow$ 计算 AIC 值

5.  $\eta_i \leftarrow \dfrac{1}{\kappa_{ij}^*}$

  end for

6.  $\eta_{\text{best}} \leftarrow$ 选择 $\{\eta_1, \eta_2, \cdots, \eta_{N_{\text{GE}}}\}$ 中的最大值

7.  $x_l^* = \{x_1^*, x_2^*, \cdots, x_{p_l}^*\} \leftarrow$ 获得种群中对应于 $\eta_{\text{best}}$ 的最优变量集合

8.  $\kappa_{l\text{-best}}^* \leftarrow$ 获得最优变量集合对应的 AIC 值

  **Selection**

9.  $N_{\text{SE}} \leftarrow \lfloor N_{\text{GE}} \times P_{\text{SE}} \rfloor$

10.  $L_{\text{SE}} \leftarrow$ 根据 $\{\eta_1, \eta_2, \cdots, \eta_{N_{\text{GE}}}\}$，从大到小选择种群中前 $N_{\text{SE}}$ 个基因作为下一代基因

  **Crossover**

11.  $N_{\text{CR}} \leftarrow \lfloor N_{\text{GE}} \times P_{\text{CR}} \rfloor$，下一代种群中由交叉而产生的新基因

12.  $L_{\text{CR}} \leftarrow$ 在 $L_{\text{SE}}$ 中任意选择两个基因，在随机位置进行分割并交换两个基因段产生新基因，通过此步骤生成 $N_{\text{CR}}$ 个基因

  **Mutation**

13.  $N_{\text{MU}} \leftarrow N_{\text{GE}} - N_{\text{SE}} - N_{\text{CR}}$，下一代种群中由交叉而产生的新基因

14.  $L_{\text{MU}} \leftarrow$ 在 $L_{\text{SE}}$ 中任意选择一个基因，对基因随机位置的 DNA 值进行反转生成一个新基因，通过此步骤生成 $N_{\text{MU}}$ 个基因

  end for

**return** $x_l^*$ and $\kappa_{l\text{-best}}^*$

---

其中，符号'$\lfloor a \rfloor$'表示对 $a$ 下取整。如果 $a = 1.1$，那么 $\lfloor a \rfloor = 1$。

## 2) 集成环节的关联特征发现

传统的集成方法主要根据变量在不同 baggings 的总选择频率按照从大到小顺序进行排序选择。该方法简单便捷但是却难以确定重要变量集的大小,容易选入冗余变量,同时,这种方法忽略了 baggings 中隐藏的变量关联关系,而这种关系对于提升变量选择的准确度具有非常重要的影响。

### (1) 变量关联性测量

为了识别回归变量的关系,该方法应用了一些统计指标来测量不同变量出现频率的统计特性。首先,假设 $g_a(\boldsymbol{x}_l^*)$ 是变量 $\boldsymbol{x}_a$ 在第 $l$ 个 bagging 中的选择结果,如果 $\boldsymbol{x}_a$ 被选中,则 $g_a(\boldsymbol{x}_l^*)$ 为 1;否则,$g_a(\boldsymbol{x}_l^*)$ 为 0。

第一个统计指标为 kappa 统计,在集成中,所有的原始变量均以选中或没选中的比特变量形式出现,因此集成方法所需数据可以表示在 2×2 列联表中实现关联特征发现,如表 7.1 所示。

表 7.1 2×2 列联表

| | $g_a(x)=1$ | $g_a(x)=0$ | 总数 |
|---|---|---|---|
| $g_b(x)=1$ | $n_{11}$ | $n_{12}$ | $n_{1.}$ |
| $g_b(x)=0$ | $n_{21}$ | $n_{22}$ | $n_{2.}$ |
| 总数 | $n_{.1}$ | $n_{.2}$ | $n_{..}$ |

其中,$n_{11}$ 表示同时选择变量 $\boldsymbol{x}_a$ 和变量 $\boldsymbol{x}_b$ 的变量集总数,$n_{12}$ 表示包含变量 $\boldsymbol{x}_b$ 但不包含变量 $\boldsymbol{x}_a$ 的变量集总数,并且 $n_{1.}=n_{11}+n_{12}$。

kappa 统计的表示如下:

$$\text{kappa}=\frac{P_O-P_E}{1-P_E} \tag{7-7}$$

式中,$P_O=(n_{11}+n_{22})/n_{..}$ 表示可观测一致性 (observed agreement);$P_E=(n_{1.}\times n_{.1}+n_{2.}\times n_{.2})/n_{..}^2$ 表示偶然一致性 (chance agreement)。kappa 统计的取值范围为 $[-1,1]$,值越大表示变量间的一致度越大。通常当 kappa$\geqslant 0.75$ 时,变量间的假设一致性具有统计意义,即关联性成立。

除此之外,第二个重要测量指标为 $\chi^2$ 测试。针对 2×2 列联表,Cohen 提出了一种简化的 $\chi^2$ 测试形式,如下所示:

$$\chi^2=\frac{n_{..}(n_{11}n_{22}-n_{12}n_{21})^2}{n_{1.}n_{2.}n_{.1}n_{.2}} \tag{7-8}$$

另外,当 $1\leqslant n_{ij}<5$ 时,采用 Yates's $\chi^2$ 测试,该测试用于当 $n_{ij}$ 值较小时减少传统 $\chi^2$ 测试的误差,其中,$i,j=1,2$,Yates's $\chi^2$ 测试表示为:

$$\chi^2_{\text{Yates}}=\frac{n_{..}(|n_{11}n_{22}-n_{12}n_{21}|-n_{..}/2)^2}{n_{1.}n_{2.}n_{.1}n_{.2}} \tag{7-9}$$

在 $\chi^2$ 测试中,显著性水平作为重要参数用于判断两个事件是否具有独立性。给定 $\beta_\lambda$

为显著性水平,当 $p(\chi^2 > \lambda) = \beta_\lambda$ 时,零假设被拒绝,即变量 $x_a$ 和变量 $x_b$ 具有相关性。例如当 $\lambda = 6.635$ 对应 $\beta_{6.635} = 0.010$ 时,如果 $\chi^2 > \lambda$,则表示独立性零假设被接受的概率不到 1%,可以说明变量 $x_a$ 和变量 $x_b$ 有高概率关联性具有显著性意义。在本方法中,$\lambda = 10.828$,对应 $\beta_{10.828} = 0.001$。

但当 $\chi^2 > \lambda$ 时,$\chi^2$ 测试仅仅证明变量 $x_a$ 和变量 $x_b$ 具有相关性。而本方法重点在于识别两个变量是否具有相同方向的关联性,即同时被选择或未被选择。因此,为了只选择具有正相关的结果,对 $\chi^2$ 测试进行修改,得到:

$$\chi^2_{\text{Positive}} = \alpha \chi^2 \text{ or } \alpha \chi^2_{\text{Yates}} \tag{7-10}$$

式中,当 $n_{11}n_{22} - n_{12}n_{21} < 0$ 时,$\alpha = -1$;否则,$\alpha = 1$。

(2) 集成方法中的变量关系定义

由于变量相关性和系统噪声的存在,整体变量集在排序后,个体变量重要度并不会出现断崖式下降,这就导致中间段识别变量的难度相对较大,真实重要变量和冗余变量的识别会变得模糊甚至重要度顺序颠倒,特别是与响应变量具有较强关联的冗余变量和较弱关联的真实重要变量之间的识别。为了解决这个问题,下面定义了七种在集成方法中的变量关系。

**定义 1(高频变量)** 令 $n_{g_a=1}$ 表示 $g_a(\boldsymbol{x}) = 1$ 的数量,$n_{g_a=0} = h - n_{g_a=1}$,当 $n_{g_a=1} > 10 n_{g_a=0}$ 时,变量 $x_a$ 被称为高频变量。

**定义 2(强关联)** 已知变量 $x_a$ 和变量 $x_b$ 是高频变量,如果 $\text{kappa}_{ab} \geqslant 0.75$,则变量 $x_a$ 和变量 $x_b$ 具有强关联关系。

**定义 3(弱关联)** 对任意两个变量 $x_a$ 和 $x_b$,如果两个变量呈正相关,即 $\chi^2 > \lambda$,则变量 $x_a$ 和变量 $x_b$ 具有弱关联关系。

**定义 4(关联对)** 对任意两个变量 $x_a$ 和 $x_b$,如果两个变量呈正相关,且 $\chi^2_{\text{Positive}}{}^{ab} = \max\{\chi^2_{\text{Positive}}{}^{ai}, \chi^2_{\text{Positive}}{}^{jb}\}$,即 $\chi^2 > \lambda$,$i, j = 1, 2, \cdots, m$,$i \neq a$,$j \neq b$,那么变量 $x_a$ 和变量 $x_b$ 是一组关联对。

**定义 5(变量链)** 变量链是一个被定义为包含部分或全部最优全局重要变量集合的变量集。

**定义 6(潜在关联变量)** 如果变量 $x_a$ 和变量链中的任意一个变量或变量组呈弱关联,那么变量 $x_a$ 被称为潜在关联变量。

**定义 7(独立变量)** 如果变量 $x_a$ 不满足定义 5 和定义 6,那么变量 $x_a$ 被称为集成方法中的独立变量。

一些与响应变量具有极高拟合度的变量可能出现在多个局部最优变量集中,因此,这些变量会以更大概率被选作重要变量,这种情况下,kappa 统计相对 $\chi^2_{\text{Positive}}$ 在搜寻变量关联性时更加高效。另外,对于其他变量,虽然 BwGA 可以从每个 bagging 中获得关联变量,却不能根据 $\chi^2_{\text{Positive}}$ 有效地识别出某个变量是属于重要变量集合还是仅仅与响应变量 $\boldsymbol{y}$ 具有一定关联性的独立冗余变量。

3）基于关联的进化集成算法

基于关联集成进行的变量选择方法（association-based evolutionary ensemble，AEE）采用baggings将原始数据集分割成了多个数据子集，通过BwGA计算每个局部最优重要变量集合，保证了结果的多样性和独立性。BwGA的输出结果为 $h \times m$ 的比特值矩阵。在集成阶段，三个主要的过程会根据每个变量的选择频率（即变量在所有baggings中的选择总数）和关联频率（变量出现在同一个局部最优重要变量集合的总数）来挖掘变量关系。整个过程算法如下：

---

输入：
    $D$，$h$，$n_{bagging}$，$N_{GE}$，$s_2$，$P_{SE}$，$P_{CR}$，$P_{MU}$：BwGA算法中的所有输入参数

输出：
    $C^*$：最优变量集合
    $\kappa^*_{best}$：最优变量集合对应的最小AIC值

**AEE算法：**

1. $x_1^*, x_2^*, \cdots, x_h^*$ 和 $\kappa^*_{1\text{-best}}, \kappa^*_{2\text{-best}}, \cdots, \kappa^*_{h\text{-best}}$ ← 通过算法7.1计算获得
    for $i \leftarrow 1,2,\cdots,m$
2. $\omega_i = -\sum_{j}^{k} \kappa^*_{j\text{-best}} [\![ g_i(x_j^*) = 1 ]\!]$，计算每个变量在集成中的重要度
    end for
3. $C \leftarrow x_{\max}$，对 $\omega$ 从大到小排序，选择重要度最大的变量 $x_{\max}$ 作为变量链 $C$ 的第一个变量

**Step 1：**

4. $V_{hf}$ ← 根据定义1识别高频变量集合
    If $x_{\max}$ 是高频变量
5. $V_{hf} \leftarrow V_{hf} \backslash \{x_{\max}\}$
6. $g_c \leftarrow g_{x_{\max}}$，$g_{x_{\max}} = (g_{x_{\max}}^1, \cdots, g_{x_{\max}}^i, \cdots, g_{x_{\max}}^h)$，$g_{x_{\max}}^i = g_{x_{\max}}(x_i^*)$
    while
7. $C \leftarrow C \cup x_{\max}^{hf}$，根据式(7-17)计算 $x_{\max}^{hf}$ 的关联性，并将与 $g_c$ 有强关联并且与 $V_{hf}$ 中其他变量相比有更高kappa统计值的 $x_{\max}^{hf}$ 作为变量链 $C$ 的一个变量
    if 在 $V_{hf}$ 中没有新的变量被选入 $C$
        break
    end if
8. $V_{hf} \leftarrow V_{hf} \backslash \{x_{\max}^{hf}\}$
9. $g_c \leftarrow g_c^i = \prod_{j}^{|C|} g_{x_j}(x_i^*)$，该过程表示如果 $C$ 中的所有变量被选入了 $x_i^*$，那么 $g_c^i = 1$；否则 $g_c^i = 0$
    end while
    end if
10. $V \leftarrow V \backslash C$
    while
11. $C \leftarrow C \cup x_{\max}^{wa}$，$x_{\max}^{wa}$ 表示一个满足以下两个条件的变量：(1)与 $g_c$ 是弱关联但与 $V_{hf}$ 中其他变量相比有更高 $\chi^2_{\text{Positive}}$ 值；(2)由式(7-10)计算，与 $C$ 中任一个变量均是弱关联
    if 没有新的变量加入 $C$
        break
    end if
12. $V \leftarrow V \backslash \{x_{\max}^{wa}\}$

13.     $\boldsymbol{g}_c \leftarrow g_c^i = \prod_j^{|C|} g_{x_j}(\boldsymbol{X}_i^*)$
    **end while**
**Step 2**：
    $\boldsymbol{A}_{as} \leftarrow \boldsymbol{V}$
14. $\boldsymbol{P}_{as} \leftarrow$ 计算 $\boldsymbol{V}$ 中的关联对
15. $\boldsymbol{A}_{as} \leftarrow \boldsymbol{A}_{as} \backslash \boldsymbol{P}_{as}$，消除 $\boldsymbol{A}_{as}$ 中所有与 $\boldsymbol{P}_{as}$ 中相同的变量
    **while**
        **if** $\boldsymbol{P}_{as}$ is empty
            **break**
        **end if**
16.     $\boldsymbol{A}_{as} \leftarrow \boldsymbol{A}_{as} \cup \boldsymbol{P}_{as}$
17.     $\boldsymbol{V} \leftarrow \boldsymbol{V} \backslash \boldsymbol{P}_{as}$，消除 $\boldsymbol{V}$ 中所有与 $\boldsymbol{P}_{as}$ 中相同的变量
18.     $\boldsymbol{P}_{as} \leftarrow$ 计算两个变量是否是关联对，其中一个来自 $\boldsymbol{A}_{as}$，另一个来自 $\boldsymbol{V}$
19. **end while**
20. $\omega_k^* = -\sum_j^k \kappa_{j-\text{best}}^* [\![g_i(x_j^*) = 1]\!], k = 1, 2, \cdots, |\boldsymbol{A}_{as}|$，计算每个变量在 $\boldsymbol{A}_{as}$ 的重要度
21. $t_k^* \leftarrow$ 寻找潜在关联变量。如果 $A_{as}^k$ 是潜在关联变量，那么 $t_k^* = 1$；否则 $t_k^* = 0$
**Step 3**：
22. $\boldsymbol{V}_{BE} \leftarrow$ 用于后部消除的变量集；基于 $\boldsymbol{\omega}^*$ 从大到小的顺序对 $\boldsymbol{A}_{as}$ 进行排序，然后选择 $t^* = 1$ 的所有项
23. $\boldsymbol{V}_{FS} \leftarrow \boldsymbol{A}_{as} \backslash \boldsymbol{V}_{BS}$，生成用于前部选择的变量集合，集合中的变量被当作独立变量
24. $\boldsymbol{C} \leftarrow \boldsymbol{C} \cup \boldsymbol{V}_{BE}$
25. $\boldsymbol{C}_{BE} \leftarrow$ 利用后部消除来寻找最小 AIC 对应的变量集，并且被消除的变量仅包含在 $\boldsymbol{V}_{BE}$ 中
26. $\boldsymbol{C}^* \leftarrow$ 基于 $\boldsymbol{C}_{BE}$ 利用前部选择搜索最小 AIC 对应的全局最优的变量集合，其中，变量根据 $\boldsymbol{\omega}^*$ 从大到小的排序逐个加入到变量集 $\boldsymbol{C}^*$ 中进行计算，直到 $\kappa_{\text{best}}^*$ 值不再减小为止
    **return** $\boldsymbol{C}^*, \kappa_{\text{best}}^*$

其中，'$[\![\ ]\!]$'表示：令 $y = [\![a = 1]\!]$，如果 $a = 1$ 成立，那么 $y = 1$；否则，$y = 0$。

$\boldsymbol{C} \leftarrow \boldsymbol{A} \cup \boldsymbol{B}$ 表示：集合 $\boldsymbol{C}$ 是集合 $\boldsymbol{A}$ 和集合 $\boldsymbol{B}$ 的并集。

$\boldsymbol{C} \leftarrow \boldsymbol{A} \backslash \boldsymbol{B}$ 表示：集合 $\boldsymbol{C}$ 是集合 $\boldsymbol{A}$ 移除与集合 $\boldsymbol{B}$ 相同元素后的集合。

(1) AEE 的计算框架

在算法的 line 中，$n \times m$ 规模的原始数据集通过 BwGA 被转换成一个 $h \times m$ 的比特元素矩阵 $\boldsymbol{G}$。在大规模数据集中，$h$ 将远远小于 $n$。此外，$g_j^i = \{1, 0\} \in \boldsymbol{G}$ 表示第 $i$ 个变量在第 $j$ 个 bagging 上的选择结果。line 2 和 line 3 是传统的集成方法，$\boldsymbol{G}$ 中的变量根据选择频率进行排序。在该方法框架下，第一个被选到变量链 $\boldsymbol{C}$ 的变量默认为在 $\boldsymbol{G}$ 中是出现频率最高的变量；Step 1(lines 4 到 lines 13)主要在剩余变量集中选择与 $\boldsymbol{C}$ 中变量最大相关的变量，包括两大类变量：(1)与 $\boldsymbol{g}_c$ 具有强关联性的变量；(2)与 $\boldsymbol{C}$ 中的所有变量弱关联的变量。当 Step 1 中没有新变量加入 $\boldsymbol{C}$ 时，终止 Step 1。随着重要性的下降以及 BwGA 的随机性，部分真实重要变量与 $\boldsymbol{C}$ 的关联性不再明显，因此 Step 2 主要用于获取变量关联对和潜在关联变量。$\boldsymbol{A}_{as}$ 中的元素称为项，包括了独立变量和关联对，以及所有剩余的单一变量和变量组。变量组是多个变量构成的集合，由迭代的关联对产生。例如，$\{x_1\}$ 和 $\{x_2\}$ 是一组由 line 15 识别出的关联对，同时通过 line 18，$\{[x_1\ \ x_2]\}$ 和 $\{x_3\}$ 也被识别为关联对，那么，$\{x_1, x_2\}$ 和 $\{x_1, x_2, x_3\}$ 均是 $\boldsymbol{A}_{as}$ 的元素。最终，在 Step 2 的 line 20 和 line 21，$\boldsymbol{A}_{as}$ 中元素

的重要度被评估以获得最优的变量集合。在 Step 3,$A_{as}$ 中的元素被分割为两部分：聚集 $A_{as}$ 中所有潜在关联变量,基于 line 20 利用后部逐步消除法进行求解,但不消除 Step 1 产生的 $C$ 中变量;在 line 26 中,剩余 $A_{as}$ 的项被作为独立变量利用前部选择方法获取最终的全局重要变量集。

(2) 算法复杂度分析

AEE 的最大时间复杂度表示为：

$$o(o_{reg}s_2 N_{ge}/N_{com} + o_{reg} m_{BE}(m_{BE}+1)/2) \tag{7-11}$$

式中,$N_{com}$ 表示并行计算资源数;$m_{BE}$ 是 line 22 中变量的数量。式(7-11)的前部分时间开销发生在 BwGA 中,每个 bagging 中样本的减小和计算资源的增加均会有效地减小这部分的时间开销。后部分的时间开销主要在集成环节的后部消除变量法中产生。如果与响应变量和真实重要变量具有较强依赖性的冗余变量过多,那么 AEE 算法需要大量的时间识别出真实重要变量。对于 AEE 算法,当 $m_{BE}$ 很大时,可以采用进化算法(EA)代替后部消除变量法来降低计算开销,其中 EA 中的基因由 $V_{BE}$ 的项构成。AEE 的时间复杂度是随机优化方法和逐步回归法的总和。但是,由于 AEE 中 $N_{ge}$ 和 $m_{BE}$ 的值均小于另外两种方法,所以实际的计算时长相比随机优化方法和逐步回归法并不会过长。

**3. 仿真与验证**

为了评估 AEE 算法性能,进行四组实验进行测试:(1)为了验证 AEE 对变量选择的有效性,将 AEE 与多个经典的多元回归变量选择方法在传统的 UCI 数据上进行对比;(2)为了评估 AEE 中核心参数 bagging 的规模和每个 bagging 中样本数量对算法性能的影响,将不同参数配置的 AEE 算法在不同数据集上进行对比;(3)为了评估 AEE 在大规模数据集上的计算时长,将算法在不同 $n$ 和 $m$ 的数据集上进行对比;(4)在 3 组 UCI 大规模数据集上进行变量选择的结果对比。所有的计算软件基于 Windows 10 professional 系统的 64 位 MATLAB 2014a 版本;硬件环境基于两个 Intel Xeon E5-2680 2.70-GHz 的 CPU 和 Intel C600/X79 芯片组。AIC 作为主要的评估指标,用于评估实验中所有方法的性能。

1) 变量选择的有效性对比验证实验

实验采用的数据集基本信息如表 7.2 所示。根据预测类的不同将数据集 SolarFlare 划分成三个数据集 SolarFlareC、SolarFlareM 和 SolarFlareX。数据集 Crime 是移除 Communities and Crime 中缺失大量数据的变量后的数据集。

表 7.2 实验数据集信息

| 数据集编号 | 简 称 | 样本数 $n$ | 特征数 $m$ | 原始数据集 |
| --- | --- | --- | --- | --- |
| 1 | Housing | 506 | 13 | Housing |
| 2 | Servo | 167 | 19 | Servo |
| 3 | AutoMPG | 392 | 25 | Auto MPG |
| 4 | SFC | 1,066 | 26 | SolarFlare(C-class) |

续表

| 数据集编号 | 简称 | 样本数 $n$ | 特征数 $m$ | 原始数据集 |
| --- | --- | --- | --- | --- |
| 5 | SFM | 1,066 | 26 | SolarFlare(M-class) |
| 6 | SFX | 1,066 | 26 | SolarFlare(X-class) |
| 7 | BC | 194 | 32 | Breast Cancer Wisconsin |
| 8 | ForestFires | 517 | 63 | Forest Fires |
| 9 | Automobile | 159 | 55 | Automobile |
| 10 | TomsHW | 28,179 | 96 | Buzz in social media(Tom's Hardware) |
| 11 | Crime | 1,993 | 100 | Communities and Crime |

本次实验中,AEE 算法将与 MIQP(mixed integer quadratic programming,混合整数规划)、FS(forward selection,前部选择法)、BS(backward selection,后部选择法)、GA 和 HybridGSA(hybrid of the genetic and simulated annealing algorithms,基于混合遗传算法和模拟退化算法的多元回归变量选择方法)进行对比。不同方法的参数选择结果如表 7.3 所示。每个 bagging 中的样本数等于 $k$(20)倍的特征数 $m$,当 $k \times m$ 大于原始数据样本数 $n$ 时,$n_{\text{bagging}}$ 取值为 $n$。由于经典 GA 和 HybridGSA 需要搜索全局最优的多元回归变量集合,所以采用较大的种群规模和进化代数。相反,AEE 中的 GA 主要在局部变量集中搜寻邻近最优变量集合,所以设定较短的进化代数和较小的种群规模,因为快速的 GA 搜索策略能够保证结果的多样性,提升集成学习性能。在 GA、HybridGSA 和 AEE 上分别重复实验 20 次,结果如表 7.4 和表 7.5 所示。

表 7.3 对比方法的参数选择表

| 方法 | 参数 | 值 |
| --- | --- | --- |
| AEE | $h$ | 500 |
| | $n_{\text{bagging}}$ | 20 * m |
| | $s_2$ | 60 |
| | $N_{\text{GE}}$ | 30 |
| | $P_{\text{SE}}$ | 0.3 |
| | $P_{\text{CR}}$ | 0.3 |
| | $P_{\text{MU}}$ | 0.4 |
| GA | GA 的最大迭代次数 | 1,000 |
| | 种群大小 | 150 |
| | $P_{\text{SE}}$ | 0.1 |
| | $P_{\text{CR}}$ | 0.8 |
| | $P_{\text{MU}}$ | 0.1 |
| HybridGSA | HybridGSA 的最大迭代次数 | 1,000 |
| | 种群大小 | 150 |
| | $P_{\text{SE}}$ | 0.1 |
| | $P_{\text{CR}}$ | 0.8 |
| | $P_{\text{MU}}$ | 0.1 |
| | 初始温度 | 100 |
| | 冷却速率 | 0.9 |

表 7.4 所有方法在不同数据集的最优解

| 数据集编号 | MIQP AIC | MIQP $p$ | FS AIC | FS $p$ | BS AIC | BS $p$ | GA $AIC_{min}$ | GA $p_{best}$ | HybridGSA $AIC_{min}$ | HybridGSA $p_{best}$ | AEE $AIC_{min}$ | AEE $p_{best}$ |
|---|---|---|---|---|---|---|---|---|---|---|---|---|
| 1 | 1,583.8 | 11 | 1,583.8 | 11 | 1,583.8 | 11 | 1,583.8 | 11 | 1,583.8 | 11 | 1,583.8 | 11 |
| 2 | −67.3 | 10 | −67.3 | 10 | −67.3 | 10 | −67.3 | 10 | −67.3 | 10 | −67.3 | 10 |
| 3 | 829.4 | 15 | 829.4 | 15 | 829.4 | 15 | 829.4 | 15 | 830.7 | 16 | 829.4 | 15 |
| 4 | −591.3 | 10 | −587.0 | 9 | −591.3 | 10 | −591.3 | 10 | −591.3 | 10 | −591.3 | 10 |
| 5 | −2,644.6 | 8 | −2,615.5 | 20 | −2,644.6 | 8 | −2,644.6 | 8 | −2,644.6 | 8 | −2,644.6 | 8 |
| 6 | −5,359.2 | 5 | −5,346.3 | 4 | −5,359.2 | 5 | −5,359.2 | 5 | −5,359.2 | 5 | −5,359.2 | 5 |
| 7 | ∼ | ∼ | 1,331.1 | 8 | 1,331.6 | 14 | 1,331.1 | 12 | 1,332.9 | 8 | 1,331.4 | 14 |
| 8 | ∼ | ∼ | 307.2 | 12 | 313.9 | 12 | 317.5 | 19 | 307.2 | 12 | 307.2 | 12 |
| 9 | ∼ | ∼ | 2,268.3 | 42 | 2,255.3 | 39 | 2,255.3 | 39 | 2,267.2 | 47 | 2,252.7 | 37 |
| 10 | ∼ | ∼ | 458,806.6 | 48 | 439,465.5 | 72 | 439,492.2 | 89 | 439,466.2 | 78 | 439,465.5 | 72 |
| 11 | ∼ | ∼ | −8,039.0 | 46 | −8,053.4 | 50 | −8,053.7 | 49 | −8,005 | 65 | −8,053.7 | 49 |

其中,$p$ 表示当 AIC 为最小时 MIQP,FS 和 BS 选择出的特征数量。对于 GA、HybridGSA 和 AEE,$AIC_{min}$ 表示 20 次重复实验中获得的最小 AIC 值,即最优解。在本次实验中,MIQP 采用遍历的方式获得特定数据集的真实全局最优变量集合。当 $m=32$ 时,解空间由 $4294967296(2^{32})$ 个变量集组成,超过了可用计算资源的计算能力,因此,不再求解并以符号 '∼' 表示。加粗的数字表示所有方法中最优的 AIC 值及对应的特征数量。

表 7.5 基于随机优化的变量选择对比结果

| 数据集编号 | 方法 | $AIC_{min}$ | $AIC_{max}$ | $AIC_{mean}$ | Δ |
|---|---|---|---|---|---|
| 1 | GA | 1,583.8 | 1,583.8 | 1,583.8 | 0 |
| 1 | HybridGSA | 1,583.8 | 1,583.8 | 1,583.8 | 0 |
| 1 | AEE | 1,583.8 | 1,583.8 | 1,583.8 | 0 |
| 2 | GA | −67.3 | −67.3 | −67.3 | 0 |
| 2 | HybridGSA | −67.3 | −67.3 | −67.3 | 0 |
| 2 | AEE | −67.3 | −67.3 | −67.3 | 0 |
| 3 | GA | 829.4 | 829.4 | 829.4 | 0 |
| 3 | HybridGSA | 830.7 | 833 | 831.6 | 2.3 |
| 3 | AEE | 829.4 | 829.4 | 829.4 | 0 |
| 4 | GA | −591.3 | −591.3 | −591.3 | 0 |
| 4 | HybridGSA | −591.3 | −591.3 | −591.3 | 0 |
| 4 | AEE | −591.3 | −591.3 | −591.3 | 0 |
| 5 | GA | −2,644.6 | −2,644.6 | −2,644.6 | 0 |
| 5 | HybridGSA | −2,644.6 | −2,644.6 | −2,644.6 | 0 |
| 5 | AEE | −2,644.6 | −2,644.6 | −2,644.6 | 0 |
| 6 | GA | −5,359.2 | −5,359.2 | −5,359.2 | 0 |
| 6 | HybridGSA | −5,359.2 | −5,357.2 | −5,358.5 | 2 |
| 6 | AEE | −5,359.2 | −5,359.2 | −5,359.2 | 0 |
| 7 | GA | 1,331.1 | 1,333.9 | 1,332.6 | 2.8 |
| 7 | HybridGSA | 1,332.9 | 1,334.4 | 1,333.6 | 1.5 |
| 7 | AEE | 1,331.4 | 1,332.3 | 1,331.6 | 0.9 |

续表

| 数据集编号 | 方法 | $AIC_{min}$ | $AIC_{max}$ | $AIC_{mean}$ | Δ |
|---|---|---|---|---|---|
| 8 | GA | 317.5 | 324.5 | 322.2 | 7 |
|  | HybridGSA | **307.2** | **307.9** | **307.4** | **0.7** |
|  | AEE | **307.2** | 312.4 | 309.2 | 5.2 |
| 9 | GA | 2,255.3 | 2,260.3 | 2,257.1 | 5 |
|  | HybridGSA | 2,267.2 | 2,268.8 | 2,268.3 | **1.6** |
|  | AEE | **2,252.7** | **2,258.0** | **2,254.9** | 5.3 |
| 10 | GA | 439,492.2 | 439,775 | 439,593.4 | 282.8 |
|  | HybridGSA | 439,466.2 | **439,682.2** | **439,576.8** | **216.0** |
|  | AEE | **439,465.5** | 439,873 | 439,667.4 | 407.5 |
| 11 | GA | **−8,053.7** | **−7,998.2** | **−8,034.4** | 55.5 |
|  | HybridGSA | −8,005 | −7,997.2 | −8,001.1 | **7.8** |
|  | AEE | **−8,053.7** | −7,986.6 | −8,022.3 | 67.1 |

$AIC_{min}$、$AIC_{max}$ 和 $AIC_{mean}$ 分别表示 20 次重复实验的最小、最大和平均 AIC 值。Δ 表示 $AIC_{min}$ 和 $AIC_{max}$ 差值。加粗的数字表示所有方法中最优的 AIC 值及对应的特征数量。

如表 7.4 所示,除了在数据集 BC 外,AEE 均能够获得最小 AIC 值,并且比其他方法具有更好的变量选择性能。在数据集 Housing 和 Servo 上,所有的方法均能获得最佳的回归变量集,但是在 AutoMPG 上,HybridGSA 在 20 次的重复实验中已经无法搜索最优变量集。除此之外,随着原始变量的增加,FS、BS 和 GA 在不同的数据集上分别表现出了不同的变量选择性能。

表 7.5 的实验对比了 AEE 与 GA 和 HybridGSA 等随机优化方法在 20 次重复实验中表现出的性能差异,可以看出 HybridGSA 的性能相对较弱,在大多数数据集上均不能获得相对最优的变量集合,但对比 Δ,当 $m$ 增大时该方法比 AEE 和 GA 具有更强的稳定性和收敛能力,而 AEE 和 GA 在获得最优重要变量集上具有更大的优势。

由此可见,在大多数数据集上,AEE 相比逐步回归法或经典的随机优化算法具有更强的变量选择性能;在变量数不断增大时,AEE 相比其他方法有更大概率能获得最优变量集合。

2) Bagging 大小与规模的影响分析

随着 $m$ 的增大,AEE 的性能趋于不稳定状态,改进的方式包括增加 bagging 大小(每个 bagging 中的样本数)或者增加 bagging 的规模(bagging 的数量),但是以上两种改进策略又会增加计算开销。具体而言,更多的 bagging 和 bagging 中样本数会增加准确度,但是根据式(7-11),计算开销也会增大。相反,过小的 bagging 和 bagging 中样本数会导致局部数据概率密度分布和全局实际数据概率密度分布出现差异导致特征集偏差更大。因此,为了实现 AEE 算法在准确度与计算开销上的有效平衡,应进行多组实验分析 bagging 大小和 bagging 规模对 AEE 的影响。

利用不同变量数的数据集 Housing、SFC 和 TomsHW 仿真和分析 bagging 大小和

bagging 规模对 AEE 性能的影响。实验分两部分：①固定 $h$ 为 500，并设定 $n_{bagging}$ 分别是 5、10、15、20 和 25 倍的 $m$；②固定 $n_{bagging}$ 为 20 倍的 $m$，并设定 $h$ 分别为 100、300、500、700 和 1000。所有仿真重复 50 次，获得的结果如图 7.5 和图 7.6 所示。

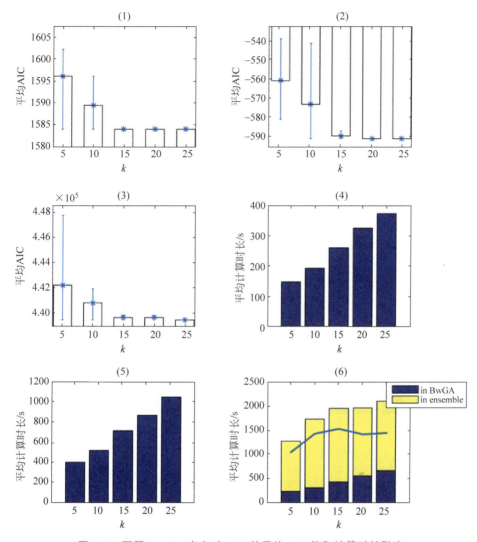

图 7.5　不同 bagging 大小对 AEE 的平均 AIC 值和计算时长影响

在图 7.5 和图 7.6 中，子图(1)和(4)是数据集 Housing 的结果，(2)和(5)是数据集 SFC 的结果，(3)和(6)是数据集 TomsHW 的结果；图(1)、(2)和(3)的直方图是平均 AIC 值，误差棒表示最大正误差和最大负误差，在子图(4)、(5)和(6)中的直方图表示平均计算时长，并分为 BwGA 步骤的时间开销和集成部分的时间开销；线条表示总时间开销的变化趋势。

从图 7.5 中可看出，随着 $k$ 的增大，平均 AIC 值在所有数据集上更趋近于最小 AIC 值。通过观察误差线，当 $k \geqslant 10$ 时，重复实验中已经有部分能够获得最小 AIC 值，即最优变量集合。在 $k \geqslant 15$ 时，平均 AIC 值已经近似等于最小值。通过子图(4)到(6)可看出，计算时长

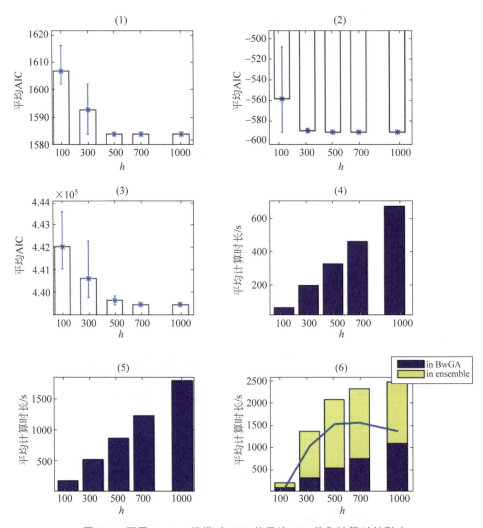

图 7.6 不同 bagging 规模对 AEE 的平均 AIC 值和计算时长影响

随着 $k$ 的增加而增长,其中 BwGA 的计算时长近似线性增长,并且在小样本集上,BwGA 的计算开销要远大于集成部分。除此之外,随着 $n$ 和 $m$ 的增加,由于更多的变量产生了关联对,增加了 AEE 在 Step 3 的计算开销。当 $k \geqslant 15$ 时,所有的关联对被识别,集成过程的计算时长变化将趋于缓慢或者不再变化。图 7.6 的结果趋势类似于图 7.5,当 $h \geqslant 700$ 时,AIC 值变得稳定且平均 AIC 值趋近于最小值。$h$ 相比于 $k$ 对 AEE 的性能和计算时长影响更大。当 $h = 100$ 时,变量在 bagging 中被选择的统计特征并不显著,在选择前部之前并不能形成有效变量链,AEE 方法变为单一变量的排序和筛选,虽然耗时少,但无法发挥 AEE 识别关联变量的优势,算法准确度降低并失去识别最优变量集合的性能。随着 $h$ 的增加,AEE 算法规则得到应用,变量链和关联对被有效识别,从而提升了结果的准确度,同时类似图 7.5(6),集成过程的计算时长也趋于稳定。

进一步对参数显著性进行分析,分别采用 $F$-test 和 $t$-test 对 AEE 算法邻近参数的结果分析其方差显著性和均值显著性,结果如表 7.6 和表 7.7 所示。当 AEE 设为 $k \geqslant 15$ 且 $h = 500$,或者 $h \geqslant 500$ 且 $k = 20$,在数据集 Housing 中,$F$-test 和 $t$-test 均没有显著性变化,证明 AEE 已经在 $k \geqslant 15$ 和 $h \geqslant 500$ 时获得了最优或者稳定的计算性能。而在数据集 SFC 和 TomsHW 中,$k \geqslant 20$、$h \geqslant 500$ 和 $k \geqslant 25$、$h \geqslant 700$ 能够分别获得理想的变量集合。通过对比不同 bagging 大小和 bagging 规模的显著性,在三个数据集上,AEE 选择 $k = 25$、$h = 500$ 与选择 $h = 700$、$k = 20$ 具有相同的算法准确度。

表 7.6 不同 $k$ 和 $h$ 的 $F$-test 结果

| $k/k$ | 5/10 | 10/15 | 15/20 | 20/25 | $h/h$ | 100/300 | 300/500 | 500/700 | 700/1000 |
|---|---|---|---|---|---|---|---|---|---|
| Housing | 2.048 | >100 | nan | nan | Housing | **1.737** | >100 | nan | nan |
| SFC | **1.246** | >100 | inf | nan | SFC | >100 | inf | nan | nan |
| TomsHW | 7.817 | 50.085 | **1.0149** | >100 | TomsHW | **1.1626** | 35.191 | >100 | **1.081** |
| $k/h$ | 15/500 | 15/700 | 15/1000 | 20/500 | 20/700 | 20/1000 | 25/500 | 25/700 | 25/1000 |
| Housing | nan | nan | nan | nan | nan | nan | nan | nan | nan |
| SFC | inf | inf | inf | nan | nan | nan | nan | nan | nan |
| TomsHW | **1.227** | >100 | >100 | **1** | >100 | >100 | >100 | **1.381** | **1.277** |

其中,'nan'表示 50 次重复实验中不同的参数均获得最优的结果。'inf'表示其中一个参数对应的 50 次重复实验结果是最优解。显著性参数选择 $F_{0.025} = 1.7826$。加粗字体表示没有显著性变化。

表 7.7 不同 $k$ 和 $h$ 的 $t$-test 结果

| $k/k$ | 5/10 | 10/15 | 15/20 | 20/25 | $h/h$ | 100/300 | 300/500 | 500/700 | 700/1000 |
|---|---|---|---|---|---|---|---|---|---|
| Housing | 3.430 | 7.938 | nan | nan | Housing | 11.069 | 8.611 | nan | nan |
| SFC | 3.079 | 5.529 | 5.436 | nan | SFC | 5.82 | 6.302 | nan | nan |
| TomsHW | 4.068 | 4.314 | **−0.019** | 8.612 | TomsHW | −7.254 | −6.622 | −7.758 | **−0.036** |
| $k/h$ | 15/500 | 15/700 | 15/1000 | 20/500 | 20/700 | 20/1000 | 25/500 | 25/700 | 25/1000 |
| Housing | nan | nan | nan | nan | nan | nan | nan | nan | nan |
| SFC | 5.436 | 5.436 | 5.436 | nan | nan | nan | nan | nan | nan |
| TomsHW | **−0.018** | 8.526 | 8.528 | **0** | 8.615 | 8.617 | −7.779 | **1.142** | **1.087** |

其中,'nan'表示 50 次重复实验中不同的参数均获得最优的结果。显著性参数选择 $p_{t\text{-best}} = 0.05$ 的双侧 Aspin-Welch test。加粗字体表示没有显著性变化。

随着 $k$ 和 $h$ 的增加,虽然 AEE 的准确度也会随之增加,但所造成的时间开销也不断增大。因此,在实际使用中,AEE 参数的配置需要考虑到单一计算资源的计算能力以及分布式计算的规模。

3) AEE 计算时长分析仿真

采用两组实验分别对不同 $m$ 和 $n$ 条件下的 AEE 计算时长进行评估与分析,结合上一小节的结论,令 $n_{\text{bagging}}$ 等于 20 倍 $m$,$h$ 等于 800,每组实验重复 10 次。GA 和 HybridGSA 用于与 AEE 进行计算时长对比,仿真参数如表 7.3 设定。GA 和 HybridGSA 不考虑提前收敛的情况,而采用 10 次重复实验种群进化一次的平均计算时长乘以总迭代数。仿真数据集采用CTSlices，简称为CT slices，数据集共包括了50 000个样本和384个变量。在评估计算时长与变量数量关系的仿真中，变量的数量从10增长至384，间隔为50；在评估计算时长与样本数量关系的仿真中采用数据集yearSCD，包含50 000个样本和90个变量，样本数量的变化从10 000到50 000，间隔为10 000。

AEE平均计算时长与$m$的关系曲线如图7.7所示。

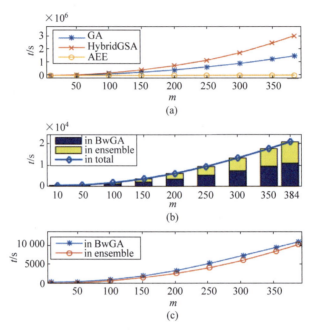

图7.7　AEE平均计算时长与$m$的关系曲线

(a) GA、HybridGSA和AEE平均总计算时长；(b) AEE的平均总计算时长与不同环节的平均总计算时长；
(c) AEE中BwGA和集成过程中的平均总计算时长

如图7.7(a)所示，AEE的计算开销小于GA和HybridGSA。由于集成了模拟淬火算法，HybridGSA在每次种群进化中进行了更多的迭代，增加了时间开销。在图7.7(b)和图7.7(c)中，增长的$m$导致更多的变量被识别为潜在关联变量，提升了后部消除的计算复杂度，同时，更多的变量需要BwGA种群进化计算更多的回归系数$\beta$，因此，AEE的平均总计算时长和每个环节的平均计算时长均随着$m$增大而增长。

AEE平均计算时长与$n$的关系曲线如图7.8所示。

图7.7(a)与图7.8(a)中三种算法的时间开销类似，AEE的时间开销在低于其他两个算法的同时，保持一种渐进线性增长的趋势。与$m$的趋势不同，AEE的时间开销变化随$n$增长没有明显的增加趋势，因为$n_{bagging}$和$h$均是固定的，BwGA的计算时长并不会随着$n$的变化而变化，但是却对集成环节的计算时长有所影响，主要体现于集成环节的Step 3。

总体来说，$m$对AEE的计算时长的影响要大于$n$。对比三种方法，除了计算$\beta$增加了计算开销外，搜索策略也是影响不同方法计算时长的主要原因。AEE相比GA和HybridGSA在大规模数据上进行变量选择的优势更加明显。

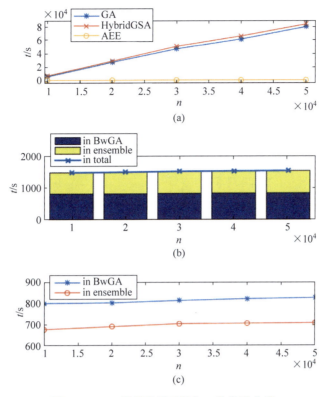

图 7.8  AEE 平均计算时长与 $n$ 的关系曲线

4) 大规模数据集的仿真与分析

采用大规模数据集包括 yearMSD、CTSlice 和 Twitter 对 AEE 的性能进行对比评估,对比算法有 FS、BS、GA 和 HybridGSA。GA、HybridGSA 和 AEE 重复实验 10 次选择各自最优解。需要注意的是,每个算法的计算结束时间固定,与 AEE 相同,即当检测到其他算法的计算时长超过当前实验的 AEE 时,立即终止计算,并返回当前最优 AIC 值。

实验结果如表 7.8 所示,在限制时间内,AEE 比其他算法在大规模数据集上获得了最低的 AIC 值。虽然在数据集 yearMSD 和数据集 Twitter 中,AEE 的计算时长 1382s 和 1553s 分别长于 BS 的 969s 和 799s,但是却能获得最优的变量集合。在数据集 yearMSD 中,BS 的 $AIC_{min}$(223,517.4)小于 FS 的 $AIC_{min}$(223,541.5),但是在数据集 Twitter 上又表现出比 FS 更优异的变量选择性能。数据集 CTSlices 上随机搜索算法 GA 和 HybridGSA 能够实现快速搜索,FS 和 BS 由于需要考虑更多变量情况而增加了计算时长,也加大了这两种算法在大规模数据集上获得最优重要变量集的难度。

5) 结果分析

以上的实验分别对 AEE 在大规模和小规模数据集上的性能进行了分析,并和经典的变量选择方法如逐步回归法和随机搜索法在准确度和时间开销上进行了对比,除此之外,实验分析了 bagging 大小与规模对 AEE 算法的影响,可以得出:

表 7.8  不同方法在大规模数据集上的计算结果

| 数据集 | n | m | 方法 | AIC$_{min}$ | P$_{best}$ | 计算时长(s) |
|---|---|---|---|---|---|---|
| yearMSD | 50 000 | 90 | FS | 223 541.5 | 71 | 1656.5 |
| | | | BS | 223 517.4 | 73 | **969** |
| | | | GA | 223 554.8 | 89 | 2099 |
| | | | HybridGSA | 223 536.4 | 87 | 2018 |
| | | | AEE | **223 515.0** | 69 | 1382 |
| Twitter | 50 000 | 77 | FS | 568 909.9 | 47 | **799** |
| | | | BS | 568 913.6 | 50 | 1084 |
| | | | GA | 568 959.5 | 74 | 2003 |
| | | | HybridGSA | 568 940.3 | 69 | 2006 |
| | | | AEE | **568 908.7** | 49 | 1553 |
| CTSlices | 50 000 | 384 | FS | 234 645.9 | 17 | 20 681 |
| | | | BS | 211 883.9 | 377 | **18 461** |
| | | | GA | 210 285.6 | 382 | 20 558 |
| | | | HybridGSA | 210 280.9 | 379 | 20 474 |
| | | | AEE | **210 272.7** | 359 | 20 351 |

加粗数据分别表示同一数据集中对比算法获得的最小 AIC 值和最短计算时长。

(1) 在小样本和变量数较少的情况下，AEE 和随机搜索算法要优于逐步回归法。逐步回归法的准确度很大程度上取决于原始变量间的关系及原始变量与响应变量的关系。另一方面，随着变量数量的增加，基于随机搜索的变量选择方法性能会出现下降，主要原因在于变量的增加会导致获得的重要变量集趋近于一个局部最优。

(2) AEE 的性能会随着 bagging 大小与规模的增大而提升。其中，bagging 大小通过提升每个局部最优重要变量集的准确度与全局变量的一致度来影响 AEE 算法的稳定性。bagging 规模主要通过提高集成过程中变量关联的识别能力影响 AEE 算法的准确度。针对不同变量数量的数据集，使 AEE 性能达到最优的 bagging 大小与规模的配置也不同，具体的参数设置主要根据已有计算资源进行确定。

(3) 相对于多次重复性的随机优化算法，AEE 的时间开销更低，并且随着变量的增加，AEE 的计算时长以较为缓慢的指数趋势增长。由于弱关联性的冗余变量增加，会导致 $V_{BE}$ 中的变量不断扩增，致使在集成环节的时间开销增长率会高于 BwGA 阶段。由于以上特征，当前的 AEE 算法不能直接应用于高维或超高维度的多元回归变量选择。

(4) AEE 在三个大规模数据集上均获得了最优重要变量集，即最小 AIC 值。当变量数增加时，由于对 BwGA 和集成阶段的时间开销进行了平衡，使 AEE 能够比随机优化算法具有更强的收敛能力。具体来讲，BwGA 以更少的进化次数获得多样性的局部解，在集成阶段通过识别局部解中的关联变量提升方法的准确度，并在大规模数据环境中达到减小时间开销的效果。

## 7.2.2 基于改进多项式的非线性变量选择

非线性变量选择是对非线性系统或变量间存在非线性关系条件的变量选择过程。针对传统的非线性系统难以同时获得重要的变量组合和可解释的模型的问题,采用基于改进多项式的非线性变量选择方法用于实现未知函数形式条件下的关联知识发现。通过多项式逼近生成变量的多种非线性合成项,再基于关联集成进化选择方法挖掘并构建基于重要变量合成项的线性易于解释的关系模型,这样有助于实现复杂制造场景下的知识发现。

### 1. 非线性变量选择

与多元回归变量选择不同,非线性变量选择没有固定的函数结构,即重要变量数和函数结构均是未知的,在进行变量选择的同时还要选择合适的非线性函数以防止产生过拟合或欠拟合问题,导致方法应用的难度增大。

已知原始数据集 $D=(x_1,x_2,\cdots,x_m)$ 由 $m$ 个自变量和 $n$ 个样本组成,并且 $x_i=(x_{1i},x_{2i},\cdots,x_{ni})^T$,数据集 $D$ 的自变量集表示为 $x=\{x_1,x_2,\cdots,x_m\}$。非线性函数表示为:

$$y = \alpha g(\tilde{x}_1,\tilde{x}_2,\cdots,\tilde{x}_p) + \beta_0 + \varepsilon \tag{7-12}$$

式中,$\varepsilon$ 表示不可观测的系统噪声;$y$ 表示 $n$ 个样本的响应变量向量;$g(\tilde{x}_1,\tilde{x}_2,\cdots,\tilde{x}_p)$ 表示包含重要变量 $\{\tilde{x}_1,\tilde{x}_2,\cdots,\tilde{x}_p\}$ 的非线性函数;$\alpha$ 和 $\beta_0$ 分别为常系数。非线性函数 $g(\cdot)$ 的选择是非线性变量选择与多元回归变量选择的主要不同。非线性变量选择的目标函数可以表示为:

$$x_i^* = \underset{\hat{x}_i \in x}{\arg\min} \zeta(y,\hat{g}(\hat{x}_i)) \tag{7-13}$$

式中,$y$ 为真实观测值;$\hat{g}(\hat{x}_i)$ 表示非线性函数的预测结果;$\zeta(\cdot)$ 表示评估指标。当前,还没有合适的指标能够同时确定非线性变量选择的重要变量数和函数结构。常采用传统拟合评估指标,如 $R$(相关系数)、SSE(和方差)、MSE(均方误差)和 RMSE(均方根)等。

常用的非线性模型包括参数多项式、神经网络、支持向量回归、随机森林回归及以上模型的改进模型等。传统的非线性变量选择过程分为两种,如图 7.9 所示。

两种非线性变量选择过程主要根据搜索策略而定,图 7.9(a) 适用于贪婪算法,如逐步搜索策略的前项选择和后项消除,在很多分类学习的变量选择中也采用此类策略,区别在于模型参数选择和模型选择过程的省略。图 7.9(b) 适用于随机优化算法,如基于进化算法的非线性变量选择方法。总体上,由于影响因素的增加,非线性变量选择过程相比线性变量选择更加耗时和复杂。基于改进多项式的非线性变量选择方法可以将非线性变量模型转换为线性模型,减少传统过程对模型和模型参数选择迭代的过程,降低计算时长并获得实现模型结构的功能。

### 2. 多项式逼近理论

函数逼近是函数论的重要内容,即研究函数的近似表达问题。多项式逼近是通过一个

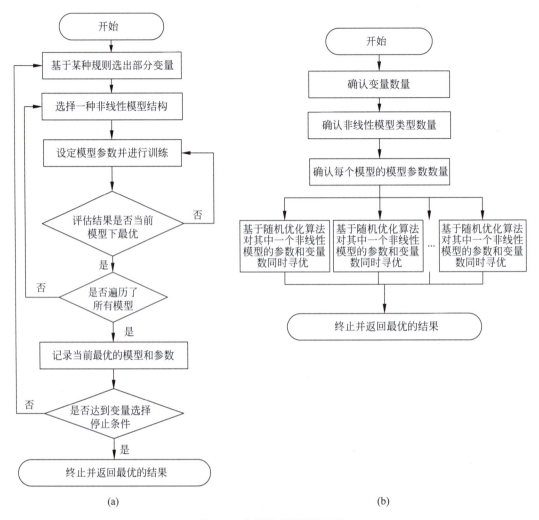

图 7.9 非线性变量选择过程

简单的函数去近似一个复杂的非线性函数,通常作为逼近的多项式具有结构简单且多项式项集合元素相互正交的特点。

在多项式逼近理论中以级数的函数逼近最为普遍,例如泰勒级数。利用泰勒多项式的前提是 $f(x)$ 在点 $x$ 的某邻域内具有各阶导数,那么该邻域中 $f(x)$ 的泰勒多项式展开表示为

$$f(x) = f(x_0) + f'(x_0)(x-x_0) + \frac{f''(x_0)}{2!}(x-x_0)^2 + \cdots + \frac{f^n(x_0)}{n!}(x-x_0)^n + R_n(x) \tag{7-14}$$

$$R_n(x) = \frac{f^{n+1}(\xi)}{(n+1)!}(x-x_0)^{n+1} \tag{7-15}$$

式中,$\xi$ 是在 $x_0$ 附近的值。但在实际的非线性变量选择中,无法获知变量间的真实函数表达式以及变量的重要度,因此无法采用一种具体的展开形式。所有的连续函数在定义域内

的多项式展开均包含了变量的级数项,因此,需要采用一种通用的多项式展开机制。

### 3. 基于改进多项式的非线性变量选择算法

基于改进多项式的非线性变量选择方法(evolutionary ensemble-based polynomial approximation,EEPA)共分为两个主要步骤,如图 7.10 所示,分为多项式近似和项选择。EEPA 的优势在于能够同时获得重要的变量组合项和可解释的线性模型,同时基于 AEE 的项选择模块能够使算法易于在大规模数据下进行应用。在图 7.10 中,每个关键步骤均标注在方框中,算法的过程数据在椭圆框中描述。在第一阶段,$n$ 个样本 $m$ 个变量的数据集基于多项式逼近规则扩展出多个由不同变量构成的合成项(product)。假设 $\boldsymbol{v}=\{x_1,x_2,\cdots,x_i,\cdots,x_{m_{\text{im}}},z_1,z_2,\cdots,z_j,\cdots,z_{m_{\text{re}}}\}$ 表示原始数据集,$x_i$ 为重要变量,$z_j$ 为冗余变量,且 $m_{\text{im}}+m_{\text{re}}=m$。在 EEPA 的前提条件中,$m_{\text{im}}$ 和 $m_{\text{re}}$ 的大小未知。通过多项式扩展后的数据集称为 $\boldsymbol{D}_{\text{exp}}$,包含 $n$ 个样本和 $m$ 个合成项。第二阶段基于 AEE 算法获得重要的合成项集合,并求解合成项的多项式系数得到最终的模型。

1) EEPA 的多项式近似方法

在非线性方程扩展为线性多项式前,需要对阶数 $k$ 进行设定。通常 $k$ 越大,线性多项式对真实非线性方程的拟合精度越高,但也导致合成项的数量随着 $\boldsymbol{v}$ 的增大快速增长,形成复杂的模型,多项式合成项的数量大于原始变量数量的 4 倍。

假设非线性模型描述如下:

$$y = f(\boldsymbol{x}) + \varepsilon \tag{7-16}$$

式中,$f(\cdot)$ 是响应变量 $y$ 的真实非线性方程;$\varepsilon$ 是噪声;$\boldsymbol{x}=(x_1,x_2,\cdots,x_i,\cdots,x_{m_{\text{im}}})$,$x_i \in \mathbb{R}^n$,表示重要变量 $x_i$ 的值。在假设条件下,变量选择前冗余变量不被识别,同样需要将其加入多项式合成项中,因此,将 $p(\boldsymbol{x},\boldsymbol{z})$ 定义为包含未知重要变量和未知方程形式的非线性模型。$\boldsymbol{z}=(z_1,z_2,\cdots,z_j,\cdots,z_{m_{\text{re}}})$ 表示冗余变量集合,且 $z_j$ 是 $z_j$ 的取值。基于 Stone-Weierstrass 理论的 $k$ 阶多项式表达式为:

$$\begin{aligned}
p(\boldsymbol{x},\boldsymbol{z}) = &\beta_0 + \sum_{i=1}^{m_{\text{im}}}\beta_{1i}x_i + \sum_{i=1}^{m_{\text{re}}}\beta_{2i}z_i + \sum_{i_1=1}^{m_{\text{im}}}\sum_{i_2=i_1}^{m_{\text{im}}}\beta_{3i_1i_2}x_{i_1}x_{i_2} + \\
&\sum_{i_1=1}^{m_{\text{re}}}\sum_{i_2=i_1}^{m_{\text{re}}}\beta_{4i_1i_2}z_{i_1}z_{i_2} + \sum_{i_1=1}^{m_{\text{im}}}\sum_{i_2=i_1}^{m_{\text{re}}}\beta_{5i_1i_2}x_{i_1}z_{i_2} + \cdots + \\
&\sum_{i_1=1}^{m_{\text{im}}}\cdots\sum_{i_j=i_{j-1}}^{m_{\text{im}}}\cdots\sum_{i_2=i_1}^{m_{\text{re}}}\beta_{qi_1\cdots i_j\cdots i_k}x_{i_1}\cdots x_{i_j}\cdots z_{i_k}
\end{aligned} \tag{7-17}$$

式中,$\beta=(\beta_0,\beta_{1i},\cdots,\beta_{qi_1\cdots i_j\cdots i_k},\cdots)^l$ 表示长度为 $l$ 的 $p(\boldsymbol{x},\boldsymbol{z})$ 多项式系数,$j=0,1,2,\cdots,k$ 表示重要变量在一个合成项中的阶数。需要注意的是,对于特定的非线性函数,理论上包含冗余变量和部分仅包含重要变量的合成项的回归系数恒等于零。但实际中,受到噪声、数据质量以及冗余变量与响应变量、重要变量关联性的影响,冗余变量往往难以从变量集

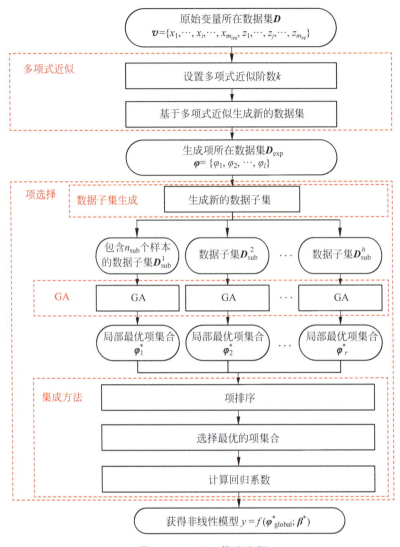

图 7.10　EEPA 算法流程

中明显地分离或者有明显的分割阈值。因此,对于重要合成项选择,采用上一节的选择策略,通过选择重要合成项组合代替独立项排序筛选。

2) EEPA 的项选择算法

通过多项式逼近,原非线性变量选择问题转化为线性合成项的选择问题,EEPA 的项选择方法采用 AEE 算法,其中,图 7.10 中的数据子集生成和 GA 采用 BwGA 算法。

**4. 仿真分析**

通过两组仿真实验验证方法对不同变量特征的非线性变量选择性能,设置特定的非线性函数并通过与经典算法进行对比,评估方法的有效性。仿真计算软件基于 Windows 10 professional 系统的 64 位 MATLAB 2014a 版本;硬件环境基于两个 Intel Xeon E5-2680 2.70-GHz 的 CPU 和 Intel C600/X79 芯片组。

1) 独立变量的仿真与分析

在进行独立变量的仿真与分析前,设置特定的非线性函数并以此为基础生成变量选择数据。这些非线性函数如下:

(1) 多项式形式的函数(polynomial function,PF)

$$y = 2*(x_1+x_2)^2 + x_1 x_3 + 0.1\varepsilon \tag{7-18}$$

(2) 两个输入和一个隐含层的反馈神经网络函数(back-propagation ANN function,ANNF)

$$y = -0.5 + \frac{1}{1+e^{(-2(x_1-3x_2-0.05))}} + 0.1\varepsilon \tag{7-19}$$

(3) 复杂的非线性函数(complex nonlinear function,CNF)

$$y = 2x_1 x_2 - 3x_1 e^{x_3} + \cos(x_4) - e^{x_5} + x_6^2 - x_7^3 + 0.1\varepsilon \tag{7-20}$$

式中,$\{x_1,x_2,x_3\}$、$\{x_1,x_2\}$ 和 $\{x_1,x_2,x_3,x_4,x_5,x_6,x_7\}$ 分别是 PF、ANNF 和 CNF 中响应变量对应的重要自变量集合。每个自变量和噪声相互独立并在范围[−1,1]均匀分布随机生成,所有的重要自变量与响应变量是非线性关系。为了对 EEPA 的非线性变量选择性能进行评估,通过同样的规则生成多个冗余变量。仿真中,PF 和 ANNF 的原始变量总数(重要变量和冗余变量总和)分别设定为 5、10 和 15;CNF 的原始变量总数设定为 10 和 15;样本数均为 4000。

使用 RFR(random forest regression,随机森林回归)和 SVR(support vector regression,支持向量回归)进行仿真对比。RFR 的树规模设定为 300,每棵树随机选取一半的原始变量进行计算。SVR 仿真应用了两种非线性核函数:Sigmoid 函数和径向基函数,并分别缩写为 SVR-Sigmoid 和 SVR-RBF。同时,EEPA 的参数设定为两组,$n_{sub}=0.3n,h=300$ 和 $n_{sub}=0.6n,h=600$ 分别表示为 EEPA−30,300 和 EEPA−60,600,且两组 EEPA 的 PA 阶数设定为 3。对 RFR 和 SVR 算法采用前部选择的变量选择策略,通过变量集对应的最小均方误差(minimum mean square error,MMSE)确定是否终止选择过程。该搜索策略以初始变量集为空开始,以遍历剩余变量为过程,在每一步的选择中加入一个新变量并计算其 MMSE,选择最小 MMSE 对应的变量,重复以上步骤,直至 MMSE 不再减小,最后选择最小 MMSE 对应的变量集作为重要变量集。独立变量分析的仿真结果如表 7.9 所示。

表 7.9 独立变量分析的仿真结果

| p | 函数 | RFR | | | | SVR-RBF | | | | SVR-Sigmoid | | | | EEPA−30,300 | | | | EEPA−60,600 | | | |
|---|---|---|---|---|---|---|---|---|---|---|---|---|---|---|---|---|---|---|---|---|---|
| | | R | L | M | E | R | L | M | E | R | L | M | E | R | L | M | E | R | L | M | E |
| 5 | PF | 0 | 0 | 200 | 0 | 200 | 0 | 0 | 0 | 0 | 0 | 200 | 0 | 200 | 0 | 0 | 0 | 200 | 0 | 0 | 0 |
| | ANNF | 200 | 0 | 0 | 0 | 200 | 0 | 0 | 0 | 0 | 0 | 200 | 0 | 200 | 0 | 0 | 0 | 200 | 0 | 0 | 0 |
| 10 | PF | 0 | 0 | 200 | 0 | 200 | 0 | 0 | 0 | 0 | 0 | 123 | 77 | 200 | 0 | 0 | 0 | 200 | 0 | 0 | 0 |
| | ANNF | 200 | 0 | 0 | 0 | 200 | 0 | 0 | 0 | 0 | 0 | 200 | 0 | 200 | 0 | 0 | 0 | 200 | 0 | 0 | 0 |
| | CNF | 0 | 200 | 0 | 0 | 200 | 0 | 0 | 0 | 0 | 0 | 77 | 123 | 200 | 0 | 0 | 0 | 200 | 0 | 0 | 0 |

续表

| p | 函数 | RFR | | | | SVR-RBF | | | | SVR-Sigmoid | | | | EEPA－30,300 | | | | EEPA－60,600 | | | |
|---|---|---|---|---|---|---|---|---|---|---|---|---|---|---|---|---|---|---|---|---|---|
| | | R | L | M | E | R | L | M | E | R | L | M | E | R | L | M | E | R | L | M | E |
| 15 | PF | 0 | 0 | 200 | 0 | 200 | 0 | 0 | 0 | 0 | 0 | 48 | 152 | 200 | 0 | 0 | 0 | 200 | 0 | 0 | 0 |
| | ANNF | 200 | 0 | 0 | 0 | 200 | 0 | 0 | 0 | 0 | 0 | 200 | 0 | 186 | 0 | 14 | 0 | 200 | 0 | 0 | 0 |
| | CNF | 0 | 200 | 0 | 0 | 199 | 1 | 0 | 0 | 0 | 0 | 21 | 179 | 171 | 0 | 29 | 0 | 200 | 0 | 0 | 0 |

指标 R、L、M 和 E 分别表示结果只选出了全部正确变量、丢失重要变量、选到了冗余变量和同时包含了 L 和 M 情况的错误变量集合。如果某次的仿真结果只选出了全部正确变量，则 R 的次数加 1。

从表 7.9 中可以看出，SVR-RBF 和 EEPA－60,600 要优于其他方法，基本全部选出了正确变量。相反地，由于在三种非线性函数下结果都是 M 和 E，SVR-Sigmoid 的效果要低于其他方法。RFR 在三个函数上的结果差异极大，在 PF、ANNF 和 CNF 上变量选择结果分别为 M、R 和 L，但结果并没有随 $p$ 的不同而改变。从仿真结果可以看出，对非线性变量选择，RFR 对 ANNF 结构的函数结构更加适用。SVR 在非线性变量选择中的表现与核函数的选择至关重要，在本次仿真中 RBF 核函数更加易于识别重要变量集合。当 $p=15$ 时，EEPA－30,300 的性能在 ANNF 和 CNF 的非线性变量选择中有所下降，有部分冗余变量被识别为重要变量，而 EEPA－60,600 依然保持很好的选择效果。总体上，如果真实的非线性模型类似以上三个函数能通过多项式进行近似表达，相比之下 EEPA 能够有更好的变量选择性能。

独立变量仿真中非线性变量选择细节如图 7.11 所示。

如图 7.11(a) 所示，在选择 PF 中的变量时，冗余变量被均匀地选出，说明 RFR 在此过程中存在过度拟合的问题。相反地，对 CNF 则无法识别表达式为 $\cos(x_4)$ 和 $x_6^2$ 的变量，而这两项的多项式扩展都包含了变量的平方项，表示 RFR 在非线性变量选择中对平方项变量的选择能力相对较弱。图 7.11(b) 中，SVR-RBF 的变量选择能力要强于 RFR，仅在 $p=15$ 时，CNF 变量选择的一次仿真中未识别出项 $\cos(x_4)$。从图 7.11(c) SVR-Sigmoid 的结果可以看出，该方法性能在 PF 仿真中随着原始变量的增加而变差，重要变量被选择出的概率从 100% 下降到接近 60%。图 7.11(d) 中，在 $p=15$ 时，ANNF 和 CNF 的变量选择中，EEPA－30,300 的性能接近于 RFR 在 PF 的表现，在仿真中随机生成的部分冗余变量被随机选取，主要原因在于缺乏足够优质的局部重要变量集合。此外，更多冗余变量被选中表示 EEPA－30,300 并不能有效解决当 PA 生成的重要合成项数量过大时的变量选择问题。

除了识别重要的变量，EEPA 更大的优势在于能够获得详细的变量关联关系，EEPA－60,600 选择结果如表 7.10 所示。

# 第7章 数据驱动的知识发现

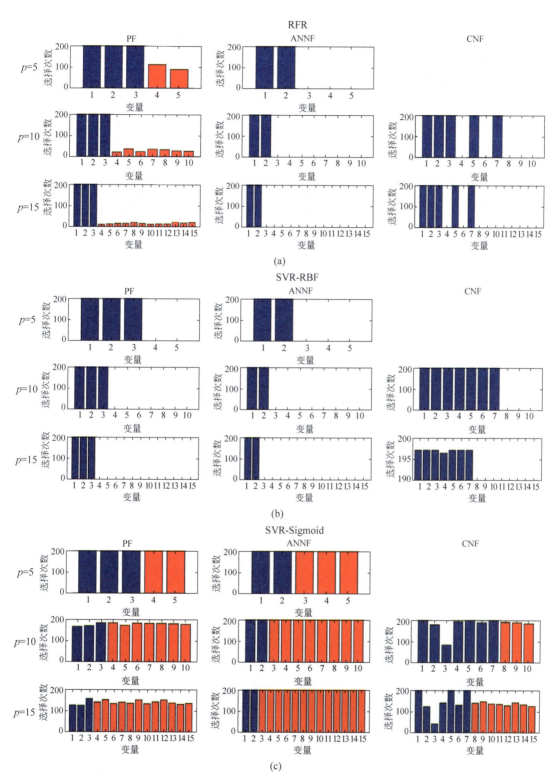

图 7.11 独立变量仿真中非线性变量选择细节

(a) RFR；(b) SVR-RBF；(c) SVR-Sigmoid；(d) EEPA－30,300

(蓝色柱状图表示重复仿真中重要变量被选择的次数,红色柱状图表示冗余变量被选择的次数)

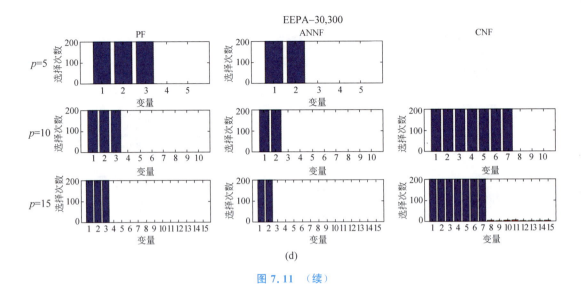

图 7.11 （续）

表 7.10　在 $p=10$ 时 EEPA－60,600 的合成项选择结果

| 函　数 | 被选中的合成项 |
|---|---|
| PF | $x_1^2, x_1x_2, x_1x_3, x_2^2$ |
| ANNF | $x_1, x_2, x_1^2, x_1x_2, x_2^2, x_1^3, x_1^2x_2, x_2^3, x_1^2x_2$ |
| CNF | $x_1, x_5, x_1x_2, x_1x_3, x_4^2, x_5^2, x_6^2, x_1x_3^2, x_7^3, x_5^3$ |

从表 7.10 中看出，EEPA－60,600 能够准确地识别出重要变量以及 PF 的实际表达式。对 ANNF 和 CNF，EEPA－60,600 能够获得原始函数表达式对应多项式展开的合成项，特别是对于原始函数中的独立变量项 $e^{x_5}$、$x_6^2$ 和 $x_7^3$。同时，通过 EEPA－60,600 还能有效挖掘变量组合型解析项如 $x_1x_2$ 和 $x_1e^{x_3}$。在 CNF 中，三阶 PA 展开的 $\cos(x_4)$ 仅有 2 次项，所以仅 $x_4^2$ 被选择。总体上，当潜在的非线性模型是连续函数且变量间相互独立时，EEPA 具有很好的非线性变量选择的能力。同时，在非线性变量选择方面，该方法可以通过由简单变量合成项的特定线性组合表达一个未知的非线性函数。

2) 关联变量的仿真与分析

为了评估 EEPA 对于冗余变量与重要变量有关联关系情况时的非线性变量选择问题，用下列表达式生成模拟数据集，

$$y = 3x_1 e^{x_2} + \sin(x_3) + 2x_4 + 0.1\varepsilon \tag{7-21}$$

式中，$x_1$、$x_2$、$x_3$ 和 $x_4$ 是独立变量。根据独立变量分析的结果，为了减少变量解析项导致的对比算法准确度下降，本次仿真移除重要变量在原始函数中的平方和余弦解析项。同时新增冗余变量 $x_5$、$x_6$、$x_7$ 和 $x_8$ 分别与四个重要变量线性相关，相关系数为 0.9。对比方法的参数配置不变，重复仿真 50 次，每一次数据重新生成。冗余变量与重要变量相互关联的非线性变量选择结果如图 7.12 所示。

从图 7.12 可以看出，RFR、SVR-RBF、EEPA－30,300 和 EEPA－60,600 均能从原始

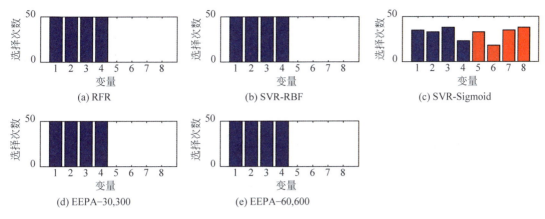

图 7.12　冗余变量与重要变量相互关联的非线性变量选择结果

变量集中选择出全部的重要变量,但 SVR-Sigmoid 在 50 次仿真中并不能完全选择出重要变量。对比上一节的结果,RFR 非线性变量选择能力的影响主要和原始变量解析项形式有关,在本次仿真条件下没有出现漏选或多选的情况。对 EEPA 的结果进行详细分析,如表 7.11 所示。式(7-21)中,$x_1 e^{x_2}$ 由 PA 合成项的 $x_1$,$x_1 x_2$ 和 $x_1 x_2^2$ 构成,$\sin(x_3)$ 由 $x_3$ 和 $x_3^3$ 组成,仿真中通过 EEPA 依然能够在冗余变量与重要变量有依赖关系的原始变量集中实现重要变量选择。

表 7.11　EEPA－60,600 的合成项选择结果清单

| 函　数 | 被选中的合成项 |
| --- | --- |
| 复杂函数 | $x_1, x_3, x_4, x_1 x_2, x_1 x_2^2, x_3^3$ |

进一步通过对比实验评估当冗余变量与响应变量存在关联时各方法的选择性能。仿真采用与式(7-21)同样的非线性函数,增加冗余变量 $x_5$ 且与响应变量 $y$ 存在相关系数为 0.8 的线性相关。其他条件与前一组仿真相同,结果如图 7.13 所示,RFR 和 SVR-RBF 无法区分冗余变量 $x_5$,SVR-Sigmoid 不能选择出重要变量 $x_4$,对于 EEPA－30,300,有 16 次(总数 50)的仿真结果选择到了 $x_5$。但是,EEPA－60,600 依然能够对重要变量进行有效的选择。RFR 和 SVR 同样采用了贪婪算法进行非线性变量选择,$x_5$ 对于响应变量 $y$ 相比其他独立的重要变量具有更高的拟合度,因此采用以上两种搜索策略无法实现对冗余变量的移除。EEPA 算法由于采用了识别重要变量关联组的模式,所以更容易排除其中包含 $x_5$ 的合成项。

3) 结果分析

对于未知函数形式的非线性关联知识发现问题,EEPA 具有更强的选择性能。具体表现在:

(1) 若未知非线性函数的真实解析式连续且可导,即满足 PA 的条件,那么 EEPA 具有优于经典的 RFR 和 SVR 的非线性变量选择性能。

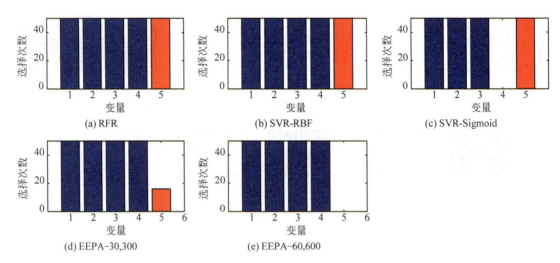

图 7.13　冗余变量与响应变量相互关联的非线性变量选择结果

（2）由于 EEPA 获得的均是变量线性关系的合成项，所以具有很强的可理解性。若自变量与响应变量的关系较为简单，那么 EEPA 可以直接识别其解析式。

（3）基于 RBF 的 SVR 在非线性重要变量选择中具有很好的效果，但是相比于 EEPA，它们并不能获得变量间的详细关联特征，并且当冗余变量与响应变量存在关联时非线性变量选择的效果不佳。

### 7.2.3　基于工业大数据的特征提取

随着目前生产工艺逐渐复杂化、精细化，过程数据存储和管理的难度也在逐渐增加。以钢铁产业为例，在带钢生产过程中涉及许多工艺，而各加工工艺会包含许多参数，进行关键质量特征提取可以帮助企业锁定影响带钢轧制的关键工艺，进而实现质量上的针对性管控。在真实生产环境下，带钢表面的缺陷情况往往较为复杂，表面症状的轻重程度不同，甚至可能会出现多种缺陷类型共存的现象；而且缺陷的源头也不仅仅是追溯到生产线上的设备，还可能涉及材质缺陷、轧制工艺、外在环境、操作不当等多种原因，缺陷类别与源头并不是一一对应的关系，溯源工作的开展较为困难，为此需要对其进行特征提取。下面将以钢铁产业带钢表面缺陷溯源为例，介绍基于工业大数据的特征提取方法。

**1. 模糊集理论**

模糊集理论与模糊逻辑是处理不确定场景的合适形式，也以传统模糊理论以及利用语义得到的多组对应关系 $P=(x_a, y_b)$ 作为基础，通过挖掘输入与输出之间的模糊逻辑，来建立模糊关系矩阵以完成从模糊缺陷症状向量到特征向量的映射，具体流程如图 7.14 所示。

假设在一起带钢表面缺陷事件中，$S$ 表示一组缺陷症状，包括了对各个类别缺陷症状的评估，可以表示为 $S=\{s_1, s_2, s_3, \cdots, s_n\}$，且 $s_i$ 表示 $S_i$ 的状态变量，用来刻画该类别的存在

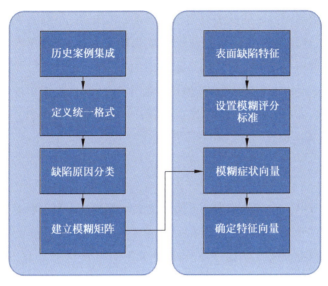

图 7.14 模糊语义推理流程图

状态。根据模糊理论,一起缺陷事件的模糊缺陷症状向量 $F$ 可被表示为

$$F=[f_1,f_2,\cdots,f_n]=[\mu_{S_1}(s_1),\mu_{S_2}(s_2),\cdots,\mu_{S_n}(s_n)] \quad (7-22)$$

式中,$\mu_{S_i}(s_i)$ 代表隶属度函数,其值表示当前状态的隶属度。由专家经验确定的表面缺陷症状严重程度模糊评分参考如表 7.12 所示,其中划分为五个等级,从非常轻微到非常严重模糊评分值递增。根据表 7.12 的模糊评分标准,热轧产线质检人员可以对表面出现缺陷的带钢进行评估,确定每个缺陷症状对应的隶属度大小,模糊缺陷症状向量 $F$ 可以作为整个推理过程中的输入,从而将生产过程中人的经验量化为处理不确定性问题的具体数值。

表 7.12 模糊评分标准

| 表面缺陷程度 | 非常严重 | 严重 | 正常 | 轻微 | 非常轻微 |
| --- | --- | --- | --- | --- | --- |
| 模糊评分值 | 0.8~1 | 0.6~0.8 | 0.4~0.6 | 0.2~0.4 | 0~0.2 |

对于整个推理过程来说,确定符合要求的模糊关系矩阵为核心所在,模糊矩阵以及模糊关系的定义如下:

**定义 1**:如果对于任意 $i=1,2,3,\cdots,m$ 以及 $j=1,2,3,\cdots,n$,都有 $r_{ij}\in[0,1]$,则称 $R=(r_{ij})_{m\times n}$ 为模糊矩阵。特别地,当 $m=n$ 则称 $R$ 为模糊方阵。

**定义 2**:对有限论域 $U=\{u_1,u_2,u_3,\cdots,u_n\}$,$V=\{v_1,v_2,v_3,\cdots,v_m\}$,若元标 $r_{ij}=R(u_i,v_j)$,则矩阵 $R=(r_{ij})_{m\times n}$ 如式(7-23)所示,它表示从 $U$ 到 $V$ 的一个模糊关系,或者说用一个模糊矩阵确定一个模糊关系。

$$R=\begin{pmatrix} r_{11} & \cdots & r_{1n} \\ r_{21} & \cdots & r_{2n} \\ \vdots & \ddots & \vdots \\ r_{m1} & \cdots & r_{mn} \end{pmatrix},\ 0\leqslant r_{ij}\leqslant 1, 1\leqslant i\leqslant m, 1\leqslant j\leqslant n \quad (7-23)$$

设缺陷症状与缺陷原因之间的关系用模糊关系矩阵 $R$ 表示,那么在表面缺陷溯源问题中,易知模糊缺陷症状向量 $F$ 与模糊关系矩阵 $R$ 为模糊关系,而且在本章节采用的方法中 $R$ 的确定依赖于根据历史案例统计出的多组对应关系 $P=(x_a, y_b)$。假设 $r_{ij}$ 表示矩阵 $R$ 在第 $i$ 行与第 $j$ 列位置的元素,为了后续模糊关系的建立,可以设定矩阵 $R$ 的行表示缺陷原因,列表示缺陷症状,那么每个元素 $r_{ij}$ 就表示第 $j$ 个缺陷症状对应第 $i$ 个缺陷原因的隶属度,其中确定 $r_{ij}$ 的方法如式(7-24)所示:

$$r_{ij} = \frac{n_{ij}}{n_j} \tag{7-24}$$

式中,$n_{ij}$ 表示缺陷症状 $j$ 对应缺陷原因 $i$ 的历史案例数量,$n_j$ 表示由缺陷原因 $i$ 导致某种缺陷发生的历史案例数量,二者的比值在一定程度上客观反映了症状与原因的隶属度关系。接下来即根据模糊缺陷症状向量 $F$ 与模糊关系矩阵 $R$ 进行合成以完成推理,所谓 $F$ 对 $R$ 的合成,就是从 $U$ 到 $V$ 的一个模糊关系,记作 $F \circ R$,符号"$\circ$"代表模糊合成算子,其中一种定义为:

$$F \circ R = \bigvee_{k=1}^{n} (f_{ik} \wedge r_{kj}) \tag{7-25}$$

式(7-25)表示 $F$ 的每行先与 $R$ 的每列对应取较小值,再对这一组取最大值,最终得到该位置的元素,这种计算方式与矩阵乘法类似。另外几种常用的模糊合成算子的表示形式与计算方式如表 7.13 所示。

表 7.13 模糊算子计算方式及特点

| 编号 | 模糊算子 | 计算方式 | 特 点 |
|---|---|---|---|
| 1 | $\cdot, \vee$ | $e_j = \bigvee_{k=1}^{n}(f_{ik} \cdot r_{kj})$ | 突出主要因素 |
| 2 | $\wedge, \sum$ | $e_j = \sum_{k=1}^{n}(f_{ik} \wedge r_{kj})$ | 不均衡平均 |
| 3 | $\cdot, \sum$ | $e_j = \sum_{k=1}^{n}(f_{ik} \cdot r_{kj})$ | 加权平均 |

根据带钢表面缺陷问题的实际情况,进行模糊语义推理的运算逻辑,其中模糊合成算子采用加权平均形式,具体计算方式如下所示,即取求和后的数值与 1 之中的较小值。

$$v = F \circ R = (f_1, f_2, \cdots, f_m) \circ \begin{pmatrix} r_{11} & \cdots & r_{1n} \\ r_{21} & \cdots & r_{2n} \\ \vdots & \ddots & \vdots \\ r_{m1} & \cdots & r_{mn} \end{pmatrix} = (v_1, v_2, \cdots, v_m) \tag{7-26}$$

$$v_j = \min\left(1, \sum_{i=1}^{m} f_i \cdot r_{ij}\right), \quad 1 \leqslant j \leqslant n \tag{7-27}$$

推理得到的结果向量 $V$ 中的元素 $v_i$ 表示当前缺陷症状对应缺陷原因 $i$ 的隶属度,最后对结果向量 $V$ 进行归一化处理,如式(7-28)所示:

$$p_i = \frac{v_i}{\sum_{i=1}^{m} v_i}, \quad p = (p_1, p_2, \cdots, p_m) \tag{7-28}$$

根据多组对应关系 $P=(x_a, y_b)$ 以及模糊缺陷症状向量 $F$ 进行推理的整个算法步骤如算法 7.4 所示。可以发现，对于一起带钢缺陷事件来说，向量 $p$ 中的元素 $p_i$ 可以在一定程度上反映表面缺陷症状的特征，并且模糊语义推理的过程蕴含了从历史案例中挖掘出的经验知识，但如果仅仅依靠特征向量来确定源头往往会忽视多个事件之间的潜在联系，丢失部分关键信息，因此，在下一章节中将通过过程数据融合图结构信息来进一步提高缺陷溯源的准确性。

---

输入：
$P = \{p_1, p_2, p_3, \cdots, p_n\}$：缺陷症状与原因对应类别集合，其中 $p_i$ 为 $(x_a, y_b)$ 元组，表示第 $i$ 个历史案例具有 $x_a$ 类别的症状以及 $y_b$ 类别的原因
$n$：缺陷症状类别数量
$m$：缺陷原因类别数量
$f = \{f_1, f_2, f_3, \cdots, f_s\}$：模糊缺陷症状向量
输出：
$F = \{F_1, F_2, F_3, \cdots, F_s\}$：缺陷事件对应的特征向量
具体步骤：
$R_{num}$ $m \times n$，将每个值初始化为 0
for $i$ 1, 2, 3, $\cdots$, $m$ do
  for $j$ 1, 2, 3, $\cdots$, $n$ do
    for $k$ in $P$ do
      if $k_1 == j$ and $k_2 == i$
      $R_{num}[i][j]$ $R_{num}[i][j] + 1$
    end for
  end for
end for
$L_{sum}$ $m$ 维列表，对 $R_{num}$ 每一行进行求和
$R_{fuzzy}$ $m \times n$，将每个值初始化为 0
for $i$ 1, 2, 3, $\cdots$, $m$ do
  for $j$ 1, 2, 3, $\cdots$, $n$ do
    $R_{fuzzy}[i][j]$ $R_{num}[i][j] / L_{sum}[i]$
  end for
end for
$F_{temp}$ $f \circ R_{fuzzy}$，通过式(7-26)进行计算
$F$ 对 $F_{temp}$ 进行归一化
return $F$

---

### 2. 强化学习算法

在大数据生产环境下，应用机器学习技术可以有效实现数据管理，帮助企业利用生产数据进行实时的质量预测和参数推荐等。而在求解热轧调度问题时，可以采用启发式算

法,在问题发生改变后进行参数模型的修改,从而发挥机器学习算法的适应性。为此,本节以工业大数据环境下的热轧调度问题为例,介绍一种组合强化学习的方法来求解确定情况下的热轧调度问题,应用指针网络进行端到端的学习,通过和强化学习结合,利用其通过奖励函数自行学习的特点进行调度模型的训练,从而完成热轧生产环境下的知识发现。

1) 组合强化学习模型的构建

采用指针网络来学习序列到序列的映射,应用行动者-评论家进行训练,其中行动者网络用来预测下一个动作的概率分布,评论家网络用来估计状态的奖励回报,结构如图 7.15 所示,同时结合行动者网络策略梯度和评论家网络值优化的优点。

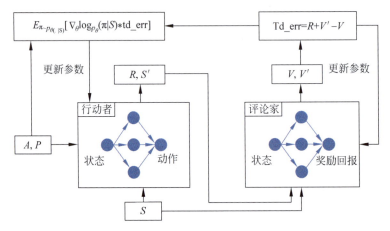

图 7.15 行动者-评论家结构示意图

基于策略梯度来优化指针网络的参数 $\theta$,对于给定的热轧集合 $S$,网络的优化目标是最小化跳跃惩罚:

$$J(\theta \mid S) = E_{\pi \sim p_{\theta(\cdot \mid S)}} L(\pi \mid S) \tag{7-29}$$

式中,$L(\pi|S)$ 表示轧制单元集合 $S$ 确定的情况下,依照策略 $\pi$ 行动得到的期望累计损失,上面已经给出。应用 REINFORCE 算法对行动者网络进行优化:

$$\nabla_\theta J(\theta \mid S) = E_{\pi \sim p_{\theta(\cdot \mid S)}} [(L(\pi \mid S) - b(S)) \nabla_\theta \log_{p_\theta}(\pi \mid S)] \tag{7-30}$$

式中,$b(S)$ 为基线函数,在行动者-评论家模型中其值为状态函数值 $V$。

评论家网络以最小化均方误差为目标,采用随机梯度下降进行训练:

$$l(\theta_r) = \frac{1}{B} \sum_{i=1}^{B} \| b_{\theta_r}(S_i) - L(\pi_i \mid S_i) \|_2^2 \tag{7-31}$$

采用指针网络加行动者-评论家进行模型训练,用于调度轧制单元轧制顺序的获取,伪代码如下所示。

Step1:初始化参数 $\theta,\theta_r,\alpha,\beta$,采样 $a \sim \pi_\theta(a|s)$
for $t = 1 \ldots T$;do
　　Step2 计算奖励 $r_t \sim R(s,a)$ 和下一个状态 $s' \sim P(s'|s,a)$

Step3 采样下一个动作 $a' \sim \pi_\theta(a'|s')$
Step4 计算 TD-error：$\delta_t = r_t + V_{\theta_r}(s') - V_{\theta_r}(s)$
Step5 更新评论家网络：$\theta_r \leftarrow \theta_r + \beta \delta_t$
Step6 更新行动者网络：$\theta \leftarrow \theta + \alpha \nabla_\theta J(\theta|S)$
Step7 更新 $a \leftarrow a', s \leftarrow s'$
**end for**

2) 模型输入

将轧制单元的信息输入模型，以向量的形式表示轧制单元的信息，即输入为一组向量，假设共有 $n$ 种类型信息，即每个轧辊输入向量是 $n$ 维的，即 $x_i = [x_{i_0}, x_{i_1}, x_{i_2}, \cdots, x_{i(n-1)}]$。

考虑轧辊更换惩罚问题，输入为需要的轧辊信息，有轧辊更换惩罚如下：

$$L(\pi|S) = \sum_{i=1}^{n-1}(\|x_{\pi(i)} - x_{\pi(i+1)}\|_1) \tag{7-32}$$

式中，$\|\ \|$ 表示一范数。

考虑延期惩罚问题，输入中包含轧制单元的交付日期，由计算得到轧制单元的完成日期，延期惩罚计算公式如下：

$$L'(\pi|S) = \sum_{i=1}^{n}\max(0, t_{\pi(i)} - T_{\pi(i)}) \tag{7-33}$$

式中，$t_{\pi(i)}$ 表示第 $i$ 个轧制单元的交付时间；$T_{\pi(i)}$ 表示按着策略 $\pi$ 进行第 $i$ 个轧制所用时间。

模型的输入信息为一系列向量，根据问题分析可知需要的数据是哪些，直接从构建的本体中获得数据属性中的具体数据。

3) 基于语义相似度的规则选择

对生产目标和调度规则本体，可以进行语义相似度度量，计算每个生产目标与每条调度规则之间的相似度。例如和改善交货期满意度相关的调度规则有 EDD(earliest due time)和 ODD(operation due time)，EDD 规则意义为越早交货越优先，是一种和交货期密切相关的调度规则，使用该规则可以有效地减少拖期惩罚，而 ODD 是以工序为对象的与交货期相关的调度规则。采用 FIFO(first input first output)规则对于提高设备利用率和降低最小化最大流经时间以及流经时间方差性能较好。

由语义表示可以发现调度规则和生产目标都为一棵树的形状，如图 7.16 所示。

所有树从上到下分为四层：①调度规则/生产目标层；②作业/操作层；③调度参数层；④属性层。两棵树之间的相似度可以通过汇总所有层的相似度来计算。然而，不同层的相似点不应该有相同的权重。在树形图上位置较高的两个概念之间的相似度应该比位置较低的概念具有较大的权重。原因是上层的概念比下层的概念更普遍、更重要；相反，在较低的层次包含更具体和更详细的信息，因此它们对相似性度量的影响较小。基于这一思想，将不同层的权重计算如下：

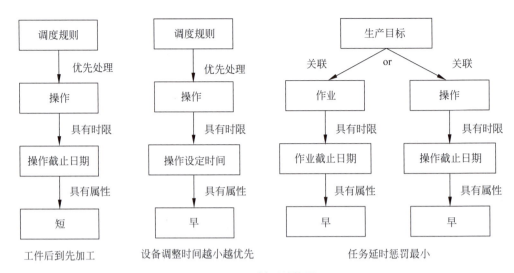

图 7.16 树形结构图

$$\rho_l = \frac{\dfrac{1}{\mathrm{depth}(l)+1}}{\dfrac{1}{\mathrm{depth}(l_0)+1} + \dfrac{1}{\mathrm{depth}(l_1)+1} + \cdots + \dfrac{1}{\mathrm{depth}(l_k)+1}} \tag{7-34}$$

式中，$l$ 表示当前层，$\mathrm{depth}(l)$ 表示 $l$ 层在树中的深度。$l_0$ 表示树的根节点，并定义 $\mathrm{depth}(l_0)=0$。整个树具有 $k$ 层，每层的深度逐渐加 1，如下式所示：

$$\rho(l_0) + \rho(l_1) + \cdots + \rho(l_k) = \frac{\dfrac{1}{\mathrm{depth}(l_0)+1}}{\dfrac{1}{\mathrm{depth}(l_0)+1} + \dfrac{1}{\mathrm{depth}(l_1)+1} + \cdots + \dfrac{1}{\mathrm{depth}(l_k)+1}} +$$

$$\frac{\dfrac{1}{\mathrm{depth}(l_1)+1}}{\dfrac{1}{\mathrm{depth}(l_0)+1} + \dfrac{1}{\mathrm{depth}(l_1)+1} + \cdots + \dfrac{1}{\mathrm{depth}(l_k)+1}} + \cdots +$$

$$\frac{\dfrac{1}{\mathrm{depth}(l_k)+1}}{\dfrac{1}{\mathrm{depth}(l_0)+1} + \dfrac{1}{\mathrm{depth}(l_1)+1} + \cdots + \dfrac{1}{\mathrm{depth}(l_k)+1}} = 1$$

$$\tag{7-35}$$

并且当 $a > b$ 时，有 $\dfrac{1}{\mathrm{depth}(l_a)+1} > \dfrac{1}{\mathrm{depth}(l_b)+1}$，即满足在较低的层次包含更具体和更详细的信息，因此它们对相似性度量的影响较小。

然后可以得到最终的相似度：

$$\mathrm{sim}_{\mathrm{final}} = \rho_1 \times \mathrm{sim}_{l_1} + \rho_2 \times \mathrm{sim}_{l_2} + \cdots + \rho_k \times \mathrm{sim}_{l_k} \tag{7-36}$$

式中，$\mathrm{sim}_{l_x}$ 表示第 $x$ 层的相似度。

由树形结构图可以发现，不同的生产目标或者调度规则可能有许多分支，当进行计算时，不会访问所有的分支。对于离开同一节点的边，如果它们的关系是 and，则所有这些边都将被访问，如果它们的关系是 or，则只访问一条边（访问相似性值最高的）。由于存在 and 或者 or，所以层之间一共有四种形式（见图 7.17），接下来将详细介绍如何计算每层的语义相似度。

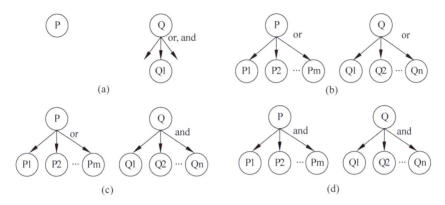

图 7.17　形式示意图

（1）在该层，一个有节点，一个没有，如图 7.17(a)所示。其语义相似度为：

$$\text{sim} = 0 \tag{7-37}$$

（2）在该层，节点之间是 or 的关系，如图 7.17(b)所示。这一层的语义相似度为：

$$\text{sim} = \max \begin{Bmatrix} \text{sim}(P_1,Q_1), \text{sim}(P_1,Q_2), \cdots, \text{sim}(P_1,Q_n), \\ \cdots, \\ \text{sim}(P_m,Q_1), \text{sim}(P_m,Q_2), \cdots, \text{sim}(P_m,Q_n) \end{Bmatrix} \tag{7-38}$$

式中，$\text{sim}(P_m,Q_n)$ 表示节点 $P_m,Q_n$ 的语义相似度。

（3）在该层，节点之间是 or 和 and 的组合，如图 7.17(c)所示。这一层的语义相似度为：

$$\text{sim} = \max\{\text{sim}(P_1,Q), \text{sim}(P_2,Q), \cdots, \text{sim}(P_m,Q)\} \tag{7-39}$$

式中，$\text{sim}(P_m,Q)$ 表示节点 $P_m$ 和 $Q$ 层的语义相似度。

（4）在该层，节点之间是 and 关系，如图 7.17(d)所示。这一层的语义相似度为：

$$\text{sim} = \begin{cases} \dfrac{\max\{\text{sim}(P_1,Q_1),\cdots,\text{sim}(P_1,Q_n)\} + \cdots + \max\{\text{sim}(P_m,Q_1),\cdots,\text{sim}(P_m,Q_n)\}}{m}, & m > n \\ \dfrac{\max\{\text{sim}(P_1,Q_1),\cdots,\text{sim}(P_1,Q_n)\} + \cdots + \max\{\text{sim}(P_m,Q_1),\cdots,\text{sim}(P_m,Q_n)\}}{m}, & \text{其他} \end{cases} \tag{7-40}$$

式中，$\text{sim}(P_m,Q_n)$ 表示节点 $P_m,Q_n$ 的语义相似度，取值范围为 0～1，其中 0 表示两个概念是完全不同的概念，1 表示两个概念是相同的概念。考虑两个概念 $P_m$ 和 $Q_n$ 与它们最近的共同祖先 $C$ 的位置关系来计算相似度。$C$ 在 $P_m$ 和 $Q_n$ 的所有共同祖先中位于本体论层次的最低位置，计算 $P_m$ 和 $Q_n$ 之间相似度的数学公式为：

$$\mathrm{sim}(P_m, Q) = \frac{2H}{D_p + D_q + 2H} \tag{7-41}$$

式中，$D_p$ 和 $D_q$ 分别为从 $P_m$ 到 $C$ 和 $Q_n$ 到 $C$ 的最小边（is-a）计数；$H$ 为从 $C$ 到本体根节点的最小边数。

计算生产目标与每条调度规则之间的语义相似度后，选择相似度值较高的调度规则生成组合调度规则。这种组合调度规则可以用于热轧生产调度，则可以形成如下调度规则组合。

$$r_x = a_1 \mathrm{Rank}(\mathrm{rule}_1) + a_2 \mathrm{Rank}(\mathrm{rule}_2) + \cdots + a_n \mathrm{Rank}(\mathrm{rule}_v) \tag{7-42}$$

$$a_i = \frac{\mathrm{sim}_i}{\mathrm{sim}_1 + \mathrm{sim}_2 + \cdots + \mathrm{sim}_v} \tag{7-43}$$

式中，$r_x$ 表示工件在目标 $x$ 的排序值，该值越小表示越早加工；$\mathrm{Rank}(\mathrm{rule}_1)$ 表示根据规则 $\mathrm{rule}_1$ 返回的工件的度量标准，例如惩罚时间、排序值等；$\mathrm{sim}_i$ 为上面计算出来的相似度。再把不同的权重系数添加进去，可得：

$$r = \sum_{i}^{n} c_i r_{c_i} \tag{7-44}$$

由此可得出轧制单元的调度顺序。

# 第 8 章

# 知识图谱建模

## 8.1 基于本体的知识建模

本体的知识表达能力强,有利于解决复杂丰富的知识关系,广泛用于知识建模。本体是计算机领域与信息领域中的新兴领域,能够对特定领域中的知识、概念及其关系进行明确、规范化的描述。本体通过定义规范化的词汇表,明确地界定术语以及术语之间的关系,从而消除领域知识中的一词多义、多词一义、词义含糊等问题。本体建模方法具有以下特点:

(1) 支持知识的重用:本体模型具有良好的重用性,能够减少对领域知识分析的重复性。

(2) 便于知识的交流:本体提供了明确的、规范化的词汇表,便于知识在不同的应用领域、不同的操作平台中进行共享和交流。

(3) 提高知识的集成效率:本体通过建立概念间的共享联系,能够避免概念的冗余及不同领域中概念不一致的问题,从而提高知识的集成效率。

### 8.1.1 基于本体的知识建模框架

基于本体的知识建模方法应用广泛,本节从建模流程与建模技术两方面介绍基于本体的知识建模技术。基于本体的知识建模主要由知识组织、构建概念模型、构建本体模型、生成知识模型等四步构成,流程如图 8.1 所示。

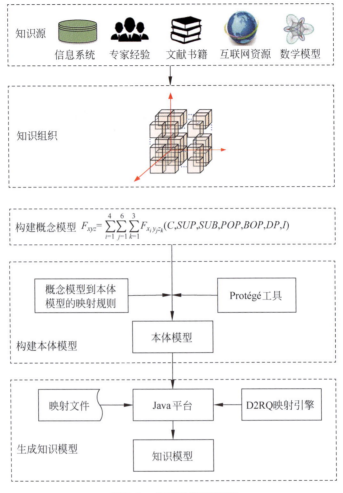

图 8.1　知识建模流程图

**1. 知识组织**

领域知识、专家经验、相关文献书籍、分析预测数学模型、企业各级信息系统、互联网资源等知识具有多源化、异构性、碎片化的特点,为了有效组织和管理知识的多源性、规范知识的异构性、整合知识的碎片性,可分别从产品生命周期维、工序维、目标维三个维度描述领域知识。

**2. 构建概念模型**

概念模型分别从当前类、父类、子类、当前类与父类中实例的关系、当前类与子类中实例的关系、数值属性、实例等七方面对知识进行概念描述。参照产品生命周期-工序-目标的三维框架体系,对知识进行抽取,定义类、关系、属性以及实例,明确各类之间的层次结构、个体之间的对象属性和数值属性,从而建立知识的概念模型。

### 3. 构建本体模型

以知识的概念模型作为指导,根据概念模型到本体模型的映射规则,通过 Protégé 本体构建工具,分别构建知识本体中的类、数值属性、对象属性。在进行本体构建时,通常先需要明确研究领域、具体的概念以及层次关系,确认对象包含的属性,定义本体中的类间关系。鉴于大数据的多源异构等特点,要实现对大数据的高效分析与利用,首先要做好数据的集成工作,对各种异构数据提供统一的表示、存储和管理访问。

### 4. 生成知识模型

根据建立的本体模型制定 D2RQ 映射规则,编写相应的映射文件,在 Java 开发平台上调用 D2RQ 映射引擎,载入本体模型和映射文件,建立本体模型与数据源的连接,从而实现将实际生产数据与本体模型之间的数据映射,本体模型经过数据映射之后得到的文件即为知识模型。

## 8.1.2 基于本体的知识建模技术

不论采用什么手段进行本体建模,都要对本体中的类、属性、关系进行描述。

在 OWL 中,类用来描述构成本体的概念。对客观存在进行抽象,即得到概念,使用自然语言对概念进行描述,并使用框架结构进行定义。

在 OWL 中,属性描述概念自身的特性,称为数值属性。

在 OWL 中,关系描述概念之间的关系,称为对象属性。最基本的关系有四种,如表 8.1 所示。

表 8.1 本体中的基本关系

| 关 系 名 | 说　明 |
| --- | --- |
| part-of | 表示概念之间是部分与整体的关系,如楼梯是建筑物的一部分 |
| kind-of | 表示某概念是另一概念的一个种类,如旋转楼梯属于楼梯的一种 |
| instance-of | 表明某概念是另一概念在现实中的一种具体存在,一个实例。如 a 建筑中的最顶层楼梯,是楼梯的一个实例 |
| attribute-of | 表示某概念是另一概念的一个属性。这与前述的属性一致,但在具体建模时需要加以区分 |

但是在本体建模时,概念之间的关系不限于这四种,可以根据具体需要,灵活地进行关系的定义。

在本体中,还可以根据用户的需要,对公理和实例进行定义。

公理:可以对类和属性进行公理的描述,用于代表永远为真的声明,如"概念 $x$ 等同于概念 $y$"。

实例:定义每个类的个体,即不仅在抽象概念层次进行建模,还会给出概念的具体个体。

本书对领域涉及的数据进行概念抽象，构建概念层次的本体模型，生成 OWL 文件。Protégé 是本体建模工具，Jena 主要用于本体的解析。

Protégé 是斯坦福大学开发的本体建模工具，使用 Java 和 Open Source 作为操作平台，使用图形化的界面为用户提供本体建模的基本功能。用户可以根据本体建模七步法，在 Protégé 上实现本体建模。用户编辑页面以树形的等级体系结构显示本体，通过点击相应的项目来进行类、子类、数值属性、对象属性等的编辑，在概念层次形成本体模型。Protégé 允许用户以多种语言对本体进行保存，如 OWL、RDF、XML 等。总结来说，Protégé 可以进行：

（1）概念体系构建：提供图形化的用户界面来进行类和类的数值属性、对象属性的建模。

（2）添加实例：在概念层次的基础上，用户可以在类上进行具体实例绑定，实现具体数据到本体的手工映射。

（3）模型处理：提供插件库，可以实现本体的可视化、本体的推理。

（4）模型交换：最终的本体模型可以以不同的格式进行保存，也可以用于打开已存在的使用不同语言描述的本体模型。

Jena 是 Apache 开发的一款免费开源的 Java 框架，支持对语义网及链接数据（linked data）的应用开发。它能提供针对本体语言 OWL 以及 RDF 三元组的开发接口，使得用户可以通过 Java 语言以及主流的开发环境应用，实现语义网的开发与应用。

以钢铁产线加热炉为例，介绍加热炉能耗预测的知识图谱建模过程。钢铁产线加热炉能耗预测主要处理流程如图 8.2 所示，数据源为宝钢某一轧钢生产线的 4 台加热炉相关数据，整体处理流程分为能耗数据采集、处理与集成和分布式训练两大部分。

**1. 能耗数据采集、处理与集成**

在获取数据之后，需要对数据进行处理和集成，具体流程如图 8.3 所示。

1）钢铁加热炉数据采集与存储

钢铁加热炉数据主要有传感器采集的能耗相关数据，加热炉基本参数数据，热平衡参数等领域知识数据以及一些人工统计报表等。这些数据往往类型各异，一般传感器采集的数据大多存放于关系型数据库中，人工统计报表一般为 excel 文件，而热平衡参数和加热炉基本参数等领域知识往往以 .doc 文档的形式存储，这些文件和数据显著体现了加热炉数据多源异构的特征。

根据数据的变化频率将钢铁加热炉的数据分为两种类型——静态数据和动态数据，其中，静态数据主要是领域专家知识、文献资料等较为稳定的数据，这类数据描述加热炉的固有属性，诸如加热炉结构信息、产品信息、动态数据的元信息等；动态数据主要来源于现场设备或传感器采集，这类数据指的是加热炉在生产运行状态下采集到的海量工况运行数据和室温等辅助数据。由上文可知，加热炉的静态数据多为非结构化数据，其存储信息通过语义网技术处理得到静态 RDF 文件，存入静态数据存储数据库，这里通过 Neo4j 实现；动

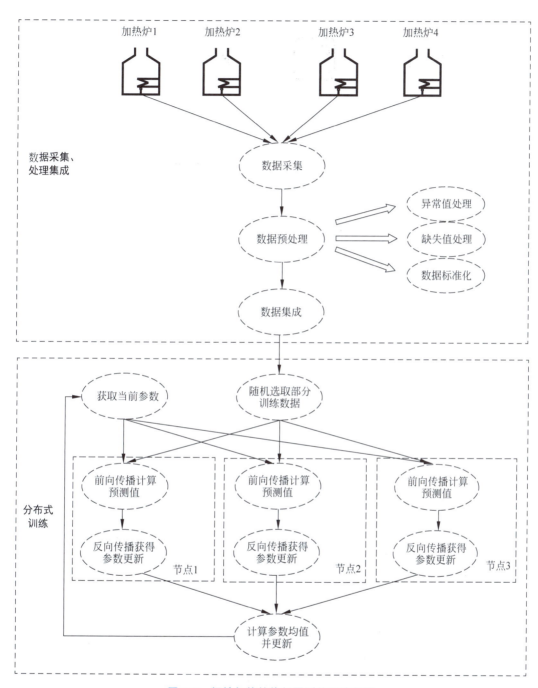

图 8.2 钢铁加热炉能耗预测处理流程图

态数据通过 Sqoop 等开源套件直接导入动态数据存储数据库,使用 HDFS 存储动态数据。

2) 钢铁加热炉数据预处理

由于企业信息系统异构等各种原因,一般企业得到的原始数据往往面临着格式不一致、单位不统一等各种问题而无法直接用来分析。在将数据送入预测模型训练前,往往要经过格式转换、缺失值补偿、归一化等一系列预处理流程。数据预处理环节的主要工作是

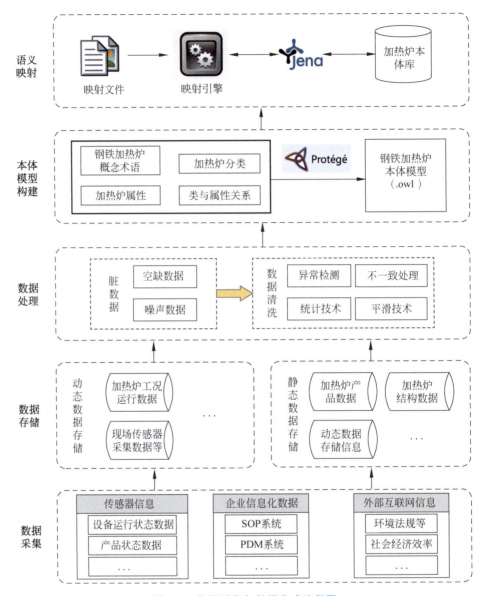

图 8.3 数据采集与数据集成流程图

对加热锅炉采集到的数据进行清洗和转换,消除脏数据的影响,将原始数据转换成方便进行数据分析的格式来获取知识。钢铁加热炉的数据预处理工作如下:

(1) 格式转换

由于原始数据中 4 台加热炉的数据混合在一起,首先需要将每台加热炉各自的数据分开,另外原始数据类型为带单引号的字符串类型,无法直接作为模型的输入,需要转换为它对应的整型或者浮点型。

(2) 缺失值处理

原始数据中存在个别数据为空的情况,对于某个缺失值可以采用直接删除整行数据或者补全该数据两种处理方式,但是不同仪表的缺失值所在数据行各不一样,直接删除缺失数据行可能会损失大量特征。考虑到采集信息多为模拟量,发生突变的概率较小,所以本文采用补全数据的方式处理缺失数据。通过观察原始数据,发现相邻能耗数据间发生突变的概率的确较小,因而采用相邻值填充的方式进行补全。

(3) 归一化

对数据进行清洗、格式转换、缺失值处理等操作后,送入模型进行训练前还要进行归一化(normalization)操作,进行数据的归一化操作主要有两个目的,一是加快模型收敛速度,避免由于个别特征值过大而造成的收敛缓慢现象;二是提高精度,在涉及一些距离计算时尤为必要。对离散数据而言常用的归一化方法是独热编码(one-hot encoding),而钢铁加热炉能耗数据作为连续型数据,常用的归一化方法有极值法、标准差法等,本文采用标准差法。标准差法也叫 z-score 标准化(zero-mean normalization),顾名思义,该方法用原始数据的均值和标准差来进行标准化操作,如式(8-1)所示。

$$x^* = \frac{(x-\mu)}{\sigma} \tag{8-1}$$

式中,$\mu$ 为均值,$\sigma$ 为标准差。在 Python 中使用 numpy 的数学函数可以很方便地对数据进行归一化操作。

3) 钢铁加热炉知识图谱构建

本书在搜集整理钢铁加热炉概念和术语的前提下,将钢铁加热炉数据分为六大类,分别为加热炉参数信息、热炉子系统、数据采集设备信息、生成数据、能耗数据、热平衡数据,并对各个类的属性进行定义,比如能耗数据包括净环水流量、天然气流量等,在此基础上定义加热锅炉中类与属性的关系,最终通过 Protégé 工具生成钢铁加热炉知识图谱模型 heating_furnace.owl。

4) 加热锅炉语义映射

结合构建好的钢铁加热炉知识图谱,通过语义网技术制定详细的钢铁加热炉映射规则,调用映射引擎 Jena 生成 RDF 数据,最终实现钢铁加热炉的语义映射。

5) 钢铁加热炉知识图谱查询与应用

通过以上 4 个步骤生成钢铁加热炉知识图谱,也就是最终生成的 RDF 数据,将多源异构的钢铁加热炉数据进行了有效集成,在此基础上还可以实现语义查询,为钢铁加热炉进一步的大数据分析提供数据基础。图 8.4 为 Neo4j 中查询到的钢铁加热炉知识图谱数据 GUI 展示,除此之外 Neo4j 还提供 Table、Text 和 Code 三种展示方式。每个图形节点属性中存储了位置元信息,再根据该位置元信息到 HDFS 或相应数据源中查询,最终就可以找到所需数据,一般通过简单的 SQL 语句就可以实现,实际应用时非结构化数据的查询语句可以将 Cypher 语句和 SQL 语句放在同一个脚本文件中,通过脚本做到自动化执行查询。

**2. 分布式训练**

在大数据时代,与日俱增的海量数据对机器的存储和计算能力有了越来越高的要求,

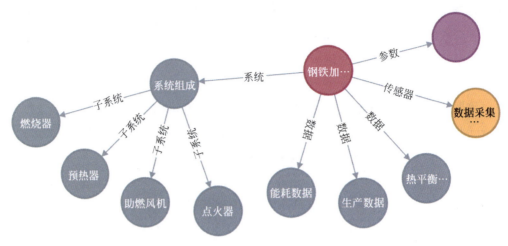

图 8.4 Neo4j 知识图谱文件查询

数据量已经远远超出单机处理能力的极限,在单机性能提升幅度有限且性价比越来越低的情况下,有效的解决途径便是横向扩展(scale out),当下分布式存储、分布式计算等方法和技术已日益深入人心。众所周知,在海量数据上进行深度学习训练的整个过程非常耗时,而传统的在单机上进行训练的 SGD(stochastic gradient descent,随机梯度下降)方法并不能简单地复制到分布式集群中进行计算,因此业界对深度学习的分布式训练方法的需求日益高涨,对此学术界和工业界也进行了很多的研究,比较著名的分布式 SGD 算法和框架有 TensorFlow、Hogwild、Downpour SGD、Delay-tolerant Algorithms for SGD、Elastic Averaging SGD 等,本书采用 TensorFlow 进行分布式深度学习训练。

1) 并行模式选择

TensorFlow 对分布式深度学习训练具有良好的支持。TensorFlow 中的并行依据并行模式的分类有 In-graph replication—模型并行和 between-graph replication—数据并行两种。模型并行指的是将模型中不同计算节点放在不同硬件资源上计算,并行方式要依据特定模型设计。数据并行指的是同时使用多个硬件资源计算不同 batch 数据的梯度,继而将梯度参数汇总以进行全局参数的更新。依据参数更新方式的分类有同步并行更新和异步并行更新两种,同步并行更新指的是集群中所有节点全部计算完成后再汇总参数,而异步并行更新中每个节点计算完成即可将参数提交,不必等待其他机器。

分布式 TensorFlow 并行模式的优缺点比较简要总结如表 8.2 所示。

表 8.2 不同并行模式优缺点比较

| 并行模式 | 优 势 | 局 限 性 |
| --- | --- | --- |
| 异步更新 | 集群节点之间相互独立 | 易造成参数更新不同步,收敛慢 |
| 同步更新 | 参数更新同步,收敛快 | 速度取决于性能最差的节点 |
| 模型并行 | 针对特定模型性能较好 | 需针对模型单独设计并行方式 |
| 数据并行 | 通用性好,容易实现 | 个别复杂模型性能受限 |

由于数据并行的方式比较通用且较易实现,而且本书所搭建的分布式集群性能较为平均,不存在短板,综合考虑下本书采用的并行模式为数据并行加同步更新,基本结构如图 8.5 所示。

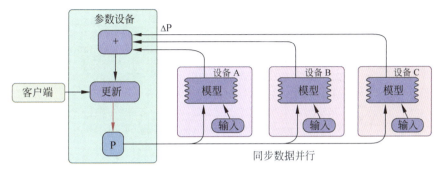

图 8.5　TensorFlow 数据同步并行方式

2) 并行参数配置

与 Spark 的主从节点命名类似,分布式 TensorFlow 中也包括主从两种类型的节点,其中主节点负责创建 Session 会话,从节点负责执行计算图中的具体任务。训练时第一个步骤是创建分布式训练集群 TensorFlow Cluster,一个 Cluster 可切分为多个 job,job 指特定任务类型。Tensorflow Cluster 初始化代码为：tf.train.ClusterSpec({"ps":["192.168.137.70:2222"],"worker":["192.168.137.69:2222","192.168.137.68:2222","192.168.137.68:2222"]}),这里分别配置了一个 parameter server 和三个 worker,整个分布式 TensorFlow 训练集群有四个节点,基本架构如图 8.6 所示。

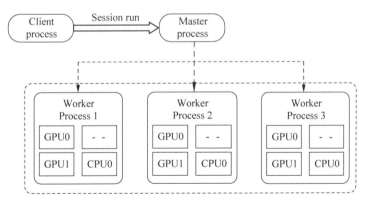

图 8.6　分布式 TensorFlow

并行训练首先要定义好数据集存放位置、隐藏单元数量、batch 大小、学习率等参数。

3) TensorFlow on Spark 分布式任务提交

在传统做法上,大数据计算集群和深度学习集群一般都是相互独立架设,计算和存储资源无法做到共享,而且深度学习训练需要的数据还要向大数据集群拉取,费时费力。本书将分布式 TensorFlow 部署运行在 Spark 集群上,这样可以很好地节省资源,提高实际工作中的运行效率。TensorFlow 和 Spark 集群融合的计算架构如图 8.7 所示。

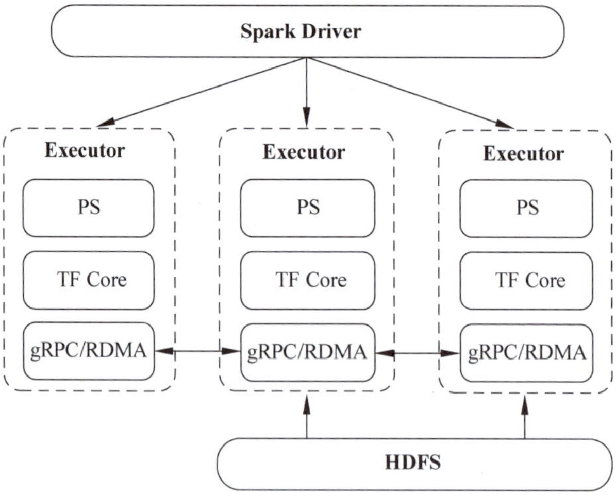

**图 8.7　TensorFlow on Spark 运行机制**

Spark 的 Driver 将计算任务分发到每个 Executor 中，PS 和 Worker 放在 Spark 的每个 Executor 中执行，程序之间仍然通过 gRPC 或者 RDMA 方式进行通信。

## 8.2　知识抽取

信息化社会中的信息按照数据格式可以分为结构化数据、半结构化数据和非结构化数据三种，对于不同类型的数据所应用的知识抽取方法也不同。结构化数据是指以固定格式存储在记录文件中的数据，常用类型有 RDD(resilient distributed datasets，弹性分布式数据集)和表格数据，其表现形式为二维数据。非结构化数据是指未预先定义好或无预先定义组织方式的数据，常用的非结构化数据为文字型数据，格式表现为文档、图片、视频信息等，而半结构化数据是介于上述两种数据之间的数据形式，日志、XML 文档等均属于半结构化数据。

### 8.2.1　结构化数据抽取

工业领域的大多数数据均来源于企业信息系统关系数据库，将数据库中的数据映射到本体中可以实现本体的快速填充。W3C 于 2012 年发布了两个推荐的映射语言：DM(direct mapping)和 R2RML，这两种语言均可以将关系数据库中的数据转化为 RDF 数据，实现本体构建。

**1. R2RML 映射语言**

R2RML 映射语言是一种可以从关系数据库映射到 RDF 的自定义映射的语言，用户可以使用自定义的结构和目标词汇表示原有的关系型数据，并在关系数据上灵活定制视图，该方法与直接映射相比可定制性更强,因此更具广泛性。

R2RML 映射的输入为符合该模式的关系数据库,输出为采用目标词汇表中谓词和类型描述的 RDF 数据集。R2RML 映射从关系数据库中检索出逻辑表(logic tables),逻辑表既可以是数据库中的基本表、视图,又可以是结构化 SQL 查询语句。三元组映射(triples map)可以通过逻辑表实现,将每一行映射为若干条 RDF 三元组规则,主要包括主语映射(subject Map)和谓语-宾语映射(predicate Object Map),由主语映射产生的 RDF 三元组主语通常由数据表中的主键表示,RDF 三元组中的谓语和宾语则通过谓语-宾语映射产生。主语映射是术语映射(Term Map)的扩充,此外,术语映射还包括谓语映射(predicate Map)、宾语映射(object Map)、引用对象映射(ref Object Map)和图映射(graph Map)。

表 8.3 展示了某数据库中有关卷取故障"juanqu"的一条数据,表中记录了助卷辊油缸故障的停机开始和结束时间、负责人和失效形式等信息,表中的主键是故障台账编号,即可将此条数据映射为本体中的三元组形式。

表 8.3 卷取故障表

| Juanqu | | | | | | | | |
|---|---|---|---|---|---|---|---|---|
| 故障台账编号 | 故障名称 | 停机开始时间 | 停机结束时间 | 负责人 | 失效形式 | 失效部位 | 失效原因 |
| 810810M02-G160206 | 助卷辊油缸故障 | 2016-02-15 09:35 | 2016-02-15 12:14 | 张三 | 动作异常 | 助卷辊 | 安装/调整不到位 |

图 8.8 中的<TriplesMap1>定义了一个三元组映射,logicalTable 表示需要映射的逻辑表,即将名称为"juanqu"的表映射到 RDF 数据集中。subject Map 表示主语映射,其中 template 指定了三元组主语映射的数据,class 指定了本体中的类名,即把表格中的"故障台账编号"这列数据映射到"故障台账"的类中;predicate Object Map 表示谓语-宾语映射,其中 predicate 代表 RDF 三元组的谓语为"故障名称",object Map 代表 RDF 三元组的宾语是表格中"故障名称"这列数据。

```
@prefix rr: <http://www.w3.org/ns/r2rml#> .
<TriplesMap1>
rr :logicalTable [ rr: tableName " juanqu " ];
rr: subjectMap [
rr: template http://www.semanticweb.org/hotroll/ #{故障台账编号};
rr: class <http://www.semanticweb.org/ hotroll/#故障台账> ;
];
rr: predicateObjectMap[
rr: predicate < http://www.semanticweb.org/ hotroll/#故障名称 > ;
rr: objectMap [ rr: column "故障名称"];
].
```

图 8.8 R2RML 定义映射文档

图 8.9 描述了用于创建 R2RML 视图的 SQL 语句,图中语句表示从"juanqu"表中选取"故障台账编号"和"故障名称"两列数据。

```
<DeptTableView> rr:sqlQuery """
SELECT 故障台账编号,故障名称
FROM juanqu;
"""
```

图 8.9  SQL 查询语句

## 2. 数据库到本体的映射

在本体编辑工具 Protégé 中，Ontop 是专门用于数据库与本体之间映射的插件，Ontop 支持使用 R2RML 语言创建映射，使用 SPARQL 语言进行查询。

创建映射首先需要创建数据库和 Protégé 之间的连接，选择需要映射的数据库 URL 和对应的驱动，接着输入数据库账号密码，Ontop 连接数据库的界面如图 8.10 所示。

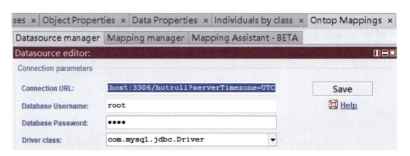

图 8.10  Ontop 连接数据库

此外，在创建映射前需要保证映射的概念在本体中已经存在，即需要先在本体中创建类名、数据属性名和对象属性名。映射包含两部分：目标（Target）和来源（Source），目标描述了逻辑表的数据列到本体的映射，来源描述了查询逻辑表的 SQL 语言，操作部分如图 8.11 和图 8.12 所示。

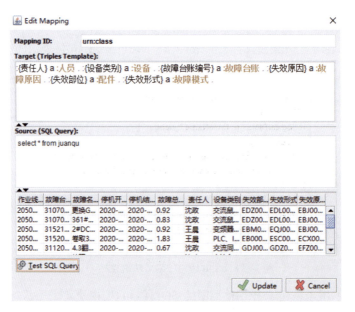

图 8.11  主语映射语句

图 8.11 中 Target 部分描述了六个主语映射。"juanqu"表中列名为"责任人"的数据映射到了"人员"类上,成为这个类的实例,同理,"设备类别"映射到"设备"类中,"故障台账编号"映射到"故障台账"类中,"失效原因"映射到"故障原因"类中,"失效部位"映射到"配件"类中,"失效形式"映射到"故障模式"类中。图 8.12 中 Source 部分描述了查询逻辑表的 SQL 语句,点击"Test SQL Query"可以显示查询结果,方便地查看表中数据。

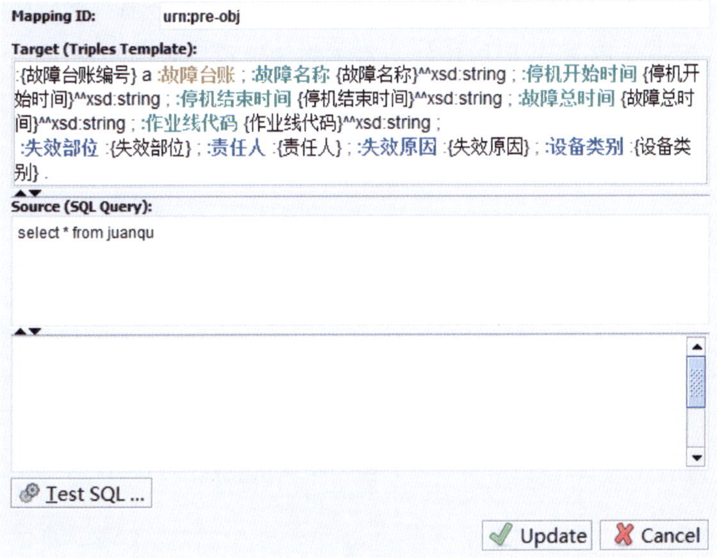

图 8.12 谓语-宾语映射语句

由此可以看出对象属性连接实例作为宾语,构成(实例-对象属性-实例)形式的三元组,而数据属性连接的是字符串构成(实例-数据属性-值)形式的三元组。对象属性连接的实例均在主语映射过程中映射到了相应的类上,这样可以将宾语对象作为单独的节点来关联其他节点。部分映射结果如图 8.13 所示。

图 8.13 部分映射结果

## 8.2.2 半结构化与非结构化数据抽取

工业领域不仅存在结构化数据,同时还存在许多半结构化和非结构化文本,这些信息通常使用自然语言进行描述,通过命名实体识别和关系抽取技术可以从海量文本中抽取出实例三元组进而补充到本体中。三元组数据抽取过程如图 8.14 所示,可以采用基于 BERT (bidirectional encoder representation from transformers)的联合抽取模型抽取三元组,之后通过本体的模式层进行筛选,并把构建好的本体作为远程监督的知识库,标注新的文本后补充到训练语料中。

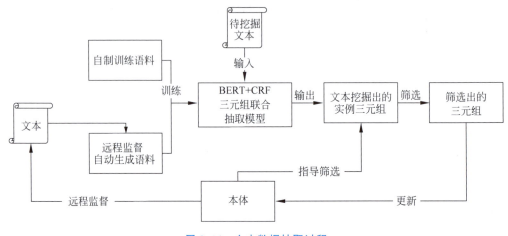

图 8.14 文本数据抽取过程

## 8.3 知识表达

知识表达是知识编码和结构化的过程,即采用一些约定的符号把知识表示成计算机可以识别的数据结构。同一知识可以有多种不同的知识表达方式,而不同的知识表达方式所产生的效果又可能不同。知识表达是自然世界的一种客观描述,具有一定的主观性。有一些学者认为,知识表达和推理是分不开的——知识表达的最终目的是从生产实践出发,对未知的问题做出预测和指导。知识表达具有以下基本特征:

(1) 知识表达或建立的表述模型一直都是不精确的,因为知识的描述不可能脱离人为因素;

(2) 知识表达是一系列本体论行为(ontological commitments),是对现实事物的近似模拟。知识表达方法的选择,也是人们对如何描述世界的选择,这个过程实质上是一组本体论行为;

(3) 知识表达是能够建立智能推理功能的片段理论。知识表达通过建立规则集和数学

方程集,在推理系统中"预测"出人们无法直接思考出的结果;

(4) 知识表达能够帮助人们快速计算和推理出新的发现,如果知识表达不具备这样的预测能力,那么将变得毫无意义;

(5) 知识表达和人紧密相关,是认知科学的交流媒介。

### 8.3.1 知识表达方法

常见的知识表达方法有产生式规则、谓词逻辑、本体、语义网和框架等,各方法对比如表 8.4 所示。

表 8.4 常见的知识表达方法对比

| 方法名 | 优点 | 缺点 |
| --- | --- | --- |
| 产生式规则 | 逻辑性强,适于表达动态知识,便于实现规则演绎、数学推理等智能操作 | 1. 推理效率低下;<br>2. 很难以直观的方式查看知识;<br>3. 缺乏灵活性 |
| 本体 | 1. 本体侧重于领域术语及术语关系的表达,可作为知识共享的基础;<br>2. 通过多种手段严格深入描述知识,具有极高的灵活性 | 1. 主观性太强,缺少科学管理和评价机制;<br>2. 需求描述不充分和建设过程无计划 |
| 语义网 | 1. 可表示复杂的知识结构、语义关联;<br>2. 基于联想记忆的模型,可执行语义搜索,效率高;<br>3. 层级之间具有继承性,语义执行继承推理 | 1. 缺乏标准术语和约定,网络结构复杂,建立和维护知识库困难;<br>2. 网络搜索、调控的执行效率低下 |
| 谓词逻辑 | 1. 易于被人们理解;<br>2. 拥有通用的逻辑演算和推演规则,并保证推理过程的完整性,模块性能好 | 1. 不能有效表达复杂结构;<br>2. 效率较低,逻辑推理过程冗长 |
| 框架 | 1. 数据结构和问题求解过程与人类的问题求解过程相似;<br>2. 表达能力强,层次结构丰富,易于扩充;<br>3. 可以利用过去获得的知识对未来的情况进行预测 | 1. 缺乏形式理论,没有明确的推理引擎机制;<br>2. 结构关系较复杂,维护困难;<br>3. 如果框架系统中各个子框架的数据结构不一致,则会造成推理困难 |

**1. 产生式规则**

产生式规则是逻辑蕴含、操作、推理规则以及各种关系(包括经验性联想)的一种逻辑抽象。这种表示法是以操作为中心的方法。它很适合描述建议、指示及策略等有关知识,尤其是专家的启发式知识。依据推理的方向,产生式规则可分为正向规则(Forward rule)和逆向规则(Backward rule);依据逻辑的确定性,规则可分为确定规则和不确定规则;依据规则对知识内容的概括程度,又可分为特殊性规则和一般性规则。

**2. 本体**

本体(Ontology)是对领域知识的本质抽象。如果我们把每一个知识领域抽象成一个概念体系,再采用一个词表来表示这个概念体系,在这个词表中,要明确地描述词的含义、词与词之间的关系,并在该领域的专家之间达成共识,使得大家能够共享这个词表,那么,这个词表就构成了表达该领域知识的一个本体。

**3. 语义网**

语义网是一种结构化表示方法,它由节点和弧线或链线组成。节点用于表示物体、概念和状态,弧线用于表示节点间的关系,可以经过推理和匹配得到具有明确结果的新的语义网。语义网可用于表示多元关系,扩展后能够表示更复杂的问题。

**4. 谓词逻辑**

谓词逻辑法采用谓词合式公式和一阶谓词演算把要解决的问题变为一个有待证明的问题,然后采用消解定理和消解反演来证明一个新语句是从已知的正确语句导出的,从而证明这个新语句也是正确的。谓词逻辑是一种形式语言,能够把数学中的逻辑论证符号化。谓词逻辑法常与其他表示方法混合使用,灵活方便,可以表示比较复杂的问题。

**5. 框架**

框架是一种结构化的表示方法,通常由指定事物各个方面的槽(slot)组成,每个槽拥有若干个侧面(facet),而每个侧面又可拥有若干个值(value)。

在表示和求解比较复杂的问题时,采用单一的知识表示方法是远远不够的,往往必须采用多种方法混合表示。例如,综合采用框架、语义网络、谓词逻辑的过程表示方法,可使所研究的问题获得更有效的解决。

此外,在选择知识表达方法时,还要考虑所使用的程序设计语言的功能和特点,以便能够更好地使用这些方法。

### 8.3.2 知识表达准则

由于知识表达是将知识转化为计算机可处理的编码和系统控制策略,所以知识表达既要考虑对知识全面客观的描述程度,又要考虑知识在计算机中的存储和使用问题。虽然同一条知识可以用不同的方法进行描述,但是不同的应用背景和用户需求都会造成知识应用效果的差异。综合来看,知识表达遵守的准则可分为以下五点:

(1) 具有良好定义的语法和语义;

(2) 有充分的表达能力,能清晰地表达有关领域的各种知识;

(3) 便于有效地推理和检索,具有较强的问题求解能力,适合于应用问题的要求,提高推理和检索的效率;

(4) 便于知识共享和知识获取;

(5) 容易管理,易于维护知识库的完整性和一致性。

### 8.3.3 基于钢铁高附加值产品生产流程知识表达

鉴于以上对知识表达的分析,本节以钢铁高附加值产品生产流程为例,展开其知识表达框架的建立过程,技术路线如图 8.15 所示,主要由以下四部分组成。

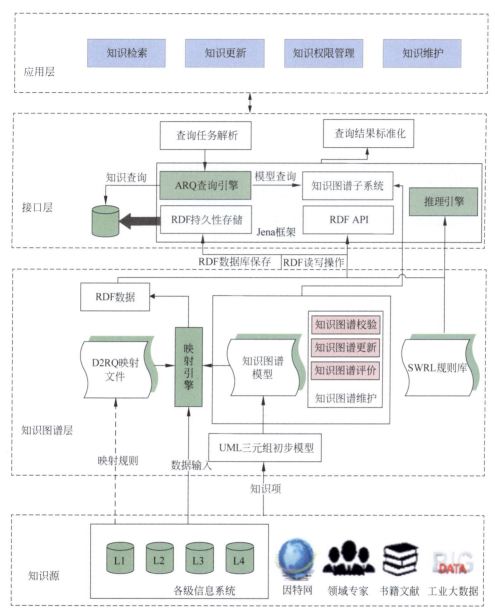

图 8.15　钢铁高附加值产品生产流程知识表达框架

**1. 知识源**

知识源包括 L1(基础自动化)、L2(过程控制系统)、L3(制造执行系统)和 L4(企业资源管理)组成的各级信息系统、因特网、领域专家和文献书籍等。

**2. 知识图谱层**

通过对知识源进行知识获取,建立基于 RDF 三元组(资源-属性-属性值)形式的 UML (unified modeling language,统一建模语言)三元组初步模型,据此建立知识图谱模型。知识图谱维护定义知识图谱校验、更新和评价的原则,消除知识图谱的不一致性和逻辑矛盾。知识图谱模型和知识图谱维护共同构成知识图谱。知识图谱和各级信息系统中的数据按照 D2RQ 映射文件,在 D2RQ 映射引擎的作用下生成 RDF 数据。根据制造标准和 LCA (life cycle assessment,生命周期评价)等,建立 SWRL 规则库。

### 3. 接口层

RDF 持续性存储模块将 RDF 数据进行数据库形式的持久性存储;RDF API 对 RDF 数据进行读取和各种操作;知识图谱子系统则对知识图谱库进行读取和操作。当应用层发出服务请求时,ARQ 查询解析模块对用户的请求语句进行解析,转化为 SPARQL 查询语句。根据 SPARQL 语句,既可以对 RDF 数据进行知识查询,也可通过知识图谱子系统连接知识图谱进行模型查询。推理引擎读取 RDF 数据和 SWRL 规则库,发现 RDF 数据中知识的隐性关联。

### 4. 应用层

通过知识检索,用户可以键入检索关键词,由查询任务解析模块分解查询任务,由 ARQ 查询引擎执行 SPARQL 查询语句:一方面,ARQ 查询引擎可以对存储在数据库中的 RDF 数据进行知识查询;另一方面,ARQ 查询引擎通过知识图谱子系统对知识图谱进行模型查询。知识更新实质上就是对知识图谱的修改操作,通过知识图谱层中的知识图谱子系统实现知识图谱的修改操作;知识权限管理是为不同类型人员分配不同等级的知识访问权限;知识维护主要发生在知识更新和多个知识图谱融合的情况下,通过知识图谱层中的知识图谱维护模块,检验知识图谱的一致性、冗余性和可靠性。

## 8.4 知识融合

在现代工业领域,生产知识不仅包含与"人"有关的信息,同时还包含大量关于"机"和"物"的数据。"人"的数据主要指人的认知分析、决策和控制等数据,"机"的数据主要指来源于信息系统中经过处理和管理的数据,"物"的数据主要指源于传感器、微处理器以及控制器等属于物理系统的数据。以人机物三元数据融合为基础进行知识融合可以使智能生产的制造资源不再局限于企业内部,而是整合了全球范围内的社会资源,组织主体扩展到了消费者、服务提供商、平台中介等,形式上体现为多粒度服务单元的联合,可以帮助企业进一步实现知识推理以及科学决策。

### 8.4.1 知识融合技术

知识融合是指将多个知识图谱或本体进行信息融合。数据融合技术源于军事领域,是一种多层次以及多方面信息处理的手段,自动检测、结合、相关、估计多源数据并将数据组合。数据融合技术的常用方法有以下几种。

(1) 贝叶斯估计:贝叶斯推理是基于后验概率的数据融合算法,主要思路是先给定一个先验概率,再递归地更新系统的概率分布,从而得到推理的结果。贝叶斯估计可以处理不确定情况下的数据融合,但无法分配总不确定性。缺点是定义先验比较困难,当假设和多个条件相关时,运算会变得比较复杂。

(2) D-S证据理论:D-S证据理论是概率论的延伸,最早由Dempster提出,后来Shafer进一步扩展了该理论。D-S证据理论是贝叶斯理论的广义扩展,利用区间估计代替点估计描述不确定信息。D-S证据理论的优点是具有更大的灵活性,但也会因为一个很小的变化导致结果产生很大的变化。与此同时,该方法还存在不能有效处理矛盾证据、推理链较长、计算量呈幂指数增长等问题。

(3) 遗传算法:遗传算法是一种模拟生物进化过程的计算模型,由一组初始值出发开始优化,只需要对结果不好的个体进行否定,模仿群体在进化中不断繁衍、竞争、变异、遗传的行为。遗传算法适用于对计算结果准确性要求不高且搜索空间大的情况,但遗传算法不能保证可以获得问题的最优解。

(4) 熵理论法:信息熵表示信源输出的所有数据的自信息的统计平均值,熵理论法利用了事件发生的概率,越经常发生的事熵值越小,而越不常发生的事熵值越大,该方法反映的是信息量的思想。在数据融合中,需要做出熵极大的结论。熵理论法适用于对实时性要求高的系统。

知识融合方法可以主要归纳为以下4方面:

(1) 模式对齐:模式对齐解决的是多个本体模式之间不一致、数据源异构性等问题。时间的更新或者构建人员的不同通常会造成本体的演化或者版本差异,因此需要对不同本体之间进行映射和匹配。

(2) 实体链接:实体链接的主要步骤包括相似实体的识别和实体消歧。实体的识别是通过规则字典、统计、深度学习的办法从文本中识别出实体,随着社会媒体的发展,命名实体识别的对象从普通文档扩展到了社交平台的短文本。实体消歧是由于一个指称可能指向多个实体,因此需要用一定的方法确定指向的实体,主要是通过各种方法对两个实体之间进行相似度的计算。由于大数据的海量性,逐个进行实体比较会消耗大量的时间,所以又产生了分块技术,根据实体的属性将实体记录分块,再进行块内比较。

(3) 冲突解决:冲突主要有模式冲突和数据冲突。模式冲突是由于模式层的异构,数据冲突一般是指实体的同一个属性有着不同的属性值。一般需要根据数据源的置信度等参数来判别值的真假。对于随时间演化的实体,需要建立时间衰减模型来判断属性值变化的范围。

(4) 关系推演:寻找数据之间的关联尤为重要,但由于数据量大,不可能人工地对每一对实体之间的关系进行判别，所以需要采取先进的技术自动找到数据之间的关联和路径，一般采取词嵌入和图模型的方式来解决。除了关系补全，实体之间的关系还会随着时间演化，对于这种情形，一般采取记录创建软聚类，收集迭代的细化聚类等方式。

### 8.4.2 人机物本体知识融合

知识融合技术中的本体融合解决的是本体异构问题，核心步骤是本体映射，通过找到本体之间的映射规则，消除本体之间的异构，达成统一，最后可以把局部本体集变成一个全局本体，或是基于共同的知识形成一个通用的全局本体。

实例层的融合主要解决两个问题，一个是实体对齐，一个是关系补全。实体对齐是将指向同一对象但描述不同的实体合并到一起，进行规范描述，例如故障模式中的"无法转动"和"不转"这两个实例，描述的是相同的故障模式，但表达不同，需要对它们进行命名上的统一，人机物本体中每个数据来源对实体的表述都可能不同，所以需要进行实体对齐。关系补全是预测两个实体之间缺失的关系，在进行自下而上的数据抽取时，分别对各个来源的数据进行三元组提取，但不同来源的数据之间缺少关系的连接，所以需要进一步对关系进行补全。本书针对人机物本体的特性，使用表示学习模型对本体中的实体进行对齐，即寻找实体之间的映射，此外，还通过模型实现了实体之间关系的补全。针对工业领域人机物数据特征和融合难点，通过对比和分析现有的数据融合技术，采用构建人机物本体的方式驱动人机物数据的融合，本体构建和本体融合过程如图 8.16 所示。

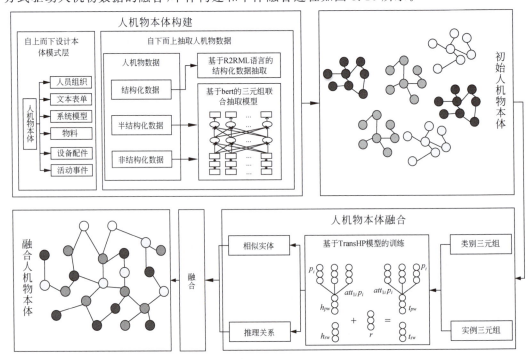

图 8.16 本体构建及融合过程图

本体可以对多源异构的数据进行语义上的统一表示，并且本体的表示形式方便进行语义推理，以寻找数据之间的关联关系，而且通过数据之间的关联分析可以减少数据的冗余。采用自上而下构建本体模式层和自下而上数据抽取相结合的本体构建方法可以对数据进行明确分类，保证本体的专业性，对自下而上地抽取时出现的噪音有筛选的指导作用；自下而上的抽取采用词嵌入的方式，可以对大量非结构化的文本进行表示。采取翻译模型对在语义空间中的数据进行计算，可以找到相似实体，消除数据的歧义和冲突，并找到数据之间的关联，实现数据的融合。对于工业领域具有专业性的数据来说，通过翻译模型可以从语义上进行匹配，减少字词表面的判别误差。

# 第 9 章

# 知 识 推 理

## 9.1 知识推理基本方法

### 9.1.1 知识推理方法概述

知识推理主要包含两方面的因素：知识和推理，其中知识是推理的前提，方法是推理的手段。知识推理是基于计算机等平台利用形式化的知识进行问题分析、求解、优化的过程，典型的知识推理方法主要有以下几种。

#### 1. 遗传算法

遗传算法具有良好的全局寻优能力，可以自适应调整搜索的方向，不需要了解求解问题的全部特点，其强鲁棒性适用于解决非结构化的复杂问题。在遗传算法中主要有染色体、基因、基因位置、种群、适用度等基本概念。其中，染色体表示待求解问题的候选解，每一个解就是一个染色体；基因是遗传因子，表示染色体的特征，染色体由基因组成；基因位置是基因在染色体中的具体位置；种群为染色体的集合，种群的规模和大小即为染色体的数目；适用度表示染色体对环境的适应程度，用适应度函数表示，函数值越大表示该染色体即求解空间的解被选择的概率越大。遗传算法的执行流程如图 9.1 所示。

染色体编码：在进行遗传运算之前先进行问题空间到解空间的映射，将问题的全部解集映射为染色体集。初始化种群：算法由初始种群开始进行迭代计算。确定适应度函数：

图 9.1　遗传算法执行流程

用于评价染色体的优劣程度由目标函数确定,函数值越大表示该解对环境的适应程度越好,它被选择的概率越高,反之亦然。选择-交叉-变异:选择算子模拟优胜劣汰、适者生存的原则,从种群中选择适应度高的染色体通过遗传或者交叉变异到下一代,合理地进行选择有利于提高算法的收敛性;交叉算子将两个染色体随机进行部分结构的重组和交换,从而形成新的染色体,用于产生新的基因扩大种群的规模,提高算法的搜索空间和能力;变异算子是以小的变异概率改变染色体的基因,用于避免算法经过一系列的选择和交叉操作后没有寻找到最优解的现象。遗传算法的迭代终止条件可以通过设置固定的迭代次数、适应度函数的阈值和最大停滞代数来实现。

**2. 模糊推理**

模糊推理方法即 CRI(compositional rule of inference)方法,模糊推理有三种基本的模式,分别是假言推理、据取式推理和三段论推理。

- 模糊假言推理

设 $A\in F(U), B\in F(V)$,并且 $A$ 和 $B$ 具有关系:IF $x$ is $A$ THEN $y$ is $B$,其中 $F(U)$ 和 $F(V)$ 是定义在 $U$ 和 $V$ 上的模糊集的集合,如果 $A\in F(U)$,并且 $A$ 与 $A'$ 模糊匹配,则有结果 $y$ is $B$。这种推理模式为假言推理。可以表示为以下形式:

知识:IF $x_1$ is $A_1$ AND $x_2$ is $A_2$ AND $\cdots$ AND $x_n$ is $A_n$ THEN $y$ is $B$

事实:$x_1$ is $A'_1$　$x_2$ is $A'_2$ $\cdots$ $x_n$ is $A'_n$

结果:$y$ is $B'$

- 模糊据取式推理

模糊据取式推理可以表示为以下形式:

知识:IF $x$ is $A$ THEN $y$ is $B$

事实:$y$ is $B'$

结果:$x$ is $A'$

- 模糊三段论推理

模糊三段论推理可以表示为以下形式:

知识:IF $x$ is $A$ THEN $y$ is $B$

　　　IF $y$ is $B$ THEN $y$ is $C$

结果:IF $x$ is $A$ THEN $y$ is $C$

以上三种推理模式中的知识和事实均是模糊命题,表示它们都包含模糊的概念,同时

$A$ 和 $A'$、$A_i$ 和 $A_i'$ 可能不完全匹配，所以其结果 $B'$ 一般情况下也不等于 $B$。正因为这些不完全匹配的原则才导致模糊推理的本质是一种近似推理，这种近似推理对处理不完全的模糊信息具有良好的适用性。

**3. 基于贝叶斯网络推理**

贝叶斯网络是基于概率的推理，其中贝叶斯公式、条件概率公式、联合概率公式是贝叶斯网络进行推理的基础。贝叶斯网络由于具有条件独立性，被广泛用于解决不确定性、不完善性问题。贝叶斯网络具有如图 9.2 所示的特点。

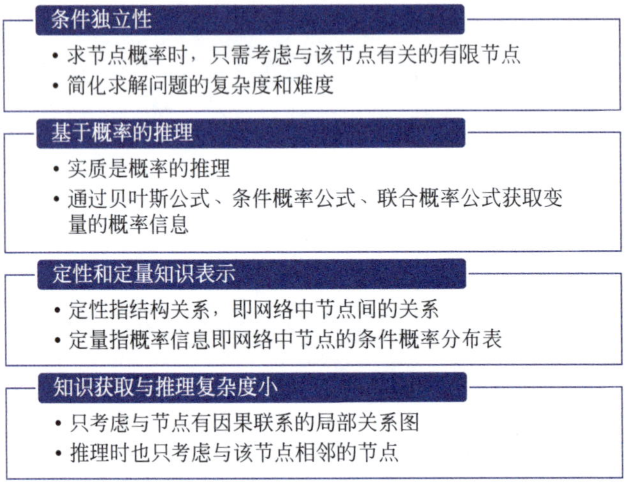

**条件独立性**
- 求节点概率时，只需考虑与该节点有关的有限节点
- 简化求解问题的复杂度和难度

**基于概率的推理**
- 实质是概率的推理
- 通过贝叶斯公式、条件概率公式、联合概率公式获取变量的概率信息

**定性和定量知识表示**
- 定性指结构关系，即网络中节点间的关系
- 定量指概率信息即网络中节点的条件概率分布表

**知识获取与推理复杂度小**
- 只考虑与节点有因果联系的局部关系图
- 推理时也只考虑与该节点相邻的节点

图 9.2 贝叶斯网络的特点

通过对遗传算法、模糊推理和贝叶斯网络等推理方法的分析，可知相较于前两种算法，利用贝叶斯网络进行知识推理具有的优点为：贝叶斯网络在求解变量的概率时，只需考虑与该变量相关的部分变量，可以简化求解问题的难度，能够在不确定信息条件下进行复杂问题的学习和推理；贝叶斯网络推理源自于贝叶斯概率理论，推理过程即为概率的计算；贝叶斯网络的图形结构知识表示与概率推理是可以分开的，更加有利于与其他技术相结合。

## 9.1.2 基于贝叶斯网络的知识推理方法

**1. 贝叶斯网络**

贝叶斯网络又被称为"置信网络"，它是一张表示节点之间概率依赖关系的有向无环图(DAG)。在贝叶斯网络中，每个节点表示一个变量 $X_i$，节点之间由有向弧连接，有向弧表示节点之间有因果关系，并且每个节点包含一张可以将该节点与其直接父节点关联起来的条件概率分布表(Conditional Probability Table，CPT)，条件概率分布表示一个节点到另一个节点的原因或者结果。

贝叶斯网络的推理实质为概率计算的过程。在由 $n$ 个节点表示的贝叶斯网络中，设所

有变量的集合为 $X=\{X_1,X_2,\cdots,X_n\}$,其推理任务是:给定证据变量集合 $E=e$,计算查询变量 $Q$ 的概率分布,即

$$P(Q\mid E=e)=\frac{P(Q,E=e)}{P(E=e)}=\sum_{x\in(Q\cup E)}P(X) \tag{9-1}$$

在贝叶斯网络中,假设集合 $X$ 和 $Y$ 满足:$X=\{x_1,x_2,\cdots,x_n\}$、$Y=\{y_1,y_2,\cdots,y_n\}$、$Y\subseteq X$,当 $Y$ 的取值为 $y_i$ 时,$i\in(1,n)$,即当 $Y=y_i$ 状态为 true 时,在推理过程中,给定的变量称为证据。在已知 $Y=y_i$ 证据的前提下,求 $X=x_i$ 的概率过程即为贝叶斯网络的概率推理过程,根据条件概率公式可知:

$$P(X=x_i\mid Y=y_i)=\frac{P(X=x_i,Y=y_i)}{P(Y=y_i)} \tag{9-2}$$

其中,$x_i$ 和 $y_i$ 分别表示集合 $X$ 和 $Y$ 的实际取值,其状态可能为 true 或 false,根据公式 $P(X=x_i|Y=y_i)+P(X\neq x_i|Y=y_i)=1$ 可知,只要知道 $X$ 某一状态的概率即可得知 $X$ 在另一状态的概率。

但是在解决实际问题时,贝叶斯网络的变量集合较大,导致变量间的概率计算变得异常复杂,为了解决这类问题,利用变量间的条件独立性,可以将联合概率分布表示为图形结构和概率分布表,已知证据变量的情况下,通过消除冗余变量来计算出查询变量的概率分布。条件独立性假设定义如下:假设随机变量 $X$、$Y$ 和 $Z$,如果 $P(X|Y,Z)=P(X,Z)$,则说明 $X$、$Y$ 关于 $Z$ 独立,即在 $Z$ 发生的条件下,$X$ 发生的概率与 $Y$ 发生与否无关。在贝叶斯网络中,条件独立性有以下三个性质:

性质1:贝叶斯网络边界上的根节点均是相互独立的。

性质2:若两个节点拥有一个或者多个相同的父节点,并且两个节点之间没有直接相连的弧,则当两个节点的父节点的状态值确定时,这两个节点是相互独立的。如图9.3所示,例如:子节点 $b$ 和 $c$ 拥有相同的父节点 $a$,当子节点 $b$ 发生时,表明父节点 $a$ 发生的概率增加,同时导致子节点 $c$ 发生的概率增加,但是当父节点 $a$ 确定发生时,则子节点 $b$ 和 $c$ 的发生就相互无关即相互独立。

性质3:对于任意节点,若其直接父节点的状态值确定,该节点与其他所有间接的父节点是相互独立的。例如:若子节点 $e$ 的直接父节点 $c$ 和 $d$ 的状态值确定,则子节点 $e$ 发生的概率就可以确定,与其间接父节点 $a$ 和 $b$ 均无关。

在条件独立性假设下,对于贝叶斯网络中节点的条件概率只需要考虑与该节点相关的有限变量即可,图9.3中的贝叶斯网络的联合概率分布为

$$\begin{aligned}P(a,b,\cdots,e)&=P(a)P(b\mid a)P(c\mid a,b)P(d\mid a,b,c)P(e\mid a,b,c,d)\\&=P(a)P(b\mid a)P(c\mid a)P(d\mid a,b)P(e\mid c,d)\end{aligned} \tag{9-3}$$

贝叶斯网络利用变量间的条件独立性,在已知证据变量的情况下,通过消除变量来计算出查询变量的概率分布。贝叶斯网络的推理模式主要有三种,分别为预测推理、诊断推

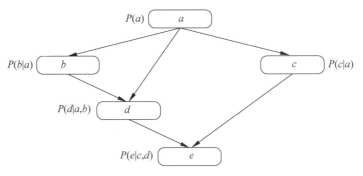

图 9.3　贝叶斯网络图例

理、解释推理。

**2. 基于贝叶斯网络的知识推理流程**

相较于遗传算法与模糊推理,贝叶斯网络推理具有简化求解问题的难度、更加有利于与其他技术相结合的优点,适用于解决知识的多源异构、碎片化等问题,本节从建模流程与建模技术两方面介绍基于贝叶斯的知识推理技术。基于贝叶斯网络的知识推理流程如图 9.4 所示。

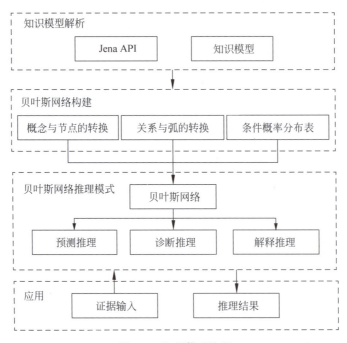

图 9.4　知识推理流程

1) 知识模型解析

为了给构建贝叶斯网络做准备,采用 Jena API 对知识模型进行语义解析,在 Jena API 中定义本体解析的函数接口,进而解析出知识模型中的类、属性和实例。

2) 贝叶斯网络构建

贝叶斯网络基于知识模型构建,具体构建流程包含概念与节点的转换、关系与弧的转换、条件概率分布表的建立等步骤。其中，条件概率分布表是构建贝叶斯网络的重点，可由知识模型中的状态数值属性和条件概率数值属性构建节点的条件概率分布表。

3）贝叶斯网络推理模式

预测推理是已知求解问题的原因进而推理结果，诊断推理是已知求解问题的结果进而推理出导致结果的原因，解释推理是预测推理与诊断推理相结合的推理。

**3. 贝叶斯网络推理的应用**

用户推理时，输入推理条件作为贝叶斯网络的证据输入，证据传递到贝叶斯网络，经过推理得到推理结果，再将结果返回给用户。

下面介绍知识推理的核心技术，由于知识推理实质上是以贝叶斯网络作为底层推理机制，其推理过程依赖于贝叶斯网络，本节主要讲述基于知识模型的贝叶斯网络构建，其中知识模型为采用本体建模技术构建的知识模型。贝叶斯网络中的网络节点、网络边以及条件概率等信息数据均来自知识模型，在 Jena API 中定义了对 OWL 文件各类型元素读取的方法，迭代调用 Jena API 的读取方法，解析出知识模型中的类、属性和实例，从而得到构建贝叶斯网络所需的信息。知识模型到贝叶斯网络模型的结构转换主要分为概念与节点的转换、关系与弧的转换、建立条件概率分布表三部分，如图 9.5 所示，下面进行详细说明。

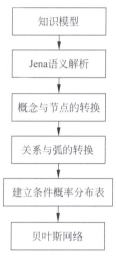

图 9.5 知识模型到贝叶斯网络结构转换流程

1）概念与节点的转换

在贝叶斯网络中，节点有可能是知识模型中的某一特定概念，也有可能是与该知识模型相关的概念。本节建立的贝叶斯网络中的节点来自于知识模型。

贝叶斯网络的节点主要通过以下四点进行转换：

(1) 将知识模型中定义的类 C 映射为贝叶斯网络的节点 $L_c$，节点 $L_c$ 是一个二元变量节点，包括真、假两个状态值。

(2) 知识模型中的对象属性由其定义域 Domains 和值域 Ranges 限定，将该对象属性映射为贝叶斯网络中的节点 $L_p$，节点 $L_p$ 是一个二元变量节点，包括真、假两个状态值。

(3) 贝叶斯网络中的节点 $L_p$ 均拥有子节点 $GR\_L_p$，节点 $GR\_L_p$ 是一个二元变量节点，包括真、假两个状态值。

(4) 在知识模型中，通过属性定义的一些匿名类 C' 映射为贝叶斯网络的节点 Res。知识模型中拥有属性的类由其定义域 Domains 和值域 Ranges 限定，因此该节点 Res 有子节点，属性的定义域 Domains 用于限制匿名节点 $L_c\_Res$，属性的值域 Ranges 用于限制匿名节点 $LR\_Res$，匿名节点 $L_c\_Res$、$LR\_Res$ 称为 Res 的投影节点。

2) 关系与弧的转换

知识模型中的类转换为贝叶斯网络中的节点之后,下一步要用弧(具有因果关系的节点才可以用弧连接)将网络中的这些节点联系起来。通过以下 4 步可将知识模型中类之间的关系转换为贝叶斯网络中节点之间的关系。

(1) 构造函数"rdfs:subClassOf",在知识模型中 subClassOf 用于定义父类节点与子类节点的关系,在贝叶斯网络中通过父类节点到子类节点的有向弧来表示。

(2) 构造函数"owl:intersectionOf",在知识模型中 intersectionOf 用于定义类$\{C_1, C_2, \cdots C_n\}$的交类 $C$,即为 $C = \bigcap_{i=1}^{n} C_i$,在贝叶斯网络中建立每个节点 $C_i$ 到节点 $C$ 的有向弧。

(3) 构造函数"owl:unionOf",在知识模型中 unionOf 用于定义类$\{C_1, C_2, \cdots, C_n\}$的并类 $C$ 即为 $C = \bigcup_{i=1}^{n} C_i$,在贝叶斯网络中建立节点 $C$ 到每个节点 $C_i$ 的有向弧。

(4) 构造函数 owl:complementOf、owl:equivalentClass、owl:disjoinWith,在知识模型中两个类 $C_1$、$C_2$ 通过 complementOf、equivalentClass、disjoinWith 相关联,则表示这两个类分别为互补类、等价类、互斥类,在贝叶斯网络中通过建立投影节点 $L$ 来表示,分别在贝叶斯网络中添加节点 $L$ 的互补节点、等价节点、互斥节点,节点的连接方向为从节点 $C_1$、$C_2$ 到相应的节点 $L$。

3) 建立条件概率分布表

贝叶斯网络转换的核心内容是建立条件概率分布表,在知识模型中通过条件概率数值属性来表示不确定知识发生的可能性,在进行知识模型到贝叶斯网络结构转换时,需要将每个节点的条件概率数值属性通过一定的规则和算法进行相应的转换,从而建立每个节点的条件概率分布表。对于贝叶斯网络中给定一个节点,条件概率分布表代表当给定节点的父节点处于不同的状态时,该节点取不同值的条件概率,条件概率分布表表明节点之间的概率依赖关系,是进行知识推理的依据。

条件概率表的创建从两方面进行:

(1) 当前节点无父节点时,即该节点的发生不以其父节点的发生为前提,此时应当给当前节点实体分配一个先验概率,该先验概率是领域专家或者经验所得的概率数据。

(2) 当前节点有父节点时,即该节点的发生以其父节点的发生为前提,在此情况下,需要考虑该节点发生的条件状态是否满足,即判断当前节点的父节点的发生状态。若发生条件满足,则计算该节点发生的条件概率;若发生条件不满足,则以该节点的先验概率作为其条件概率。

**4. 基于贝叶斯网络的知识推理算法实现**

知识推理算法包括知识模型到贝叶斯网络结构转换算法、CPT 构建算法、贝叶斯网络推理算法三部分,算法的主要内容如图9.6所示。在知识推理算法中,知识模型到贝叶斯网络结构转换算法主要进行概念与节点的转换、关系与弧的转换;CPT构建算法主要构建贝叶斯网络节点的条件概率分布表;贝叶斯网络推理算法主要进行预测推理、诊断推理和解释推理。

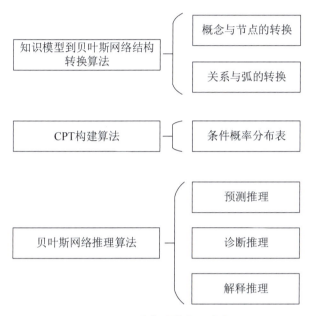

图9.6 三种算法的主要内容

1) 知识模型到贝叶斯网络结构转换算法

知识模型转换为贝叶斯网络的算法描述如下。其中,KON表示转换前的知识模型,KBN表示转换后的贝叶斯网络。

算法输入:KON。

算法输出:KBN。

算法步骤如下:

步骤1:输入KON;

步骤2:创建贝叶斯网络的节点集合Map,将KON中类的实例加入到Map中;

步骤3:遍历Map中的节点,对于每一个节点$X$,创建一个与该节点对应的直接父节点集合MapFather,通过Jena中的listSuperClasses()方法获取节点$X$所有的父节点,并将父节点添加到MapFather中,建立该节点与直接父节点之间的联系;

步骤4:遍历Map中的节点,对于每一个节点$X$,创建该节点的状态集合StateMap,通过stateValue数值属性获取节点$X$的状态值并添加到StateMap中;

步骤5:遍历Map中的节点,对于每一个节点$X$,创建该节点的条件概率集合ProbMap,通过probValue数值属性获取节点$X$的条件概率值并添加到ProbMap中;

步骤6:遍历Map中的节点,对于每一个节点$X$,得到节点$X$的状态集合StateMap和条件概率集合 ProbMap,根据 CPT 构建算法为节点 $X$ 建立其条件概率分布表；

步骤 7：输出 KBN。

2）CPT 构建算法

通过 Jena API 解析知识模型的概率信息,利用知识模型的状态数值属性 stateValue 和条件概率数值属性 probValue 提出一种构建 CPT 的算法,CPT 构建算法如下所述。其中,Map 表示贝叶斯网络节点集合,StateMap 表示节点的状态集合,ProbMap 表示节点的条件概率集合。

算法输入：Map、StateMap、ProbMap。

算法输出：贝叶斯网络 KBN 各个节点的 CPT。

算法步骤如下：

步骤 1：输入 Map、StateMap、ProbMap；

步骤 2：遍历 Map 中的节点,对于每一个节点 $X$,判断 $X$ 是否执行成功,若执行成功,则设置 $X$ 的 StateMap 为真；

步骤 3：遍历 Map 中的节点,对于每一个节点 $X$,判断 $X$ 是否执行成功,若执行不成功,则设置 $X$ 的 StateMap 为假,设置 $X$ 的 ProbMap 的值为 0.5；

步骤 4：遍历 Map 中的节点,若节点 $X$ 发生,导致节点 $\{y_1, y_2, \cdots, y_n\}$ 同时发生,则设置 $X$ 的 StateMap 为真,设置 $\{y_1, y_2, \cdots, y_n\}$ 的 StateMap 为真,设置 $\{y_1, y_2, \cdots, y_n\}$ 的 ProbMap 的值为 1.0；

步骤 5：遍历 Map 中的节点,若节点 $X$ 发生,导致节点 $\{y_1, y_2, \cdots, y_n\}$ 中的某一个 $y_i$ 发生,则设置 $X$ 的 StateMap 为真,设置 $y_i$ 的 StateMap 为真,设置 $\{y_1, y_2, \cdots, y_n\}$ 中非 $y_i$ 的 StateMap 为假,设置 $y_i$ 的 ProbMap 为 $1.0/n$；

步骤 6：遍历 Map 中的节点,若节点 $\{x_1, x_2, \cdots, x_n\}$ 同时发生,导致节点 $Y$ 发生,则设置 $\{x_1, x_2, \cdots, x_n\}$ 的 StateMap 为真,设置 $Y$ 的 StateMap 为真,设置 $Y$ 的 ProbMap 为 1.0；

步骤 7：遍历 Map 中的节点,若节点 $\{x_1, x_2, \cdots, x_n\}$ 中的某一个 $x_i$ 发生,导致节点 $Y$ 发生,则设置 $x_i$ 的 StateMap 为真,设置 $\{x_1, x_2, \cdots, x_n\}$ 中非 $x_i$ 的 StateMap 为假,设置 $Y$ 的 StateMap 为真,设置 $Y$ 的 ProbMap 为 0.0。

3）贝叶斯网络推理算法

贝叶斯网络构建完成之后,输入查询的条件,便可通过贝叶斯的三种推理模式进行概率计算。其推理算法描述如下。

算法输入：贝叶斯网络 KBN,条件参数 E。

算法输出：贝叶斯网络 KBN 各个节点集合中发生可能性最大的实例以及其最大概率值。

算法步骤如下：

步骤 1：输入条件参数 E；

步骤2：对条件参数 E 进行分解，在 KBN 的节点集合中找到 E 所在节点位置，并查询 E 是否存在直接父节点，若不存在直接父节点则 E 为根节点，执行步骤3，若存在直接父节点则 E 为中间节点，执行步骤7；

步骤3：查询以 E 为直接父节点的所有子节点，将这些子节点依次作为本次待查询变量 Q，Q 为一系列实例的集合，执行步骤4；

步骤4：根据 E 的 CPT，按照联合概率公式计算 Q 集合发生的概率，保存并输出其概率值和所对应的实例 I，执行步骤5；

步骤5：判断实例 I 所在的节点是否为最低层节点，若为最低层节点，执行步骤11，否则执行步骤6；

步骤6：查询以实例 I 所在节点为直接父节点的所有子节点，将这些子节点依次作为待查询变量 Q，执行步骤4；

步骤7：查询 E 的直接父节点、以 E 为直接父节点的所有子节点，将这些父节点和子节点依次作为查询变量 Q，Q 为一系列实例的集合，执行步骤8；

步骤8：根据 E 的 CPT，按照联合概率公式计算 Q 集合发生的概率，保存并输出其概率值和所对应的实例 I，执行步骤9；

步骤9：判断实例 I 所在的节点是否为最低层节点或根节点，若为最低层节点或根节点，执行步骤11，否则执行步骤10；

步骤10：查询实例 I 所在节点的直接父节点、以实例 I 所在节点为直接父节点的所有子节点，将这些子节点依次作为待查询变量 Q，执行步骤8；

步骤11：查询结束。

## 9.2 面向知识图谱的知识推理

在知识图谱中，往往存在数据来源不全面和抽取过程不准确的问题，因此有必要利用知识推理技术根据已有的知识图谱事实推理出新的知识或者识别出知识图谱上已有知识的错误，从而使知识图谱更加完善。目前知识推理的方法主要包括：

(1) 基于传统方法的推理。包括基于传统规则推理的方法和基于本体推理的方法。

(2) 单步推理。包括：①基于分布式表示的推理(基于转移的表示推理、基于张量/矩阵分解的表示推理、基于空间分布的表示推理)；②基于神经网络的推理；③混合推理(混合规则与分布式表示的推理、混合神经网络与分布式表示的推理)。

(3) 多步推理。包括：①基于规则的推理(基于全局结构的规则推理、引入局部结构的规则推理)；②基于分布式表示的推理；③基于神经网络的推理(神经网络建模多步路径的推理、神经网络模拟计算机或人脑的推理)；④混合推理(混合 PRA(path ranking algorithm，路径排序算法)与分布式表示的推理、混合规则与分布式表示的推理、混合规则与神经网络的推理)。

各种推理方法具有不同的推理能力,大体上,混合多步推理比混合单步推理具有更好的推理性能,但目前的混合推理依然局限于两种方法的混合,未来多种方法混合推理将值得更深入的研究,以进一步提高可解释性和计算效率。为此,知识推理技术的未来研究方向主要是面向多元关系的知识推理、融合多源信息与多种方法的知识推理、基于小样本学习的知识推理、动态知识推理等,进一步提高推理速度和保证推理的时效性,为用户时刻提供最新的、准确的知识。

### 9.2.1 基于符号规则的知识图谱推理

基于符号规则推理的核心思想是自上而下的推理,该方法通过已知且确定的前提条件推断出相应结论,且结论必然成立。在符号规则推理中,本体推理是目前的研究热点。

本体由概念和定义的集合构成,致力于捕获相关领域的知识,促使领域知识得到共享,确定该领域内共同认可的词汇,并且对这些词汇(术语)和词汇间相互关系进行明确说明。实际上,本体是对某一领域的知识进行表述的词和术语,依据该知识领域的结构,这些词和术语被组成等级类目,与此同时,这些类目的特性及它们之间的关系被详细说明。

本体本质上是一个概念体系,包含各种关系,是一个描述概念模型。假设用词来定义所有的概念,那么本体就类似于一个包含词意和词间关系的词表。依据本体所表达的概念模型所在层次的不同,可以把本体分为下面几类:

① 元知识本体:对知识的表示进行抽象。

② 领域知识本体:对特定领域中的知识进行抽象,描述其中的概念及概念间的关系。

③ 应用知识本体:描述特定任务相关的概念及概念之间的关系。任务依赖于特定的领域知识本体进行描述。

本体具有四个基本特性:概念化、明确性、形式化、共享性。"概念化"是指将某一领域中相关的概念进行抽象从而得到该领域的知识模型;"明确性"是指所有的概念必须是明确的、不模糊的,因为这些概念将来会被计算机所查询及推理;"形式化"指的是本体必须被一种计算机可识别的语言所描述,从而可被机器理解;"共享性"是指构建本体库的过程中可以复用其他已有的本体库。因为共享的概念需要包含一定的语义信息,因此基于规则的推理通常是面向具有严密逻辑描述的知识图谱。W3C 针对逻辑描述的规范提出了 OWL,而 OWL 依据其表达能力又可划分为 OWL Full、OWL DL 和 OWL Lite。OWL DL 和 OWL Lite 均有对应的描述逻辑,OWL Full 则没有。之后,随着应用场景越来越多,W3C 又陆续提出了新版本 OWL 2,包含 OWL 2 EL、OWL 2 QL 和 OWL 2 RL 三种,表 9.1 总结了 OWL 各个版本以及其中的描述逻辑。

表 9.1　OWL 各个版本以及其中的描述逻辑

| OWL 版本 | 描 述 逻 辑 | OWL 版本 | 描 述 逻 辑 |
|---|---|---|---|
| OWL Full | 无描述逻辑 | OWL 2 DL | SROIQ(D) |
| OWL DL | SHOIN(D) | OWL 2 EL | εL++ |
| OWL Lite | SHIF(D) | OWL 2 QL | DL-Lite |
| OWL 2 Full | 无描述逻辑 | OWL 2 RL | DLP |

OWL 是目前所有知识图谱相关语言中表达能力最强、最规范化、最严密的语言,OWL 是基于 RDF 的语法开发的,因此 OWL 表示的文件能够为语义理解提供环境。在具有大量逻辑基础的知识图谱中,OWL 可以表达更多抽象的信息,而不仅仅是图结构中的节点与边。这些信息可以支撑基于规则的知识推理,包括:

(1) 概念包含。指判断概念 A 与概念 B 是否是父子概念关系,也就是说概念 B 是否是概念 A 的子概念。例如在一个本体中有这样两条公理:"Mother⊆Women"、"Women⊆Person",则可以判定"Mother⊆Person"成立。

(2) 概念互斥。指判断两个概念是否有互斥关系,也就是判断"A∩B⊆∅"是否为当前知识图谱的逻辑推理结论。例如一个本体有这样的公理:"Men∩Women⊆∅",则两概念"Men"和"Women"是互斥概念。

(3) 概念可满足。指判断概念 A 是否是可满足的,也就是当前知识图谱需要存在一个模型,使得 A 有非空解释。例如一个本体中有这样的公理:"Student⊆∅",则概念"Student"是不可满足的。

(4) 全局一致。指判断当前的本体是否具有全局一致性。例如一个本体有公理 1:"Men∩Women⊆∅",公理 2:"George∈Women && George∈Men",则该本体不具有全局一致性。

(5) 实例测试。指判断实体 a 是否是概念 A 的一个实例,需要对"a isInstanceOf A"是否是当前本体的逻辑结论进行判定。

关于本体推理的实现一般由推理机完成,当前常用的推理机有 FaCT++、Racer 等,它们各自的特性见表 9.2。

表 9.2　本体推理工具及其特点

| 工　　具 | 本体描述语言 | 开 发 语 言 | 算　　法 |
|---|---|---|---|
| FaCT++ | OWL DL | C++ | tableau-based |
| Racer | OWL DL | Common Lisp | tableau-based |
| HermiT | OWL 2 Profiles | Java | hypertableau |
| Pellet | OWL DL | Java | tableau-based |

## 9.2.2　基于表示学习的知识图谱推理

表示学习的核心思想是将目标知识库中蕴含的语义信息降维表达为稠密的低维向量,

实现对知识库中的实体和关系的语义信息的表示,从而能够高效地计算实体、关系及它们之间的复杂语义关联。在该低维向量空间中,两个对象距离越近则说明二者语义相似度越高。在通过表示学习获得的向量空间中,当孤立地看向量每一个维度时,并没有实际意义与它对应,但是如果将全部的向量进行综合,那么它就可以表达丰富的语义信息,所以表示学习又称为分布式表示。

在知识图谱中引入表示学习进行知识推理具有下面这些优点:

(1)高效的计算。在知识图谱中,语义一般用三元组表示,在进行语义推理时通常需要依据图算法,计算难度大且可迁移性差。然而,表示学习运用相似度计算等方法极大地提高了计算效率。

(2)缓解数据特征稀疏。通过表示学习将高维向量投影到低维向量空间后,一方面,每一个节点和关系都被赋值,任意两个节点间能够进行相关的语义计算,而在图结构中则很难进行语义计算,特别是在比较稀疏的知识图谱中;另一方面,在从知识图谱嵌入到向量空间的过程中,高频对象的语义信息将对低频对象的语义表达有所影响,能够将关系较稀疏的部分更精确地进行语义表示。

(3)融合不同质数据。由于在知识图谱的知识中,异质数据占据了很大一部分,在进行数据融合时,如果依据图结构,那么需要开发相应的图算法,效率极低。然而,引入表示学习能够将异质的对象统一置于向量空间中,有效地解决实体消歧、语义计算等问题。

表示学习中的几个经典模型如下:

(1)距离模型,结构嵌入表示(structured embedding,SE):每个实体用 $d$ 维向量表示,即所有实体被投影到同一个 $d$ 维向量空间中,然后计算两个投影向量的距离,从而反映两个实体在某种关系下的语义相关度,距离越小,说明两个实体存在这种关系的可能性越大。

(2)单层神经网络模型(single layer model,SLM):采用非线性操作,缓解了 SE 无法协同精确刻画实体与关系的语义联系的问题。

(3)能量模型,主要为语义匹配能量模型(semantic matching energy,SME):寻找实体和关系之间的语义联系,每个实体和关系都用低维向量表示,定义若干投影矩阵来刻画实体与关系的内在联系。

(4)双线性模型,主要为隐变量模型(latent factor model,LFM):利用基于关系的双线性变换,刻画实体和关系之间的二阶联系。通过简单有效的方法刻画了实体和关系的语义联系,协同性较好,计算复杂度低。

(5)张量神经网络模型(neural tensor network,NTN):用双线性张量取代传统神经网络中的线性变换层,在不同维度下将头、尾实体向量联系起来,其中的实体向量是该实体中所有单词向量的平均值。NTN 的优点是实体中的单词数量远小于实体数量,可以充分重复利用单词向量构建实体表示,降低实体表示学习的稀疏性问题,增强不同实体的语义联系；缺点是由于引入张量操作，虽然能够更精确地刻画实体和关系的复杂语义联系，但是计算复杂度非常高，需要大量三元组样例才能得到充分学习，因此在大规模稀疏知识图谱上的效果较差。

（6）矩阵分解模型：矩阵分解是得到低维向量表示的重要途径。RESACL 模型是矩阵分解模型的代表模型，其基本思想与 LFM 类似，但不同之处在于，RESACL 模型会优化张量中的所有位置，包括值为 0 的位置；LFM 只会优化知识库中存在的三元组。

（7）翻译模型：TransE 是典型的翻译模型，该模型起源于 word2vec 词表示学习模型。word2vec 提出词向量空间存在平移不变现象，该现象普遍存在于词汇的语义关系和句法关系中。TransE 模型基于这种思想，将知识图谱中的关系看作实体间的某种平移向量，用关系的向量作为头实体向量和尾实体向量之间的平移，即关系向量可以作为头实体向量和尾实体向量之间的翻译。TransE 模型结构简单，能够应对大规模知识图谱，但过于简单的结构也导致 TransE 模型只能建模一对一的关系，无法处理一对多、多对一和多对多的关系，因此在具有复杂关系的知识图谱中应用效果不佳。为了解决 TransE 模型结构简单造成的问题，很多模型在 TransE 模型的基础上进行了改进，典型的衍生模型包括 TransH 模型、TransR 模型、CTransR 模型、TransD 模型、TranSparse 模型、TransA 模型、TransG 模型和 KG2E 模型等。

（8）全息表示模型（holographic embeddings，Hole）：使用头、尾实体向量的"循环相关"操作来表示该实体对。循环相关操作可以看作张量乘法的特殊形式，具有较强的表达能力和较高的计算效率。

# 第 10 章

# 知 识 服 务

## 10.1 知识服务概述

### 10.1.1 知识服务定义

知识服务是指从各种显性和隐性知识资源中按照人们的需要有针对性地提炼知识和信息内容,搭建知识网络,为用户提出的问题提供知识内容或解决方案的信息服务过程。这种服务的特点在于,它是一种以用户需求为中心的、面向知识内容和解决方案的服务。

不同于信息和数据,知识是结构性经验、价值观念等的流动组合,具有行动导向、能直接指导人类行动以及更依附于人类大脑的特点。很多知识难以显化,需要人之间的交流传递,只有当知识显化后,才容易利用信息技术进行存储与流通。这些特性决定了在知识服务过程中依赖于服务双方的交流与实践,需要持续交互。而服务往往需要依据客户的要求定制,以客户为导向。因此知识服务往往需满足客户定制化需求,凭借服务提供者专业化知识的积累,与客户持续进行交互,在过程中帮助客户获取知识和解决问题。

知识服务与知识管理等概念的提出与技术的发展密切相关,其内涵在不断发展变化之中。知识服务以信息服务为基础,主动为用户提供由"材料"(信息资源)加工成的"产品"(知识产品)的深层次服务,是将信息转化为知识的高度信息化服务。而信息服务是直接为用户传递原始"材料"(信息资源)的被动、浅层服务。相对于信息服务而言,知识服务呈现以下特性：

（1）知识服务是用户目标驱动的服务，它关注的焦点和最后的评价不是"是否提供了所需要的信息"，而是通过服务"是否解决了问题"。从这个角度，传统的信息服务的出发点和侧重点则是信息资源的获取。

（2）知识服务是面向知识内容的服务，它根据问题及上下文语境确定用户需求，通过信息的析取和语义融合形成符合需要的知识，并能够对所产生的知识质量进行评价。传统信息服务则是基于关键词的搜索或文献获取。

（3）知识服务是面向解决方案的服务，它关心如何帮助用户查询或形成解决方案。解决方案的形成过程是一个对信息和知识不断查询、分析、融合、组织的过程。因此知识服务是围绕解决方案的形成而展开的，而传统信息服务则注重于具体数据、信息或文献资料的提供。

（4）知识服务贯穿于用户进行知识获取、分析、整合、应用的全过程，并能够根据用户的需求动态、连续地实现组织服务，而传统信息服务通常基于既定过程或固有内容实现服务。

（5）知识服务是一种增值服务，关注和强调利用自己独特的知识获取、融合和计算能力，对现有数据和信息进行加工以形成新的价值，通过知识和专业能力为用户创造价值。

## 10.1.2　知识服务模式

知识服务的过程是服务提供方与需求方的交互过程，这个过程是持续的。双方的交互程度会不同，与需求量、重复率等因素有关。按知识服务交互程度的高低进行分类，知识服务模式可以分为专职顾问服务模式、参考咨询服务模式和自助服务模式，如图 10.1 所示。

图 10.1　知识服务模式分类

其中，专职顾问服务模式是一对一的服务模式，双方全程参与，知识提供者从客户需求分析到客户满意的整个流程都会参与；参考咨询服务模式主要是服务提供方回答客户提出的问题，服务方利用人工智能知识服务平台，解答用户的问题并提供用户需要的信息；自助服务模式是指服务提供方优先借助数据库知识库、人工智能、知识图谱等先进技术手段，构建具有知识推理、知识探索能力的自助式知识服务平台，为用户提供自助式服务，更好地满足用户的需求。

## 10.2 知识服务参考体系

知识服务参考体系自下而上分为知识获取、知识表示、知识服务与知识应用四个层次（图 10.2）。其中，知识获取层是基础；知识表示层根据知识服务目标，将获取的知识进行科学、有效的组织，为知识服务提供源源不断的"燃料"；知识服务层是推进器，为知识应用提供充沛动力；基于 Web 的知识应用层为用户提供知识创新能力。上述四个层级之间信息依次传递，并通过应用反馈，不断丰富和完善知识的内容和功能。

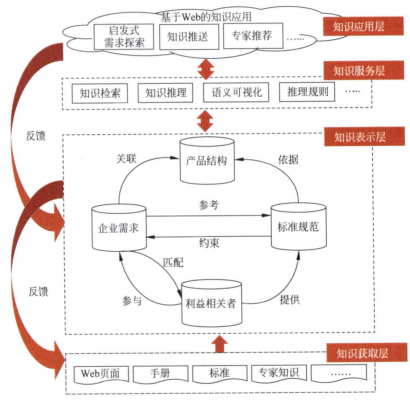

图 10.2　知识服务参考体系

以企业需求知识服务为例对知识服务参考体系的各个层次进行说明。

1）知识获取层

知识获取层获取的数据主要来源于企业需求领域的相关信息（如历史合同、标准规范、技术手册等）、领域专家、现存知识（如技术图谱、岗位知识、业务词典等）以及外部互联网信息等4个主要途径。总体来看，目前绝大多数知识的形式以文本为主，数据类型方面主要以结构化数据和半结构化数据为主，有少量非结构化数据。可通过人工抽取、半自动化抽取与全自动化抽取等方式实现上述知识的获取。

2）知识表示层

将获得的领域知识以一定的形式组织成领域知识库,以备进一步使用并实现知识积累,这一过程称为知识组织或表示。通常采用本体论方法,将获得的领域知识以本体的形式组织成领域知识库,以应用于知识应用层并根据用户反馈结果不断完善知识库。对于企业需求的知识服务而言,所涉及的知识领域主要包括企业需求、利益相关者、产品结构、标准规范等方面。

3）知识服务层和知识应用层

对领域知识进行组织和描述的最终目的是实现领域知识的共享和应用。当前,在大数据和人工智能技术的推动下,领域知识更新速度快,与前沿技术联系紧密。"互联网+"环境下,知识服务体系可以为基于互联网的知识检索、专家推荐、知识推送等提供充分的支撑。具体而言,基于本体与知识检索技术,用户可以对企业领域知识进行语义计算,实现精准查询以及必要的启发式探索；可以根据企业需求实现领域专家的主动推送,进而基于深度学习等人工智能算法实现企业需求与服务提供者之间的快速对接；基于移动社交网络,可以实现更大范围内的知识资源搜索、更高效的知识供需,进而双方进行交流与沟通；基于大数据分析,可以实现领域专家的快速专业画像、建立专家特长模型,进而将被动的信息资源搜索变为主动的专家或知识推荐,有针对性地提高解决问题的效率。

图 10.3 展示了知识服务参考体系与国际标准 ISO 15288 知识管理概念模型之间的对应情况。

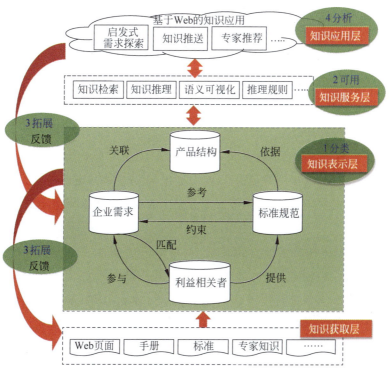

图 10.3　知识服务参考体系与国际标准 ISO 15288 的对应情况

如图所示，知识表示层对应 ISO 15288 中的"分类"；知识服务层对应"可用"；知识应用层对应"分析"；自顶向下"知识应用-服务-表示-获取"的"反馈"活动，则对应 ISO 15288 中的"拓展"。

## 10.3 基于知识图谱的知识服务架构

基于知识图谱的知识服务架构如图 10.4 所示，自底向上分为四层：知识抽取、知识建模、知识存储和知识服务。

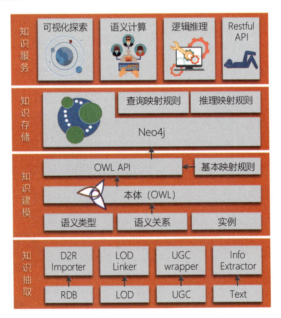

图 10.4 基于知识图谱的知识服务架构

1) 知识抽取层

主要任务是基于 D2RImporter 从关系型数据库（RDB）、基于 LOD Linker 从关联开放数据（linked open data）、基于网络爬虫从 Web 数据（user generated content）以及基于自然语言处理技术（NLP）从半结构化文本等多源数据中抽取领域概念实体及其关联关系。

2) 知识建模层

主要任务是在实体和关系抽取的基础上，采用先自顶向下（注重数据质量和行业规范）、再自底向上（注重数据宽度）、然后中间调整对齐的混合方法，对本体的模式（语义类型和语义关系）以及实例数据进行设计，进一步明确类、对象、实例、属性之间的关系，最后基于 Protégé 构建本体模型并实现本体模型的 OWL 形式化表示。

3) 知识存储层

主要任务是设计并制定基本映射规则，将本体基本构成要素（如属性、关系、类、实例、函数、公理、限制等)映射为图模型要素(如属性、关系、节点、标签等);然后基于 OWL API,根据映射规则,将知识本体模型及实例数据存储在图数据库(如 Neo4j 数据库)中。

4) 知识服务层

主要任务是设计和制定查询映射规则和推理映射规则,通过图数据库查询语言(如 Cypher 语句),为知识服务提供可视化探索(visual explorer)、语义计算(如最短路径、语义距离、等价关系、语义聚类)、逻辑推理(logic reasoning)等支撑功能以及为其他应用系统提供服务应用接口(RESTful API)。

## 10.4 知识推荐

### 10.4.1 推荐算法

推荐算法主要有协同过滤算法、基于内容的推荐算法和混合推荐算法。

1) 协同过滤算法

协同过滤算法的基本思路是通过寻找与目标用户相似的其他用户,将他们感兴趣的内容推荐给目标用户。同时,协同过滤算法又可以分为基于记忆的推荐算法和基于模型的推荐算法。

- 基于记忆的推荐算法

基于记忆的推荐算法首先要构造用户-项目评分矩阵,推荐思路有两种:①基于用户推荐,首先计算目标用户和其他用户的相似度,再通过其他用户对项目的评分估计目标用户的评分;②基于项目推荐,该方法先计算项目之间的相似度,再根据目标用户评过分的历史项目预估新项目的评分。

基于记忆的推荐算法原理简单,实现容易,但是通常情况下用户-项目评分矩阵是非常稀疏的,容易出现冷启动问题。

- 基于模型的推荐算法

推荐问题可以看成是分类或者预测问题,基于模型的推荐算法采用机器学习的方法,通过用户的历史行为数据建立用户模型,通过用户模型产生推荐,可以很好地解决基于记忆的推荐算法的冷启动问题,基于模型的推荐算法由聚类和线性回归等机器学习方法实现。相比于基于记忆的推荐算法,基于模型的推荐算法性能更优,但是算法复杂,计算开销大。

2) 基于内容的推荐算法

基于内容的推荐算法的思路是对目标用户推荐和历史项目内容相似的其他项目,通常根据用户的历史信息(如评论、点赞、收藏)构建用户偏好文档,计算项目与用户偏好文档的相似度,将最相似的项目推荐给用户。算法的关键技术在于对用户喜好建模和项目建模,因为文本类项目特征提取容易,因此基于内容的推荐算法在文本推荐领域应用广泛,提取文本特征的方法主要有建立向量空间模型、构建 LDA 主题模型等,这些文本建模方法都旨在将文档和词语映射到同一个低维的语义空间中,在此空间中计算文档与文档的相似度。基于内容的推荐算法存在一些缺点,如对多媒体信息(图片、视频和音频)的特征提取困难,无法为新用户产生推荐等。

3)混合推荐算法

混合推荐算法是为了解决上述两种推荐算法的不足之处而提出的,通过对上述两种推荐算法取长补短从而达到更好的推荐效果。混合推荐算法主要有两种思路:

(1)将协同过滤推荐结果和基于内容的推荐结果相结合形成最终的推荐结果;

(2)将两种算法混合到同一个框架中产生一种新的推荐算法。在第二种混合策略中,协同过滤算法一般考虑项目的打分信息,如果用户没有对项目评分,那些项目就不会出现在推荐结果中,无法解决新项目问题,而基于内容的推荐算法通过计算用户偏好信息和项目的相似度产生推荐,能很好地弥补协同过滤算法的缺陷;基于内容的推荐算法只有在项目文档和用户偏好文档相似时才会产生推荐,推荐结果与历史偏好项目过于相似,容易产生过拟合现象,协同过滤算法可以在一定程度上解决此问题。

## 10.4.2 基于内容的推荐算法

**1. 领域语料库构建**

在领域语料库的基础上可以采用 word2vec 进行词向量模型训练,如果语料库体量过小,容易出现文档中的词没有对应词向量的情况,导致文本向量缺失,影响相似度计算结果。因此,理论上语料库越大越好。通常的做法是利用百科类网站内容(如维基百科、百度百科)构建语料库。但是对专业领域而言,尽管上述百科类数据体量大,涉及的领域很广,包罗的信息庞杂,但通常都是浅层知识,对于领域语料库的构建帮助不大,所以需要考虑以相关领域文献为主作为语料来源,专业领域文献的措辞较严谨,且用词专业,可以抽取出高质量的语料。

例如,"中国知网民用飞机知识服务平台"(http://myhk.cnki.net/)收录了大量民用飞机领域相关资源,包括文献、标准、专利等。采用爬虫技术,可以爬取相关文献信息,并将信息存储在 MySQL 数据库中。然后,使用 HanLP 自然语言处理工具,对文献摘要进行分词和去停用词处理,获取训练所需语料。分词采用感知机分词算法;去停用词处理时,需要在原有停用词典的基础上进行扩充,通过统计词频,人工筛选掉一些无关词汇,这些词语在进行文本相似度计算时可以理解为噪声数据,比如"结果显示""结果表明""实验证明""实验说明"等。在基于内容的推荐方法中,衡量两个文本是否相似时,并不关心上述词语在两个文档中是否出现,它们不能代表论文摘要的语义信息,因此可以将其滤掉。最后,人工选取

100个高频词添加到停用词典中,将形成的语料以TXT格式存储。

**2. 文本表示模型构建**

在语料库的基础上训练词向量模型,将语料库中出现的每个词用一个固定长度的向量表示,对需求文本和专家论文通过分词、去停用词处理形成词语列表,在词向量模型中检索,获取每个词汇对应的词向量,将所有的词向量叠加得到的向量即为文本向量。因此,构建文本表示模型的关键在于对词向量的训练。

采用word2vec算法训练词向量模型,word2vec提供了CBOW+HS、Skip-gram+HS、CBOW+NS和Skip-gram+NS四种训练框架,因为Negative Sampling(NS)算法的训练效率比Hierarchical Softmax(HS)算法高,所以通常选择CBOW+NS和Skip-gram+NS这两种训练策略,训练时需要不断调整参数,通过对词向量的评价得到一组最优参数,基于此参数训练得到的词向量模型即是最优模型。

**3. 文本相似度计算**

当前计算文本相似度的方法有很多,大致可分为表面文本相似度和语义相似度两方面。表面文本相似度计算针对原始文本,直接作用于字符串序列或者字符组合,将两个文本的字符匹配程度或距离作为相似度衡量的标准。该方法原理简单,实现容易,代表方法有编辑距离、最长公共子序列、汉明距离、$N$元模型等。表面文本相似度计算方法只是简单计算词语间的距离,而不考虑词语的语义信息。语义相似度计算方法又可以分为基于知识库和基于语料库两种,基于知识库的思路主要是利用知识库中获取的知识来量化不同文本在语义上的关联程度,基于语料库的思想是利用语料库将文本转化成有语义信息的向量表示形式,通过向量相似度判断语义相似度,该方法是当前较多采用的方法。

向量的相似度主要通过欧氏距离或余弦距离衡量。余弦距离利用向量空间中两个向量的夹角的余弦值衡量两个体间差异的大小,相比欧氏距离,余弦距离更加注重两个向量在方向上的差异,而不是距离或长度上。欧氏距离能体现个体数值特征的绝对差异,所以更多地用于需要从维度的数值大小体现差异的分析;余弦距离对绝对的数值不敏感,但修正了度量标准不统一的问题。在选用词向量表示文本时,意思相近的词在不同句子中出现的位置相似,在向量空间中呈现出方向的相似性。

**4. 推荐算法评估标准**

推荐算法评估标准采用信息检索领域常用的召回率、准确率和$F$值指标。

- 召回率(recall)

召回率是指被推荐项目中用户喜好的项目占用户喜好的所有项目的比例:

$$R = \frac{P_{rl}}{P_l} \tag{10-1}$$

式中,$P_{rl}$为推荐项目中用户喜好的项目数量;$P_l$为用户喜好的所有项目数量。

- 准确率(precision)

准确率是指被推荐项目中用户喜好的项目占推荐项目的比例：

$$P = \frac{P_{rl}}{P_r} \tag{10-2}$$

式中，$P_{rl}$ 为推荐项目中用户喜好的项目数量；$P_r$ 为推荐项目数量。

- $F$ 值

综合召回率和准确率可以得到一个综合指标 $F$ 值，公式如下：

$$F = \frac{2PR}{P+R} \tag{10-3}$$

式中，$P$ 为准确率；$R$ 为召回率。

第三篇

# 应 用 实 践

# 第 11 章

# 工业大数据典型案例

钢铁工业作为典型的高耗能产业,其生产工艺主要包括炼铁系统、炼钢系统和轧钢系统三大部分。轧钢的目的是得到需要的形状或者改善钢的内部质量,又分为热轧和冷轧。通过大数据技术合理配置加热炉的能源使用,从而提高能效,对于钢铁行业节能减排意义重大。本章将通过几个钢铁领域的实际问题说明应用工业大数据技术对于改善现代工业生产条件的有效性。

## 11.1 钢铁加热炉能耗预测及节能潜力分析

### 11.1.1 基于语义网的数据集成

在应用大数据技术对钢铁行业进行能耗预测分析之前,首先需要建立符合钢铁行业机理和特点的本体。以钢铁加热炉为例,本体的构建是进行数据集成的必要步骤,而在建立钢铁加热炉领域本体时,需要先明确问题的研究领域、钢铁加热炉的概念与专业术语,确认加热炉对象之间的层次关系,确认对象包含的属性以及定义本体中的类间关系,最后建立本体模型。本体模型的构建在前面章节已有所介绍,在此不过多赘述,如图 11.1 所示为基于以上步骤建立的钢铁加热炉本体。

在用本体方法进行钢铁加热炉多源异构数据集成后,根据不同类型的数据源制定映射规则,可以使用 D2RQ 引擎生成原始映射文件,然后根据指定的规则映射脚本修改生成的

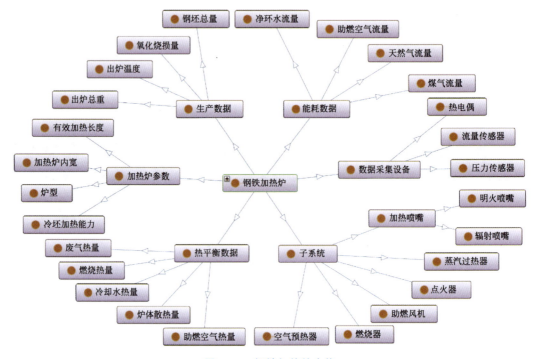

图 11.1 钢铁加热炉本体

原始映射文件得到修改的映射文件,最后通过 Jena 将本体文件和指定好的映射文件生成最终的 RDF 文件,通过 SPARQL 来查询关系型数据库的数据。本体存储到 Neo4j 之后还可以通过 Cypher 语言直接查询。由于用本体方法进行数据集成天然的语义性,在进行能耗预测或其他数据分析操作时,可以充分地将行业机理与数据挖掘的优势相结合,实现知识和数据双驱动的数据分析。基于本体的钢铁加热炉数据集成流程如图 11.2 所示,通过构建本体可以得出影响加热炉能耗的关键因素,为接下来能耗模型的构建提供有效参考。

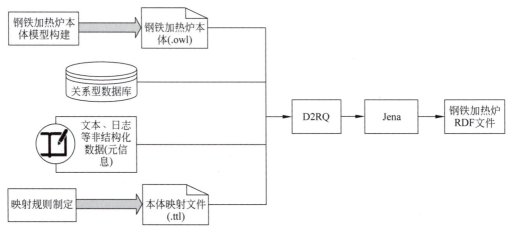

图 11.2 基于本体的钢铁加热炉数据集成流程

## 11.1.2 基于深度学习的能耗预测模型构建

在构建了钢铁加热炉本体之后,根据影响实际能耗的因素进行加热炉能耗预测模型的构建,需要先经过数据格式转换等预处理,然后再采用 LSTM 网络构建加热炉能耗预测模型。网络输入为煤气入口温度、煤气出口温度、净环水流量、净环水入口温度、净环水出口温度、炉压、含氧量、煤气热值,网络输出则为煤气消耗量和预测值与实际值的偏差,由此通过深度学习技术进行加热炉实际能耗预测,如图 11.3 所示为加热炉能耗预测的基本输入输出示意图。

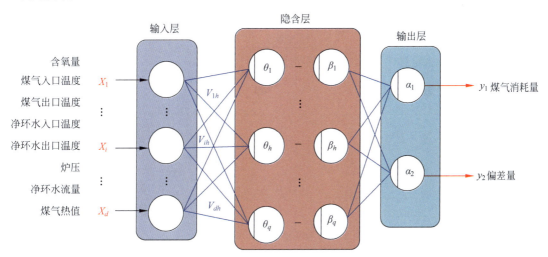

图 11.3 加热炉能耗预测的基本输入输出示意图

由于 LSTM 网络具有与时间序列相关的特殊性,因此往往不能直接采用传统的 BP 方式来训练,而采用 BPTT(Back Propagation Through Time)法对 LSTM 模型进行综合优化,具体流程图如图 11.4 所示。

之后将传统 BP 网络与 LSTM 网络的预测效果进行对比,性能度量采用均方根误差法,效果对比如图 11.5 所示,图中实线为传统 BP 网络预测的误差曲线,虚线为 LSTM 网络预测误差曲线,可见只有极个别 LSTM 网络预测误差高于 BP 网络预测误差,大部分情况下 LSTM 网络的预测精度高于 BP 网络,相比 BP 网络的 0.15,其误差值基本维持在 0.04,由此可见相比 BP 网络,应用 LSTM 网络的误差更低。

## 11.1.3 余热锅炉大数据节能潜力分析

除了加热炉能耗预测外,余热锅炉的节能潜力分析对于提高钢铁产能也具有重要意义。基于工业大数据的余热锅炉系统基本架构设计遵循高内聚低耦合的原则,本书基于分析框架把系统分为三层,包括数据层、业务层和表示层,参考 11.1.2 节的案例,首先需要在余热锅炉数据整理分析的基础上构建本体模型,之后确定工艺参数模型的输入输出数据和

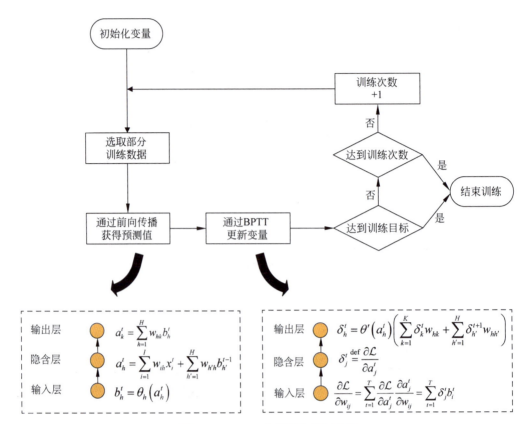

图 11.4　LSTM 参数优化基本流程

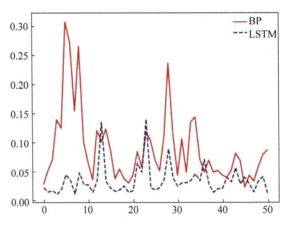

图 11.5　两种模型的重采样误差曲线对比

建模算法，通过语义查询获得与模型相关的数据，进行工艺参数模型构建，最终获得符合要求的模型，并将模型添加到余热锅炉本体库中以便后续研究使用。结合余热锅炉本体模型和余热锅炉数据之间的关系进行映射规则制定，从而编写映射文件，从 D2RQ 映射机制可知本体映射一般由类映射和属性映射组成，本书的映射涉及四种规则，具体如图 11.6 所示。

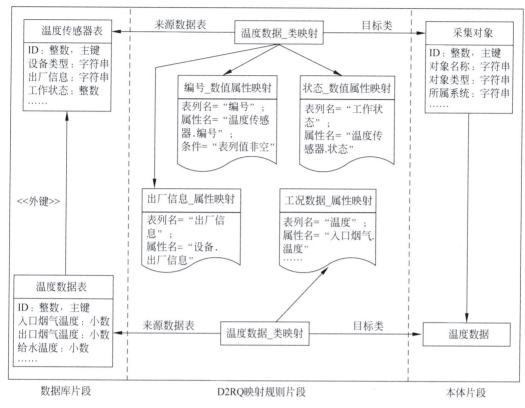

图 11.6 映射规则示例

在构建本体模型和工艺参数模型之后,可以在系统中进行本体导入,除此之外还可以进行模型构建以及工况推荐,最终形成余热锅炉本体库,实现余热锅炉大数据整合,为余热锅炉大数据分析提供数据基础。

## 11.2 基于工业大数据的设备健康管理

### 11.2.1 基于 DBN 算法的设备健康评估

在制造业发展过程中,通过工业大数据分析设备运行的状态数据构建健康评估模型,计算与正常状态的偏离度表示设备健康度,获得量化的设备评估结果,可以准确地描述设备的劣化情况。还可以通过对设备健康管理系统需求的分析,结合当前的设备健康管理模式,对设备健康管理系统的基本框架及功能模块进行设计,完成系统开发,帮助企业实现设备信息的数字化和可视化管理。本节以钢铁行业为例对基于 DBN 算法的健康评估模型的构建进行介绍。

基于知识的健康评估与预测方法是指根据相关领域的专家经验,对设备进行知识获取、知识表达和知识建模。这种提取概括的方式虽然非常有效,但规则的复杂度较高,并且不能处理知识库内规则未包含的新情况。基于数据的健康评估与预测方法是对大量的历史数据进行模型训练,通过有效的模型方法挖掘潜在的数据结果对应关系,发现内在规律,从而实现设备健康状态的评估及预测,这类方法适用于历史运行数据完整的复杂设备。

在 DBN 健康评估方法中,首先需要对设备各运行状态的振动信号特征进行提取,并将其归一化,提取正常状态下和完全故障状态下的信号特征对 DBN 模型进行训练,特征分别对应输出[1,0]和[0,1],评估方法的流程如图 11.7 所示。

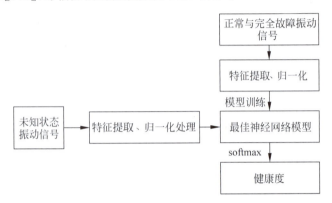

图 11.7　设备健康评估流程

方法案例使用美国辛辛那提大学智能维护系统中心公开的滚动轴承全寿命周期数据集,采集的数据为电机系统的轴承数据,样本采集的数量及发生故障的各部件如表 11.1 所示。

表 11.1　轴承信号样本采集表

|  | 实验 1 | 实验 2 | 实验 3 |
| --- | --- | --- | --- |
| 样本数 | 2158 | 984 | 6324 |
| 故障轴承 | 3 号、4 号 | 1 号 | 3 号 |

采用实验 1 的数据样本进行验证,样本中记录了四个轴承从正常运转直到 3 号轴承内圈故障,4 号轴承滚动体故障的数据,该组数据每隔 10min 采集一次,每次采集时间是 1.024s,采集 20480 个数据,共采集 2158 个样本。在采集的每个数据样本中,包含了四个轴承的水平垂直方向的振动信号,使用 3 号轴承的振动数据对健康评估算法进行验证。图 11.8 是截取的部分不同状态下的轴承振动情况对比。由此可以看出,振动信号对设备故障能够有较强的感知能力,能够较好地表征故障发生的情况,进而有效实现设备健康评估。

为验证 DBN 模型结果的有效性,对辛辛那提大学数据集第三次采集实验中发生故障的 3 号轴承使用该模型进行评估,得到的健康评估曲线如图 11.9 所示。实验结果完整地描述了设备在整个生命周期的健康变化情况,曲线表明了在故障发生后健康度有着极为明显的下降,表明该模型能够有效实现设备健康评估。

此外,还可以根据此方法对设备健康管理系统进行设计和实现,系统架构图如图 11.10 所示。

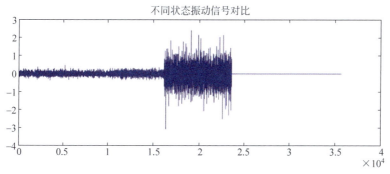

图 11.8　不同状态振动信号情况

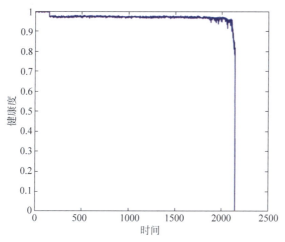

图 11.9　实验 3-3 号轴承健康评估曲线

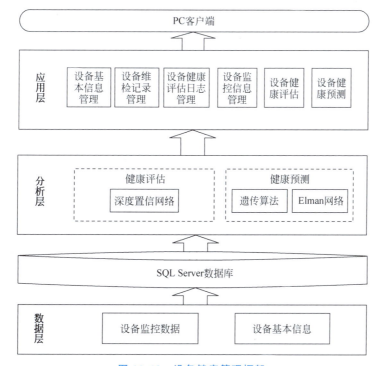

图 11.10　设备健康管理框架

利用设计的健康管理系统不仅可以进行用户的登录及设备信息的管理,同时还可以通过建立设备健康评估模块进行设备数据检测,得出设备健康评估变化曲线。由此可见,结合工业大数据和机器学习算法可以有效实现设备故障预测和健康评估,帮助企业在生产过程中实现针对性、科学化管理,而且应用深度学习技术不仅可以简化生产过程,同时还有利于推动企业生产技术的发展。

### 11.2.2 基于大数据技术的风电设备故障预测

工业大数据技术不仅可以针对钢铁等制造业,针对风电行业传统维修方式存在的不足,应用大数据技术也可以进行设备的故障预测,提高风电设备的工作效率,为推动新能源的发展提供有力支撑。本节以上海市信息化发展专项"基于物联网技术的大型电气电站设备安全生产综合管理系统"为依托,面向风电设备的故障预测,结合当前流行的大数据处理与分析技术,介绍如何在大数据环境下使用深度神经网络模型对风电设备的潜在故障进行预测,并根据相关风电参数信息确定设备故障曲线以及历史趋势。预测模型框架结构如图 11.11 所示,系统架构主要包括数据集成层、数据混合存储层、数据访问层、数据分析层及数据应用层 5 个组成部分。

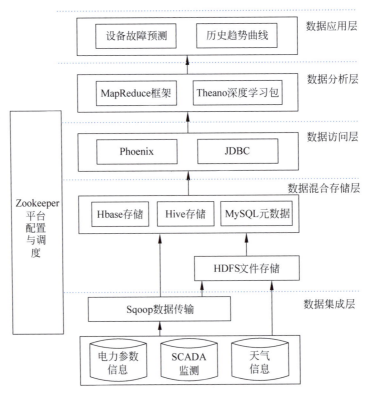

图 11.11　风电设备故障预测模型架构图

实例数据来自国内某风场,该风场的水平轴双馈型风机运行额定功率为 2.5MW,启动风速为 3.5m/s,额定风速为 13m/s,最大风速为 27m/s。实验采用时间间隔为 1s 的 2015

年 8 月至 2016 年 7 月的 27 台风电设备现场运行数据,风电机组 SCADA 系统监测项目如表 11.2 所示,其中包括风机关键部件的运行状态参数数据、发电量数据以及周围的自然环境数据。

表 11.2 风电设备监测信息

| 监测对象 | 监测参数 | 监测频率 | 变化区间 | 单 位 |
| --- | --- | --- | --- | --- |
| 机舱 | 机舱振动传感器 X | 1s | 0～0.35 | g |
| | 机舱振动传感器 Y | 1s | 0～0.35 | g |
| | 机舱振动有效值 | 1s | 0～0.15 | g |
| | 机舱位置 | 1s | 0～360 | ° |
| | 扭揽位置 | 1s | －730～+730 | ° |
| | 塔底柜温度 | 1s | －30～+30 | ℃ |
| | 机舱柜温度 | 1s | －70～+70 | ℃ |
| | 60s 平均风向角 | 1s | 0～360 | ° |
| | 风向角 | 1s | 0～360 | ° |
| 自然环境 | 瞬时风速 | 1s | 0～49 | m/s |
| | 30s 平均风速 | 1s | 0～49 | m/s |
| | 10min 平均风速 | 1s | 0～49 | m/s |
| | 舱外温度 | 1s | －40～+50 | ℃ |
| | 舱内温度 | 1s | －30～+70 | ℃ |
| | 塔顶环境温度 | 1s | －40～+50 | ℃ |
| 电网 | 电网 A 相电压 | 1s | 0～400 | V |
| | 电网 B 相电压 | 1s | 0～400 | V |
| | 电网 C 相电压 | 1s | 0～400 | V |
| | 电网 A 相电流 | 1s | 0～1700 | A |
| | 电网 B 相电流 | 1s | 0～1700 | A |
| | 电网 C 相电流 | 1s | 0～1700 | A |
| | 电网功率 | 1s | 50 | Hz |
| | 有功功率 | 1s | －200～+2200 | kW |
| | 无功功率 | 1s | 0～700 | kvar |
| | 功率因数 | 1s | 0.95～1 | |
| 齿轮箱 | 齿轮箱油温 | 1s | 0～70 | ℃ |
| | 齿轮箱冷却水温度 | 1s | 0～50 | ℃ |
| | 齿轮箱润滑油温度 | 1s | 0～70 | ℃ |
| | 齿轮箱入口温度 | 1s | 0～50 | ℃ |
| 主轴轴承 | 低速轴承温度 | 1s | 0～70 | ℃ |
| | 高速轴承温度 | 1s | 0～50 | ℃ |
| 发电机 | 发电机定子 U 温度 | 1s | 0～70 | ℃ |
| | 发电机定子 V 温度 | 1s | 0～70 | ℃ |
| | 发电机定子 W 温度 | 1s | 0～70 | ℃ |
| | 发电机冷却水温度 | 1s | 0～50 | ℃ |
| | 发电机转速 | 1s | 0～1500 | r/min |
| | 自由端轴承温度 | 1s | 0～70 | ℃ |
| | 驱动端轴承温度 | 1s | 0～70 | ℃ |

续表

| 监测对象 | 监测参数 | 监测频率 | 变化区间 | 单 位 |
| --- | --- | --- | --- | --- |
| 变流器 | 冷却风扇出口温度 | 1s | 0~50 | ℃ |
|  | 变流器冷却水温度 | 1s | 0~50 | ℃ |
| 液压站 | 液压系统压力 | 1s | 0~150 | Pa |
| 风轮 | 风轮转速 | 1s | 0~18 | m/s |
|  | 桨距角 | 1s | 0~96 | ° |
|  | 桨距角1 | 1s | 0~96 | ° |
|  | 桨距角2 | 1s | 0~96 | ° |
|  | 桨距角3 | 1s | 0~96 | ° |
| 其他 | 日发电量 | 1s |  | kW·h |

**1. 神经网络故障预测模型构建**

为了确定合适的隐含层节点个数,首先对包含8~28个隐含层节点数的BP神经网络进行学习与训练,在保证神经网络的训练时间和迭代次数在合理范围的前提下,计算神经网络的平均预测误差,折线图展示的对比效果如图11.12所示,可见,当BP神经网络的隐含层包含16和20个神经元时,能够获得较好的拟合效果,输出的平均相对误差均在0.05左右,综合考虑神经网络的结构复杂度和性能两个方面,最终确定的BP神经网络结构为12个输入节点、16个隐含节点、8个输出节点。由此可以得出深度神经网络模型第一层的节点数为18,第3、4、5、6层隐含层节点数分别18、16、16、16,同理选择出第2层隐含层的节点数为14,依次选择得到第3层、第4层、第5层和第6层隐含层的节点数为12、20、16和18。

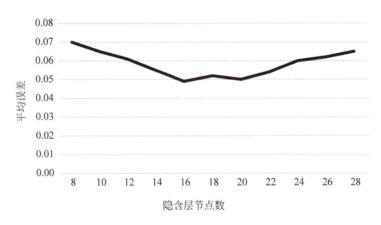

图11.12  不同隐含层节点数下浅层神经网络的平均预测误差

**2. 基于大数据技术的风电设备故障预测**

1)基于浅层神经网络模型的风机故障预测

选取风电场20台风机正常运行时的SCADA监测数据输入构建好的BP神经网络故障预测模型中,所获得的监测参数预测效果如图11.13所示,图中的虚线即为模型的预测输出值,将该输出值与测试样本中的实际监测数据进行比较,可得到如图 11.14 所示的残差序列曲线,由图中可见残差都在小于 0.06 的范围内,大部分的残差都在 0.03 附近,仅少量的值会超过 0.04。

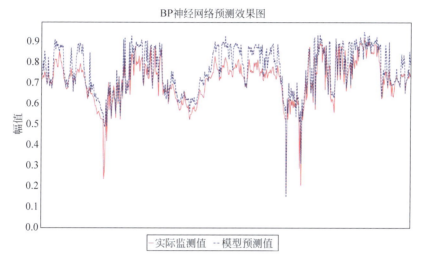

图 11.13 BP 神经网络模型的监测参数预测效果图

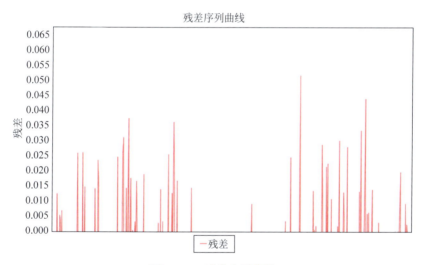

图 11.14 残差序列曲线

2) 基于深度神经网络模型的风机故障预测

对比浅层神经网络,再用深度神经网络构建故障预测模型,为了保证对比结果的有效性,实验依然将 20 台风机正常运行时的 SCADA 监测数据作为输入数据,模型预测值与实际监测值的对比残差序列曲线如图 11.15 所示,由图中可见残差都在小于 0.05 的范围内,大部分值都在 0.02 附近,模型的预测效果相比浅层神经网络有一定程度的优化。图 11.16 为深度神经网络和浅层神经网络模型的故障预测效果对比曲线,虽然深度神经网络有少量的均方根误差大于浅层神经网络,但是整体上深度神经网络模型的均方根误差值更小,这

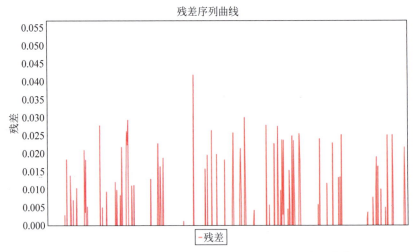

图 11.15　模型预测值与实际监测值的对比残差序列曲线

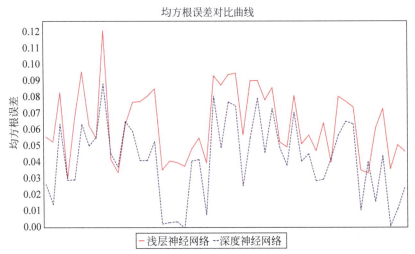

图 11.16　深度神经网络和浅层神经网络模型的故障效果对比曲线

也验证了深度神经网络故障预测模型在精确度方面的优势。

此外,还可以针对所应用的预测方法建立风电设备故障预测原型系统,对各个风电设备发生故障的概率做直观展示,故障发生的概率由整机故障预测模型的均方根误差值除以阈值而得。根据预测结果还可以生成相应的故障历史趋势曲线和故障预测结果,提醒维修人员实现预警,进而有效实现利用大数据技术提高现代工业生产效率和维修效率。

## 11.3　钢铁热轧流程工艺知识推荐

钢铁高附加精品钢精轧是带钢热轧环节的重要工艺步骤,是决定带钢质量的最终环节,而决定钢板最终质量的影响因素也有很多,在生产过程中经验因素往往占主导地位。

# 第11章 工业大数据典型案例

在大数据环境下，对于带钢热轧的质量，通常是通过精轧出口温度对其内在特征进行评估，而基于历史生产记录构建产品制造工艺相似度模型可以取代专家经验实现对新产品的工艺参数匹配。通过生产记录和下级系统的工艺参数对不同类别产品的工艺相似度进行区分并抽取工艺特征模型，再基于工艺特征选择对不同类别产品实现最大化区分，可用于在给定产品类型、生产标准、产品规格和工艺路线的条件下，为新产品推荐最优的历史生产工艺参数配置方案，辅助工艺专家实现工艺参数设定。

本次试验数据来自某钢厂热轧产线，通过对知识条目进行质量筛选，选取了出口平直度、出口厚度、出口宽度以及凸度等 32 个钢板质量因素，共选取 25432 条生产记录。根据钢板前一工艺环节结果和热轧工艺要求，将硅含量、微量元素含量以及热轧终点的温度、宽度和厚度作为热轧段工艺参数的主要决定要素，以上 5 个要素的值已被企业离散到钢种中分类号、钢种小分类号、厚度级、宽度级和温度级 5 个变量的不同等级中，如表 11.3 所示。

表 11.3 处理后的精轧数据

| 钢种中分类 $C_1$ | 钢种小分类 $C_2$ | 厚度级 $C_3$ | 宽度级 $C_4$ | 温度级 $C_5$ | 精轧入口温度 | 精轧入口速度 | 负荷量 $F1$ | … | 穿带速度 |
|---|---|---|---|---|---|---|---|---|---|
| 1 | 1 | 17 | 3 | 6 | 975.2 | 0.723 | 41 | … | 7.000 |
| 13 | 3 | 16 | 2 | 5 | 962.6 | 0.919 | 45 | … | 8.500 |
| 2 | 4 | 5 | 8 | 5 | 986.2 | 0.804 | 42 | … | 9.775 |

针对工艺参数提取相应的工艺特征，首先通过专家经验和统计方法将不重要的数据属性和常量剔除掉，选出 35 个工艺参数，分别为 7 个机架的负荷状态、6 个机架间水量和张力、轧制时间、精轧入口速度、精轧出口速度、穿带速度、精轧平均温度、精轧入口温度、温度偏差、平均宽度、平均厚度。针对提取的工艺特征将每个工艺参数离散到 30 个等分区间内，之后计算最优的离散区间和信息熵，结果如表 11.4 所示。

表 11.4 工艺参数的最优离散区间和对应的信息熵

| 工艺参数 $P_i$ | $(\widetilde{P}_j^\Delta)_{opt}$ | 离散区间大小 $d_i$ | 工艺参数 $P_i$ | $(\widetilde{P}_j^\Delta)_{opt}$ | 离散区间大小 $d_i$ | 工艺参数 $P_i$ | $(\widetilde{P}_j^\Delta)_{opt}$ | 离散区间大小 $d_i$ |
|---|---|---|---|---|---|---|---|---|
| $P_1$ | 2.461 | 7 | $P_{13}$ | 2.158 | 28 | $P_{25}$ | 3.629 | 8 |
| $P_2$ | 2.551 | 25 | $P_{14}$ | 2.142 | 27 | $P_{26}$ | **0.085** | 3 |
| $P_3$ | 2.555 | 29 | $P_{15}$ | 2.051 | 24 | $P_{27}$ | **0.090** | 2 |
| $P_4$ | 2.843 | 24 | $P_{16}$ | **0.962** | 3 | $P_{28}$ | **0.072** | 2 |
| $P_5$ | 2.834 | 22 | $P_{17}$ | **0.098** | 2 | $P_{29}$ | **0.147** | 2 |
| $P_6$ | 3.378 | 28 | $P_{18}$ | **1.478** | 13 | $P_{30}$ | **0.098** | 2 |
| $P_7$ | 3.378 | 28 | $P_{19}$ | 2.399 | 25 | $P_{31}$ | **0.042** | 4 |
| $P_8$ | **0.014** | 2 | $P_{20}$ | 2.327 | 24 | $P_{32}$ | 3.299 | 24 |
| $P_9$ | **1.762** | 13 | $P_{21}$ | **0.014** | 2 | $P_{33}$ | 2.675 | 26 |
| $P_{10}$ | 2.488 | 3 | $P_{22}$ | **0.028** | 2 | $P_{34}$ | **1.323** | 15 |
| $P_{11}$ | 2.529 | 27 | $P_{23}$ | **0.498** | 2 | $P_{35}$ | 3.137 | 18 |
| $P_{12}$ | 3.309 | 15 | $P_{24}$ | 3.538 | 5 | | | |

表 11.4 中信息熵值越低表明区间的取值对钢板分类的划分越有利,当所划分的区间能够完全将某类钢板识别出来时,即其他的区间不含此类钢板,那么信息熵值为零,说明该工艺可以完全地识别该类型钢板。选取信息熵最小 Top 15 作为单工艺特征候选集。基于新划分的工艺参数将数据重新编码并挖掘频繁的工艺参数组合,通过统计该类组合共有 18 个,选取信息熵最小 Top 12 作为组合工艺特征。

计算 27 个选出的工艺特征的关联性判别指标 $\varphi$ 值,结果如图 11.17 所示,值越大说明两个工艺特征对产品的分类越相近,不能有效地减小 $Y$ 的条件信息熵。为了选择合适的特征数量,引入判别式 $J_\varphi = \sum_i^n \dfrac{[\![f_i = f_i^{\max}]\!]}{|Y^i|}$,其中,$f_i$ 表示第 $i$ 个实例的工艺要求通过相似度函数计算的相似度值,$f_i^{\max}$ 表示第 $i$ 个实例的工艺要求通过相似度函数与所有实例匹配后最大的相似度值,$|Y^i|$ 表示全体实例中具有 $f_i^{\max}$ 的产品种类数量,结果如表 11.5 所示。

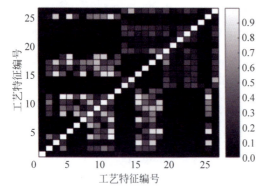

图 11.17 工艺特征对的关联性判别指标

表 11.5 不同 $\varphi$ 取值的 $J_\varphi$

| $\varphi$ 取值 | 特征数量 | $J_\varphi$ |
| --- | --- | --- |
| $\varphi > 0.3$ | 9 | 16750.9 |
| $\varphi > 0.5$ | **14** | **23772.8** |
| $\varphi > 0.7$ | 19 | 18254.8 |

根据 $\varphi$ 值进行特征选择,当以 $\varphi > 0.5$ 作为阈值时具有最大的 $J_\varphi$,表明选取的工艺特征在构建相似度函数中具有相对准确且唯一的匹配特性。此时共有 14 个工艺特征作为构建子分类器的分类目标。经工艺特征提取重新处理后的数据如表 11.6 所示。

表 11.6 工艺特征提取后的数据表

| 钢种中分类 $C_1$ | 钢种小分类 $C_2$ | 厚度级 $C_3$ | 宽度级 $C_4$ | 温度级 $C_5$ | $B_1$ | $B_2$ | … | $B_{13}$ | $B_{14}$ |
| --- | --- | --- | --- | --- | --- | --- | --- | --- | --- |
| 1 | 1 | 17 | 3 | 6 | 2 | 1 | … | 1 | 1 |
| 13 | 3 | 16 | 2 | 5 | 5 | 3 | … | 1 | 0 |
| 2 | 4 | 5 | 8 | 5 | 7 | 1 | … | 0 | 0 |

利用神经网络分别对子分类器进行训练,每个子分类器的输入参数种类相同,均为热轧钢板的产品要求。将产品参数做归一化处理,采用 Levenberg-Marquardt 算法对子分类器进行训练,神经网络采用单隐含层结构。

基于神经网络的分类器对大规模数据的非线性分类具有较好的效果,本次子分类器采用遍历式的隐含层节点数选择,节点数范围从 3 到 60,选出错误率最小的网络结构作为子分类器。对 25432 条数据中的 26 类钢材的工艺相似度分析和工艺参数匹配准确度进行验证。

分别对钢板数据进行工艺相似度计算并匹配,Top $K$ 的准确度是根据被预测钢板的工艺特征取值与所有钢板的工艺特征的相似程度进行排序取得,如果匹配的类型和钢板本身的类型一致,则证明匹配成功。表 11.7 表示对历史生产钢板匹配的准确度,钢种通过"钢种中分类-钢种小分类-厚度级-宽度级-温度级"5 种等级要求进行分类,可以看出不同类型钢板具有不同的预测准确度,样本数多的钢板数据相似度匹配的准确度较高,样本数据少的钢板相似度匹配较低。部分钢板虽然样本偏少,但是相对工艺具有明显的可区分性,在 TOP 3 的准确度有较大提升。

表 11.7 工艺相似度分析和工艺参数匹配准确度分析

| 编号 | 钢板类型 | 样本数量 | Top $K$ 准确度/% | | | 编号 | 钢板类型 | 样本数量 | Top $K$ 准确度/% | | |
| --- | --- | --- | --- | --- | --- | --- | --- | --- | --- | --- | --- |
| | | | $K=1$ | $K=2$ | $K=3$ | | | | $K=1$ | $K=2$ | $K=3$ |
| 1 | 2-10-11-2-5 | 4366 | 98.51 | 100 | 100 | 14 | 4-1-24-6-4 | 45 | 77.78 | 86.67 | 95.56 |
| 2 | 15-2-15-1-4 | 674 | 91.10 | 93.03 | 97.03 | 15 | 5-2-24-5-6 | 47 | 59.57 | 74.47 | 87.23 |
| 3 | 2-10-12-3-5 | 936 | 97.97 | 100 | — | 16 | 5-2-24-4-4 | 1320 | 98.03 | 100 | — |
| 4 | 5-2-11-4-5 | 297 | 87.21 | 92.26 | 97.31 | 17 | 2-1-7-1-4 | 47 | 68.06 | 74.47 | 76.60 |
| 5 | 1-9-9-3-6 | 4869 | 100 | — | — | 18 | 1-9-10-2-6 | 319 | 82.13 | 89.03 | 98.12 |
| 6 | 5-2-20-4-5 | 358 | 90.22 | 95.25 | 100 | 19 | 5-2-24-6-5 | 570 | 98.07 | 100 | — |
| 7 | 1-9-12-3-6 | 1805 | 100 | — | — | 20 | 5-2-23-6-7 | 525 | 92 | 96 | 100 |
| 8 | 1-12-14-3-7 | 70 | 74.29 | 84.29 | 97.15 | 21 | 5-2-19-2-4 | 814 | 100 | — | — |
| 9 | 1-12-16-3-7 | 2531 | 99.81 | 100 | — | 22 | 12-3-11-2-6 | 1336 | 100 | — | — |
| 10 | 1-1-14-3-6 | 616 | 96.10 | 98.05 | 100 | 23 | 6-1-16-3-7 | 456 | 98.03 | 100 | — |
| 11 | 13-10-9-3-4 | 845 | 100 | — | — | 24 | 3-9-10-3-4 | 251 | 79.28 | 84.06 | 90.04 |
| 12 | 2-10-11-4-6 | 821 | 100 | — | — | 25 | 13-10-11-3-4 | 88 | 84.09 | 89.77 | 95.45 |
| 13 | 5-2-23-7-4 | 503 | 96.03 | 100 | — | 26 | 1-1-11-3-7 | 923 | 100 | — | — |

为了验证方法的有效性,将本节方法与基于欧氏距离的工艺参数匹配进行比较分析。由工艺专家提出了 5 个样本数据外的钢板制造工艺要求并实施验证。结果如表 11.8 所示,5 种新钢类型未在历史生产记录中出现,无法实现案例检索,专家根据工艺参数修改难度高低从历史数据中选择了最接近的历史生产钢型。基于欧氏距离和本节方法分别从历史数据中匹配相似钢型,可以看出本节方法的工艺参数匹配方法在 Top 3 选择中均命中了专家选择的钢型,而欧氏距离法命中了 3 个,最优匹配 $K=1$ 中,本节方法命中 3 次,欧氏距离法命中 2 次。本节方法的总体效果要优于基于欧氏距离的工艺参数匹配。其中,欧氏距离法在编号 3 和 4 中未能命中,主要因为历史记录中具有相近距离的历史钢型过多,该方法不能有效衡量不同工艺要求对工艺参数的影响。但编号 5 采用欧氏距离法要优于本节方法,主要因为历史记录中最接近钢型与其他钢型相对新钢类型的距离较短,而最接近钢型的历史

记录数较少导致本节方法的识别度和匹配的准确度下降。

表 11.8 实际应用验证

| 编号 | 新钢类型 | 专家选择的历史生产钢型 | 基于欧氏距离的工艺参数匹配 | | | | 本节方法的工艺参数匹配 | | | |
|---|---|---|---|---|---|---|---|---|---|---|
| | | | $K=1$ 匹配结果 | Top $K$ 准确度/% | | | $K=1$ 匹配结果 | Top $K$ 准确度/% | | |
| | | | | $K=1$ | $K=2$ | $K=3$ | | $K=1$ | $K=2$ | $K=3$ |
| 1 | 1-3-12-3-7 | **1-1-14-3-6** | 1-1-11-3-7 | — | 命中 | — | **1-1-14-3-6** | 命中 | — | — |
| 2 | 6-1-17-3-7 | **6-1-16-3-7** | 6-1-16-3-7 | 命中 | — | — | **6-1-16-3-7** | 命中 | — | — |
| 3 | 5-1-22-9-4 | **5-2-24-6-5** | 5-2-23-7-4 | — | — | — | **5-2-24-5-6** | — | 命中 | — |
| 4 | 5-4-21-4-6 | **5-2-19-2-4** | 5-2-20-4-5 | — | — | — | **5-2-19-2-4** | 命中 | — | — |
| 5 | 2-1-7-3-4 | **2-1-7-1-4** | 2-1-7-1-4 | 命中 | — | — | 1-9-10-2-6 | — | — | 命中 |

目前,以本节方法为基础的"钢铁热轧大数据知识库挖掘与推荐系统"正在宝钢上线运行,作为辅助决策软件供热轧工艺专家参考,TOP 3 推荐的可用性达 80%,体现了工业大数据技术在提高流程型产线生产效率中的重要作用。

## 11.4 基于图神经网络的钢铁质量缺陷溯源

热轧带钢表面质量的控制改进与源头追溯始终是当前面临的难题,然而现有的研究大都集中在基于单一数据源进行分析,缺少对多源信息融合的考虑,方法的可扩展性较差。因此在充分利用生产过程中海量数据资源的前提下,以数据驱动为核心思路,本节从热轧产线带钢的生产过程出发,通过带钢生产的历史案例挖掘缺陷事件的特征信息以及带钢生产的过程数据挖掘缺陷事件的空间信息,将信息融合于图神经网络中,在此基础上介绍一种带钢表面缺陷的溯源方法,以此实现带钢表面质量控制的改进及源头追溯。

热轧生产线在实际生产活动中会产生大量过程数据,这些数据通常包括板坯的基本属性(如板坯的重量、长度、厚度等)、各种设备的加工工艺参数(如出炉温度、粗轧厚度、精轧宽度等)、设备传感器感知的环境信息(如温度、压力等),以及成品带钢的质检情况(如带钢的平均凸度、厚度偏差、表面是否存在质量缺陷等)。根据实际生产经验可得,每次缺陷事件发生时对应的过程数据样本会在源头相近时具有较高的相似度,因此可以将一起表面缺陷事件作为实体,通过衡量各个样本间的相似度来挖掘各个实体间是否存在联系,从而构建关系图来表征潜在的关联,最终完成缺陷源头分类。根据对钢铁企业热轧产线的分析,采用基于融合多源信息的图神经网络的方法进行带钢表面缺陷溯源验证实验,在融合历史案例与过程数据信息的基础上通过图卷积神经网络对缺陷源头进行分类,以达到快速解决问题的目的。根据实际生产环境,所涉及的带钢表面缺陷类别及原因如表 11.9~表 11.10 所示。

表 11.9 缺陷类别

| 编号 | 缺陷类别 | 编号 | 缺陷类别 |
|---|---|---|---|
| $D_1$ | 波浪形 | $D_6$ | 边裂 |
| $D_2$ | 辊印 | $D_7$ | 点蚀面 |
| $D_3$ | 划伤 | $D_8$ | 拱形 |
| $D_4$ | 氧化铁皮压入 | $D_9$ | 夹杂杂质 |
| $D_5$ | 油污 | | |

表 11.10 缺陷源头

| 编号 | 缺陷源头 | 编号 | 缺陷源头 |
|---|---|---|---|
| $C_1$ | 板坯 | $C_6$ | 精轧小立辊 |
| $C_2$ | 加热炉 | $C_7$ | 精轧机 |
| $C_3$ | 除鳞箱 | $C_8$ | 层流冷却 |
| $C_4$ | 侧压机 | $C_9$ | 其他原因(环境等) |
| $C_5$ | 粗轧机(E1/R1&E2/R2) | | |

**1. 面向历史案例的实验及分析**

首先收集整合与带钢表面质量缺陷问题有关的历史解决方案中的关键信息,将每个案例定义为统一格式:

$$\text{CaseID}(\text{CaseTime},\text{DefectDescription},\text{DefectCategory}, \text{CauseDescription},\text{CauseCategory}) \tag{11-1}$$

$$\cos\theta = \frac{\sum_{i=1}^{d}(s_i \times t_i)}{\sqrt{\sum_{i=1}^{d} s_i^2} \times \sqrt{\sum_{i=1}^{d} t_i^2}} \tag{11-2}$$

其中,CaseID 表示表面质量缺陷问题案例的唯一标识,CaseTime 表示该缺陷事件发生的时间,DefectCategory 与 CauseCategory 分别表示缺陷症状与缺陷原因的类别,而 DefectDescription 与 CauseDescription 分别表示缺陷症状与缺陷原因的详细描述。根据表 11.9 与表 11.10 将 DefectCategory 定义为 $\{D_1,D_2,D_3,\cdots,D_9\}$ 共 9 种缺陷症状类别,将 CauseCategory 定义为 $\{C_1,C_2,C_3,\cdots,C_9\}$ 共 9 种缺陷原因类别,通过对 DefectDescription 与 CauseDescription 进行类别标签匹配,考虑到多数文字段落描述较短,选取排在前列的 5 个关键词来进行词向量计算,最终依据余弦相似度(式(11-2))的大小对带钢表面缺陷症状与缺陷原因进行自动化类别标签匹配,得到了多组对应关系 $P=(D_x,C_y)$。

接下来以利用语义得到的多组对应关系 $P=(D_x,C_y)$ 作为基础,计算带钢表面缺陷症状与缺陷原因之间的模糊关系矩阵 $\boldsymbol{R}$,根据模糊理论逐项计算矩阵 $\boldsymbol{R}$ 各个位置的元素值,计算结果如表 11.11 所示。

为了验证模糊语义推理刻画缺陷事件特征向量的有效性与合理性,根据模糊评分参考对 5 组常见的表面缺陷带钢设定模糊缺陷症状向量 $\boldsymbol{S}$,具体数值如表 11.12 所示,其中每个向量包含了对各个缺陷症状类别的评估,用状态变量来刻画带钢表面的缺陷情况。然后通过计算得到结果向量,模糊合成算子采用加权平均的方式,将归一化后所得概率最大处确定为缺陷源头,并与实际的源头位置进行比较,对比结果如表 11.13 所示,可以发现编号 1 和 3 对应的案例直接命中实际结果,且所有案例在 TOP 3 选择中均命中了实际结果,由此可见,应用图卷积神经网络可以实现对节点特征信息与结构信息的自动提取,进而有效实现缺陷源头分类。

表 11.11 缺陷类别与源头模糊关系表

| 缺陷源头 | 缺陷类别 | | | | | | | | |
|---|---|---|---|---|---|---|---|---|---|
| | $D_1$ | $D_2$ | $D_3$ | $D_4$ | $D_5$ | $D_6$ | $D_7$ | $D_8$ | $D_9$ |
| $C_1$ | 0.111 | 0 | 0 | 0.259 | 0.731 | 0.583 | 0.227 | 0.111 | 0.945 |
| $C_2$ | 0.028 | 0 | 0 | 0.222 | 0 | 0.194 | 0 | 0.037 | 0 |
| $C_3$ | 0 | 0 | 0 | 0.481 | 0.115 | 0 | 0 | 0 | 0.055 |
| $C_4$ | 0 | 0.016 | 0.038 | 0 | 0 | 0 | 0 | 0.667 | 0 |
| $C_5$ | 0.389 | 0.672 | 0.203 | 0 | 0 | 0 | 0.182 | 0 | 0 |
| $C_6$ | 0.111 | 0.066 | 0 | 0 | 0 | 0.084 | 0 | 0 | 0 |
| $C_7$ | 0.278 | 0.213 | 0.645 | 0 | 0 | 0.139 | 0.591 | 0 | 0 |
| $C_8$ | 0.056 | 0 | 0.063 | 0 | 0 | 0 | 0 | 0.148 | 0 |
| $C_9$ | 0.028 | 0.033 | 0.051 | 0.038 | 0.154 | 0 | 0 | 0.037 | 0 |

表 11.12 模糊缺陷症状向量表

| 编号 | 缺陷类别 | | | | | | | | |
|---|---|---|---|---|---|---|---|---|---|
| | $D_1$ | $D_2$ | $D_3$ | $D_4$ | $D_5$ | $D_6$ | $D_7$ | $D_8$ | $D_9$ |
| 1 | 0.85 | 0 | 0 | 0 | 0.25 | 0 | 0 | 0 | 0.12 |
| 2 | 0 | 0 | 0.55 | 0 | 0 | 0 | 0 | 0.75 | 0 |
| 3 | 0 | 0.98 | 0 | 0 | 0 | 0 | 0 | 0 | 0 |
| 4 | 0 | 0 | 0 | 0 | 0 | 0 | 0.08 | 0.68 | 0 |
| 5 | 0.45 | 0 | 0 | 0.18 | 0 | 0.78 | 0 | 0 | 0 |

表 11.13 结果比较

| 编号 | 真实值 | 模糊语义推理判定的源头 TOP K 结果 | | |
|---|---|---|---|---|
| | | $K=1$ | $K=2$ | $K=3$ |
| 1 | $C_5$ | $C_1$ | $C_5$ | $C_7$ |
| 2 | $C_4$ | $C_4$ | $C_7$ | $C_8$ |
| 3 | $C_5$ | $C_5$ | $C_7$ | $C_6$ |
| 4 | $C_1$ | $C_4$ | $C_8$ | $C_1$ |
| 5 | $C_7$ | $C_1$ | $C_7$ | $C_2$ |

**2. 面向过程数据的实验及分析**

本实验选用带钢生产过程数据,共包含 183 个特征,如钢卷编号,采集时间,板坯的重量、长度、厚度、出炉温度、粗轧厚度、精轧宽度、温度、湿度、压力、带钢的平均凸度、厚度偏差、表面是否存在质量缺陷等特征字段。经过数据前期归纳处理后,每一行数据对应一卷带钢的生产过程,由唯一钢卷编号 ID 进行标识。首先计算样本方差并剔除所有零方差特征,之后对剩余的 138 个特征进行两次特征选择。第一次特征选择目标是对过程数据进行初步的降维处理,因此在线性回归模型的基础上加入带 L1 正则化的惩罚项作为基模型来进行求解,接下来利用近端梯度下降法完成求解,仅保留权值矩阵中的非零分量,剩余 57 个特征主要集中在加工工艺参数、环境信息、质检情况等相关方面。第二次特征选择目标是找到重要程度位居前列的部分特征,为后续聚类并确定关联关系做好铺垫。采用 XGBoost 方法(4.2.2 节第 6 部分)训练数据集,拟合带钢过程数据与表面缺陷的关联模型,通过整个训练过程来评估各个特征对缺陷产生的重要程度。在具体实验过程中,设定目标函数为 binary:logitraw,评价指标为 logloss。通过网格搜索与交叉验证依次确定其他关键参数,部分参数在模型中代表的含义及设定值在表 11.14 中列出。训练完成后的结果如图 11.18 所示,可以发现 $f_{49}$、$f_{50}$、$f_{21}$、$f_{47}$、$f_{52}$ 是重要程度最高的 5 个特征,即可保留这 5 个特征的数据集作为接下来的输入数据。

表 11.14 XGBoost 训练参数

| 参数名称 | 具体含义 | 设定值 |
| --- | --- | --- |
| n_estimatores | 决策树的个数 | 50 |
| max_depth | 模型中树的最大深度 | 3 |
| min_child_weight | 模型中树的子节点最小的样本权重和 | 2 |
| subsample | 训练模型的子样本占整个样本集合的比例 | 0.7 |
| alpha | L1 正则化项 | 1 |

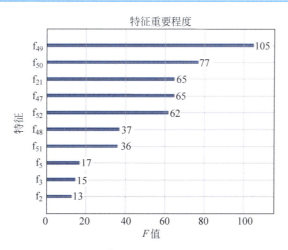

图 11.18 决策树特征重要性评分 TOP 10

之后对过程数据集重新编排,筛选出带钢表面出现缺陷的数据样本进行层次聚类,度量聚类簇之间的距离采用全链接的方式,设置 9 个聚类簇作为整个聚类过程的终止条件。在整个层次聚类的过程中,采取自底向上的策略,把过程数据集中的每个样本看作一个初始的聚类簇,然后在每一步中不断地找出距离最近的两个聚类簇进行合并操作,直至簇的数量达到预设值 9,之后再将样本的唯一标识与对应的特征向量进行匹配,即可得到图结构来表征潜在的关联。

1）图神经网络的构建及训练

由于实际数据中部分样本存在着记录缺失的情况，图中节点的真值标注并不全面，因此基于图卷积神经网络对节点进行半监督分类，以此确定带钢表面缺陷源头。

首先对原始图 G 进行处理，得到包含六个部分的元组[$x$, $y$, adjacency, train_mask, val_mask, test_mask]，其中 $x$ 表示所有节点的特征矩阵，$y$ 表示所有节点的真实值，adjacency 表示图 G 的邻接矩阵，采用稀疏矩阵存储；train_mask 表示训练集掩码向量，当节点属于训练集时，相应位置为 1，否则为 0；val_mask 表示验证集掩码向量，当节点属于验证集时，相应位置为 1，否则为 0；test_mask 表示测试集掩码向量，当节点属于测试集时，相应位置为 1，否则为 0。

接下来定义图卷积层，在应用中将多层卷积层堆叠在一起，每一层遵循在标准化图结构的基础上将自身的特征信息经过矩阵操作进行变换，然后融合局部结构信息，并通过非线性环节进行处理。在构建过程中额外添加 dropout 层以防止过拟合，激活函数采用 Leaky ReLU 以缓解梯度消失现象，损失函数采用交叉熵函数并通过 softmax 层进行分类。

训练过程的参数选择中隐含层（Hidden）的数量直接影响训练结果，不同数量下测试集上的损失值与准确率如表 11.15 所示。可以发现，当隐含层数量小于 16 时随着其数量增加，测试集上的损失不断减小，准确率不断提升，说明随着层数增加网络有着更强的表示能力；但当数量为 32 时已经没有明显提升，说明整个图节点的特征表示趋于稳定，即当层数到达一定程度时，继续增加也不会提升整个网络的性能。

表 11.15 不同隐含层数对比

| 隐含层数目 | 损失值 | 测试集准确率 |
| --- | --- | --- |
| 1 | 1.4052 | 0.4300 |
| 2 | 0.9965 | 0.5650 |
| 4 | 0.7573 | 0.6830 |
| 8 | 0.6127 | 0.7290 |
| 16 | 0.5845 | 0.7400 |
| 32 | 0.5895 | 0.7340 |

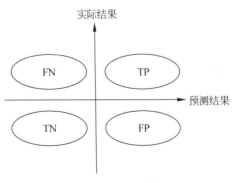

图 11.19 四种类别样本分布

2）评价指标

在完成训练后对测试集样本进行分类，统计样本类别分别为 TP（true positive，真正例）、FP（false positive，假正例）、FN（false negative，假反例）和 TN（true negative，真反例），四种类别样本的分布如图 11.19 所示。

为了直观验证采用图卷积神经网络进行节点分类来追溯源头方法的有效性，对表 11.12 中

5组常见的表面缺陷带钢模糊缺陷症状向量进行实验,判断输出结果与实际的源头位置是否相符,对比结果如表11.16所示,可以发现编号1、2、3对应的案例直接命中实际结果,因此对于表11.12中5组模糊缺陷症状向量而言,单纯地使用模糊推理来判断缺陷源头的效果整体更佳。

表 11.16 结果比较

| 编号 | 真实值 | GCN 节点分类判定的源头 TOP $K$ 结果 | | |
|---|---|---|---|---|
| | | $K=1$ | $K=2$ | $K=3$ |
| 1 | $C_5$ | $C_5$ | $C_1$ | $C_7$ |
| 2 | $C_4$ | $C_4$ | $C_7$ | $C_5$ |
| 3 | $C_5$ | $C_5$ | $C_7$ | $C_6$ |
| 4 | $C_1$ | $C_4$ | $C_1$ | $C_5$ |
| 5 | $C_7$ | $C_1$ | $C_5$ | $C_7$ |

3)评价指标对比实验

接下来设置3组对比实验验证图神经网络方法的有效性。

(1) 采用模糊语义推理提取缺陷事件的特征,直接根据特征确定缺陷源头;

(2) 使用GCN进行节点分类,初始特征向量矩阵采用单位矩阵;

(3) 基于融合多源数据信息图神经网络的带钢表面缺陷溯源方法。

方法(1)与方法(2)分别利用了单一源头数据的信息。在同样的数据上采用上述3种方法分别进行实验后,每种缺陷源头及总体的$F1$值如表11.17所示。

表 11.17 方法对比结果

| 缺陷源头 | 采用方法 | | |
|---|---|---|---|
| | (1) | (2) | (3) |
| $C_1$ | 66.46 | 66.17 | **69.36** |
| $C_2$ | 68.16 | 65.16 | **70.42** |
| $C_3$ | 71.67 | 70.18 | **72.71** |
| $C_4$ | 70.57 | 64.89 | **75.20** |
| $C_5$ | 68.23 | **70.85** | 70.78 |
| $C_6$ | 67.22 | 67.40 | **72.85** |
| $C_7$ | **72.50** | 65.59 | 71.82 |
| $C_8$ | **71.38** | 65.72 | 71.37 |
| $C_9$ | 69.05 | 66.77 | **75.75** |
| 总体 | 69.47 | 66.97 | **72.25** |

根据表11.17可以直观看出,基于融合多源数据信息图神经网络的带钢表面缺陷溯源方法的$F1$值整体优于另外两种只利用单一数据源的方法,在$C_5$、$C_7$、$C_8$三种缺陷源头处方法(3)效果没有达到最佳,主要是考虑到这三种缺陷源头往往对应更为固定的缺陷症状,根据历史案例溯源更为准确。综合上述实验结果可以发现,应用基于融合多源数据信息图神经网络进行带钢表面缺陷溯源的生产数据利用率高,信息挖掘充分,流程标准统一,基本

符合经验规律推导出的结果。而且整个流程可以通过系统自动完成，能够一定程度上迅速缩小生产线范围，从而大大提高缺陷溯源的效率，缩短产线非计划停机时间。

## 11.5　基于强化学习的热轧生产调度优化

在钢铁热轧轧制生产过程中，常出现加热炉内温度不均匀、加热炉横梁线性膨胀等故障，这些问题会影响板坯加热效率，而且在生产过程中客户还可能有新的需求，在这种情况下，原本的调度计划将无法适用，因此利用大数据方法快速响应突发事件，并对当前计划进行调整对于热轧产线发展具有重要的现实意义。本节介绍一种考虑轧制单元在热轧过程中条件确定情况下的调度计划制定求解方法，在人机物三元数据融合的基础上通过三元数据本体库获得需要轧制的单元、轧制单元所需的轧辊、轧制时间和交付日期等，采用组合强化学习模型求解调度问题，包括热轧生产订单的形式化表示，生产任务的分解，生产订单涉及的轧制单元及其规格属性等，为工业大数据技术在热轧调度问题中的应用提供新思路。

**1. 组合强化学习模型构建**

根据钢铁热轧的生产场景，为了验证组合强化学习模型的可行性进行仿真实验，在实验中，企业有3个需要加工的订单（ProcessingOrder），每个订单是一个Job，每个Job里面有6个需要轧制的单元（Rollingunit），需要18个Operation。每个Process具有不同的轧辊，参见表11.18。每个Job和Operation有到期时间，Process有加工时间，参见表11.19。

表11.18　具体轧制单元所需轧辊表

| No. | 0 | 1 | 2 | 3 | 4 | 5 | 6 | 7 | 8 | 9 | 10 | 11 | 12 | 13 | 14 | 15 | 16 | 17 |
| --- | --- | --- | --- | --- | --- | --- | --- | --- | --- | --- | --- | --- | --- | --- | --- | --- | --- | --- |
| 1 | 1 | 1 | 1 | 1 | 1 | 1 | 0 | 0 | 0 | 0 | 0 | 0 | 0 | 0 | 0 | 0 | 0 | 0 |
| 2 | 1 | 1 | 1 | 1 | 1 | 1 | 0 | 0 | 0 | 0 | 0 | 0 | 0 | 1 | 0 | 1 | 0 | 0 |
| 3 | 1 | 1 | 1 | 1 | 1 | 0 | 0 | 0 | 0 | 1 | 0 | 0 | 1 | 0 | 1 | 0 | 1 | 0 |
| 4 | 1 | 1 | 1 | 1 | 1 | 0 | 0 | 0 | 0 | 1 | 1 | 0 | 1 | 1 | 0 | 1 | 0 | 0 |
| 5 | 1 | 1 | 0 | 1 | 1 | 0 | 0 | 0 | 0 | 1 | 1 | 0 | 1 | 1 | 0 | 1 | 0 | 0 |
| 6 | 1 | 0 | 0 | 1 | 1 | 0 | 0 | 0 | 0 | 0 | 1 | 1 | 1 | 1 | 1 | 1 | 0 | 0 |
| 7 | 1 | 0 | 0 | 1 | 0 | 0 | 0 | 0 | 0 | 0 | 1 | 1 | 1 | 1 | 1 | 1 | 0 | 0 |
| 8 | 0 | 0 | 0 | 1 | 0 | 0 | 0 | 0 | 1 | 0 | 1 | 1 | 1 | 1 | 1 | 0 | 0 | 0 |
| 9 | 0 | 0 | 0 | 1 | 0 | 0 | 0 | 0 | 1 | 0 | 1 | 1 | 1 | 1 | 1 | 0 | 0 | 0 |
| 10 | 0 | 0 | 0 | 1 | 0 | 0 | 0 | 0 | 1 | 0 | 1 | 1 | 1 | 0 | 1 | 0 | 0 | 0 |
| 11 | 0 | 0 | 0 | 1 | 0 | 0 | 0 | 0 | 1 | 0 | 1 | 1 | 0 | 0 | 1 | 0 | 0 | 0 |
| 12 | 0 | 0 | 0 | 1 | 0 | 0 | 1 | 1 | 1 | 0 | 0 | 0 | 0 | 0 | 1 | 0 | 0 | 1 |
| 13 | 0 | 0 | 0 | 1 | 0 | 0 | 1 | 1 | 1 | 0 | 0 | 0 | 0 | 0 | 0 | 0 | 0 | 1 |
| 14 | 0 | 0 | 0 | 0 | 0 | 0 | 1 | 1 | 1 | 0 | 0 | 0 | 0 | 0 | 0 | 0 | 0 | 1 |
| 15 | 0 | 0 | 0 | 0 | 0 | 0 | 1 | 1 | 0 | 0 | 0 | 1 | 0 | 0 | 0 | 0 | 0 | 1 |

续表

| No. | 0 | 1 | 2 | 3 | 4 | 5 | 6 | 7 | 8 | 9 | 10 | 11 | 12 | 13 | 14 | 15 | 16 | 17 |
|---|---|---|---|---|---|---|---|---|---|---|---|---|---|---|---|---|---|---|
| 16 | 0 | 0 | 0 | 0 | 0 | 0 | 1 | 1 | 0 | 0 | 0 | 0 | 1 | 0 | 0 | 0 | 0 | 1 |
| 17 | 0 | 0 | 0 | 0 | 0 | 1 | 1 | 0 | 0 | 0 | 0 | 0 | 0 | 0 | 0 | 0 | 0 | 0 |
| 18 | 0 | 0 | 0 | 0 | 0 | 0 | 1 | 0 | 0 | 0 | 0 | 0 | 0 | 0 | 0 | 0 | 0 | 0 |
| 19 | 0 | 0 | 0 | 0 | 0 | 0 | 0 | 0 | 0 | 0 | 0 | 0 | 0 | 0 | 0 | 0 | 0 | 0 |
| 20 | 0 | 0 | 0 | 0 | 0 | 0 | 0 | 0 | 0 | 0 | 0 | 0 | 0 | 0 | 0 | 0 | 0 | 0 |

表 11.18 中第一行为 18 个 Operation，18 个轧制单元，第一列为轧辊编号，是指每个轧制单元可选的轧辊，如果某个轧制单元需要该轧辊则此处为 1，否则为 0。

表 11.19 具体轧制单元相关时间表

| 0 | 1 | 2 | 3 | 4 | 5 | 6 | 7 | 8 | 9 | 10 | 11 | 12 | 13 | 14 | 15 | 16 | 17 |
|---|---|---|---|---|---|---|---|---|---|---|---|---|---|---|---|---|---|
| 3 | 3 | 3 | 3 | 3 | 3 | 5 | 5 | 5 | 5 | 5 | 5 | 7 | 7 | 7 | 7 | 7 | 7 |
| 5 | 6 | 3 | 5 | 8 | 8 | 9 | 10 | 10 | 3 | 5 | 3 | 9 | 8 | 5 | 3 | 5 | 7 |
| 22 | 22 | 22 | 22 | 22 | 22 | 47 | 47 | 47 | 47 | 47 | 47 | 75 | 75 | 75 | 75 | 75 | 75 |

表 11.19 中第一行为具体轧制单元编号，第二行为 Job 的发布时间，假设订单是从上周中任意一天获取的，即 releasetime＝random.randint(1,7)，第三行为 Operation 需要的轧制时间，假设为 3 到 10 之间某个数，即 processingtime＝random.randint(3,10)，最后一行为到期时间，到期时间是基于总的工作内容的，即 duetime＝a * random.randint(18,60)，a 为宽松系数，每个到期时间由订单发布时间依次累加得到。

**2. 基于组合强化学习模型的仿真实验**

首先只考虑轧辊更换惩罚这一个优化目标，轧制单元为 18 个，通过组合强化学习模型来对这 18 个单元进行计算，设置训练数据集为 20000 个，每个轧制单元数组维度为 20，每个维度的取值为 0 或者 1，所有训练数据可由程序随机生成。实验参数中问题规模 $n$ 取值为 18 和 20，学习率取值为 0.8，训练集大小取值为 20000 和 200000，训练轮数 $t$ 取值为 300，训练过程如图 11.20 所示。

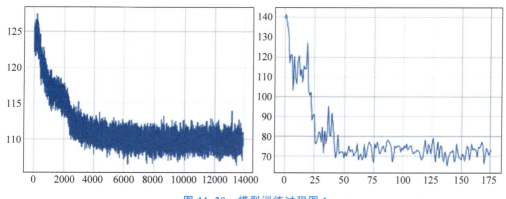

图 11.20 模型训练过程图 1

图 11.20 中纵轴为更换惩罚变化值，横轴为训练次数，左边为训练过程，从图中可以看

出,随着训练次数的增多,模型的更换惩罚逐渐变小,最后趋于稳定。增大训练数据为 200000,得到训练过程轧辊更换惩罚,如图 11.21 所示。

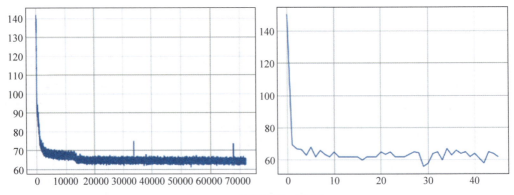

图 11.21　模型训练过程图 2

图 11.21 中纵轴为更换惩罚变化值,横轴为训练次数,左边为训练过程,从图中可以看出,模型的训练效果在数据增多后明显变好,更换惩罚最终稳定在 60 左右,更进一步证明了此方法的可行性。接下来选用蚁群算法作为对比方法,验证所提方法模型的有效性,轧制单元个数选择为 18 个、15 个、10 个和 5 个,通过蚁群算法计算得到更换惩罚为 62、48、38 和 18。将组合强化学习得到的结果和蚁群算法得到的结果进行对比,实验结果如表 11.20、表 11.21 所示。

表 11.20　实验结果表

| 个　　数 | 18 | 15 | 10 | 5 |
|---|---|---|---|---|
| 蚁群算法 | 62 | 48 | 38 | 18 |

表 11.21　实验结果对比表

| 个　　数 | 18 | 15 |
|---|---|---|
| 蚁群算法 | 57 | 48 |
| 组合强化学习(20000) | 73 | 50 |
| 组合强化学习(200000) | 60 | 48 |

由以上组合强化学习方法和蚁群算法对比表发现,在轧制单元为 18 个时,蚁群算法结果为 57,组合强化学习(20000)结果为 73,组合强化学习(200000)结果为 60;在轧制单元为 15 个时,蚁群算法结果为 48,组合强化学习(20000)结果为 50,组合强化学习(200000)结果为 48。由以上结果可以发现,组合强化学习在训练数据少时得到的结果不如蚁群算法,在训练数据增多时,该方法得到的结果逐渐接近甚至优于蚁群算法。

由上述案例可以得出,利用工业大数据相关技术可以有效解决工业生产中的参数预测、参数推荐以及质量溯源等问题,为后续模型和系统的搭建提供了良好的环境,未来工业大数据技术也将在生产生活中得到更广泛的应用。

# 第 12 章

## 工业知识图谱典型案例

## 12.1 基于工业知识图谱的企业需求知识服务

针对研发密集型企业,在跨国组织、多学科、复杂生产模式的背景下,不成熟和低质量的研发需求所导致的低效率、长周期和高成本,正成为企业产品和服务竞争力的消解器。企业需求知识服务主要包含两步:①需求的结构化和规范化。以民用飞机制造企业需求为例,技术人员通常是某一领域的专家,他们提出的需求往往是不完备的。例如,在关于"飞机舱门制造"的需求中,飞机舱门分为登机门、安全门、应急门等不同种类,飞机舱门的制造涉及舱门结构、舱门尺寸、舱门材料等各方面,同时还会涉及飞机的适航条款等众多国内外航空标准。用户提出的每一个需求都需要考虑专业性、完整性和规范性。因此,需要需求明确化、用词规范化、内容结构化,以提高需求的准确性和质量。②专家推荐。在规范化、完整的需求文档基础上,为需求匹配最合适的专家,实现知识服务。

### 12.1.1 需求结构化过程

如图 12.1 所示,需求结构化过程主要分为三部分:自然语言处理、知识探索和需求规范化。

由于原始需求文档作为输入,存在问题描述宽泛、语义不清晰、目标不明确等缺点,导致供需双方不易理解和高效沟通,所以细化需求是第一步。将需求划分成一系列子任务,

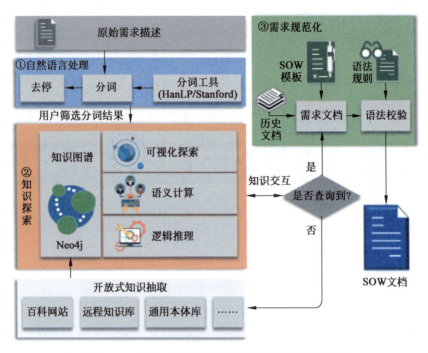

图 12.1　基于工业知识图谱的企业需求规范化流程

分析并明确每个子任务的功能，进而清楚描绘需求的整体目标。采用自然语言处理技术对需求文档进行分词处理，通过过滤停用词得到需求文档的关键词信息。分词处理结果的准确性受到分词算法性能的影响，因此针对分词的最终结果，用户需要进行一定的筛选及修改。

以关键词为基础进行关联知识获取就是知识探索。知识探索的实质是通过语义匹配知识图谱中的概念和关系。在抽取到关键词的相关概念及关系后，还需通过推理引擎进行知识推理，挖掘概念或关系之间的强制性约束，比如"起落架收起"和"起落架放下"必须成对出现，"飞机舱门"必须指定类型、尺寸等。通过知识推理，能够提升需求的完整性和正确性。需要注意的是，领域本体通常是不完备的，会导致关键词无法匹配到知识图谱中的概念实体，即产生所谓的"冷启动"问题。为解决此问题，可以考虑引入在线知识抽取方法。通过采用自然语言处理中的句法依存分析、词性标注等技术制定知识抽取规则，从远程知识库、专业网站、百科类网站等在线抽取相关领域的术语、概念和关系，然后将知识抽取结果返回给用户进行筛选并存储，再由后台领域专家对所抽取知识的正确性进行判断，若正确，则与原有领域本体融合，进而不断完善本体，形成一套闭环的知识更新流程。

通过对领域知识图谱的探索，可以形成一份初步的需求文档。但是，需求文档在内容和语法方面仍存在不足，此时，可以将企业既有的历史需求案例作为参考，来完善需求描述的措辞。同时，从正确性、完整性以及一致性三方面考虑，还需根据符合企业自身要求的需求编写规范对需求文档施加约束。正确性是指需求文档中的术语都是具体的且被明确定义的;完整性是指需求包含了用户提出的所有要求;一致性是指需求中不存在相互矛盾的内容。依照以上三个指标对需求文档进行修改完善,最终得到结构化的工作说明书(SOW)。

## 12.1.2 需求分析

需求分析包括对需求分词和过滤停用词,提取出需求中的关键信息,作为知识检索的输入。需求可以是中文描述,也可以是英文描述。由于中英文存在差异,因此需要不同的分词方案。中文分词有 HanLP 自然语言处理工具包和 Jieba 分词工具包,其中 HanLP 自然语言处理工具包提供了多套中文分词算法,包括最短路径分词、感知机分词和词典分词,且所有分词器支持索引和全切分模式,支持词性标注、用户自定义词典,同时用户可以训练自己的领域模型。而 Jieba 分词工具包则是目前使用较为广泛的分词解决方案。鉴于分词结果的好坏直接决定了知识探索的效果,需要根据准确率、召回率和 $F$ 值指标对不同的分词算法进行比较来衡量分词效果。

在本案例中,将获取的研发需求数据作为测试集,人工进行需求内容分词,并与分词工具的分词结果进行比较。比较结果如图 12.2 所示,感知机分词算法的 $F$ 值最高,因此本案例采用 HanLP 自然语言处理工具包进行中文分词。

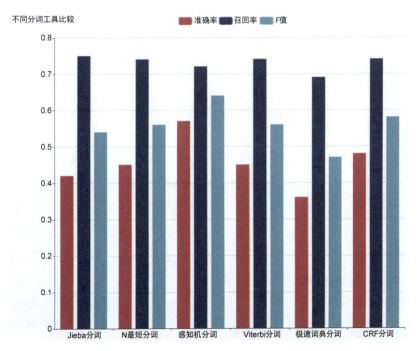

图 12.2 不同分词算法准确率、召回率和 $F$ 值对比

相比于中文分词,英文分词难度相对较低,原因在于英文语句采用"空格"将单词间隔。由于可供选择的开源英文分词工具包较少且分词效果相近,所以本案例采用斯坦福英文分词工具包。

在对需求分词之后,需要过滤掉停用词。比如中文的"的""是""地"等词汇,英文的"a""and""or"等词汇,主要方法分为筛选词性和词频统计。HanLP 自然语言处理工具包和斯坦福分词工具包都提供了词性标注(part of speech,POS)和用户自定义停用词典功能,因此可以直接使用工具包中自带的停用词典,再利用词性标注筛选掉分词结果中的介词、连词、副词等无关词性,就可以得到最终的词语列表。

### 12.1.3 知识探索

知识探索的目标是对需求中的关键词进行本体概念识别,底层依赖本体查询接口,查询相关概念、关系和属性。

查询服务提供两类接口,一类是直接查询接口,输入概念名称,返回查询概念类型、查询概念下属节点名称、是否还有下属节点等。若无查询结果,则返回和查询概念模糊匹配的相关概念列表,其中概念类型分为类、实例和属性,分别用 0、1、2 表示。

例如,查询"system"这一概念,使用 postman 工具调用此查询接口返回结果。例如,"type"为 0 代表"system"在本体中代表一个类,"next"中是"system"的下属子类,包括导航系统、信息系统、飞行管理系统以及电子飞行仪表系统,它们都有下属节点,所以"isBottom"字段值为 false,"fuzzy"代表概念的模糊查询结果。采用 HttpClient 封装查询请求,利用 Google 提供的 Gson 序列化工具将直接查询接口返回的 JSON 字符串反序列化成对象。

第二类查询接口为关联查询接口,输入查询概念和关联度,返回在关联范围内,与查询概念有联系的所有概念名称以及它们之间的关系,使用 postman 工具调用接口查询概念"system"以及一度关联的所有概念。例如,"nodes"包含"system"下所有节点名称,"links"代表所有节点之间的关系。

例如,图 12.3 是对"颤振试飞"这一知识概念进行探索,可以获得与颤振试飞实验相关的知识概念。与原需求内容之间进行对比可以发现,除了原需求内容中包含的条目之外,还存在"项目管理""成本控制""颤振试飞准备"等其他与"颤振试飞实验"这一知识概念相关的内容。需求提出者可以根据知识图谱所提供的额外知识,挖掘隐性需求,丰富需求内容。

还可以对某一具体的知识概念进行深入探索。如图 12.4 所示,对"颤振试飞风险"进行探索,可以获取"空速校准""舵面超重""舵面间隙"等相关知识概念和关联关系。

通过本体查询关键词,可以规范需求用词,统一需求文档中的专业名词,解决一义多词、一词多义等语义不一致问题。同时,知识探索中还会获得关键词的上下位词信息,例如查询"发动机",会返回发动机类型、每种发动机包含的转子类型以及转子参数等,依据这些信息可以细化原始需求甚至发掘隐含需求。

在知识探索结束后,还需利用推理引擎进行知识推理,发现需求中自相矛盾的内容以及进一步提高需求的完整性和准确性。例如需求的工作期限和需求完成质量存在相互制约的关系,工作期限越短,完成质量越低,利用此类规则可以修正需求中不合理的内容。知

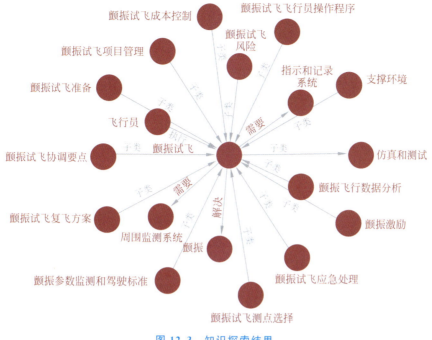

图 12.3　知识探索结果

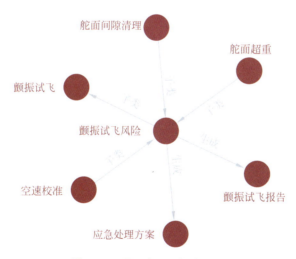

图 12.4　进一步知识探索结果

识推理还可以推理出本体中存在的强制性约束，比如描述飞机客舱噪声问题时，必须指定噪声来源和噪声等级。

## 12.1.4　需求规范化

知识探索后，原始需求在需求内容完整性和语义一致性方面得到很大改进，但是还需在语法层面对需求文档做进一步完善。需求规范化是指对用户感兴趣的关键词信息进行探索后，按照 SOW 结构化模板的要求对需求描述进行必要的内容层次约束；同时，参考历史需求文档进行需求描述措辞的完善和修正，并额外补充其他 SOW 结构化模板所要求的必要内容,形成初步的 SOW 需求文档。

进一步,遵照 INCOSE、FAA、NASA 等需求编写国际规范,基于语法规则,对文档进行语法校验,形成需求 SOW,最终从正确性、完整性以及一致性三方面,保证需求的规范性。例如国际系统工程委员会(International Council on Systems Engineering,INCOSE)制定了49条需求文档编写准则,包括"避免使用非特称代词""尽量使用主动语态""使用本体中的概念术语规范描述需求""不同层次的需求应使用不同的问题描述用语""可以追溯到其他需求""避免使用代词""需求应该尽量面向系统级和子系统级进行细化""需要利用不同单位制表示需求项"等,以及对于句法结构的建议要求(图 12.5)。

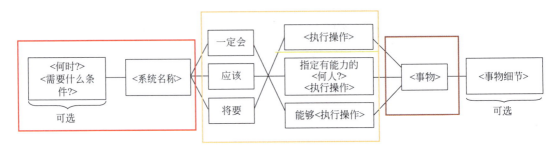

图 12.5　INCOSE 规范对于句法结构的建议

该部分可以对初步形成的 SOW 文档进行用词规范、语法规范方面的校验。如图 12.6 所示,用户可以通过"Warn_Vague"选项进行模糊词语校验。如文中的"sufficiently"一词在

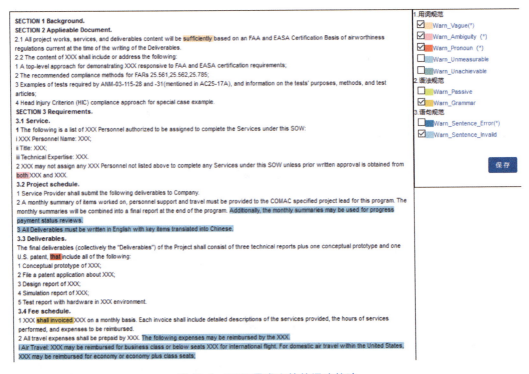

图 12.6　SOW 需求文档的语法校验

INCOSE需求规范标准的规定中为模糊的词语,因此对其高亮显示。再如,通过"Warn_Ambiguity"选项进行歧义词语校验。如对文中的"both"一词进行高亮显示。

## 12.2 基于工业知识图谱的钢铁产线设备故障诊断

钢铁产线具有生产环境不确定、工艺流程复杂、控制精度要求高、设备种类繁多等特点。远程运维实施过程中,运维决策环节多且关联复杂,以及设备运行状态掌控困难,导致出现关键设备隐患捕捉不及时、故障定位不准确、维检策略应对不精准等诸多问题。

面向钢铁产线关键设备智能运维的核心业务环节,通过构建和应用钢铁产线关键设备智能运维工业知识图谱,可以实现关键设备故障隐患定位、故障原因分析、维检对策智能推荐等核心运维业务功能,提高企业核心业务环节的快速响应和精准高效的闭环执行能力,显著提升企业科学决策水平和关键产品智能服务能力,同时为"数据驱动、知识赋能型"工业互联网平台建设与创新应用探索出一条新路径。

### 12.2.1 故障诊断知识图谱构建

故障诊断知识图谱重点面向钢铁产线设备智能运维的核心业务环节,主要包括设备本体、设备故障原因、设备故障隐患定位和异常事件维检对策等。概念实体及其关系的来源主要包括四部分:①基于Web的气象、地理、社交、经济等外部数据;②电机、齿轮箱、辊道、液压设备、风机等钢铁产线关键设备数据;③来自ERP系统、MES系统、PLC系统等钢铁生产业务相关的结构化数据;④半结构形式的手册、故障分析报告、知识库,以及非结构化的专家经验等。

例如,对于存储于企业信息系统中的结构化数据,如诊断记录、故障统计、运行台账等,抽象出设备、故障相关本体,自上而下指导知识图谱构建;同时,将提取的实例数据与上述本体建立关联。对于半结构化的故障分析报告,采用半自动化方式提取报告中有价值的文本,将文本中的自然语言转化成三元组,抽取其中的知识信息,辅助本体与知识图谱的构建。

构建的故障诊断知识图谱示例如图12.7所示。通过上述各领域专业知识的获取和本体表示,融入业务逻辑,采用图映射规则,实现领域知识的图数据库存储,形成故障诊断知识图谱,并依据知识评价体系,实现领域知识的更新和学习,为设备异常状态识别、故障隐患定位、故障原因分析、异常事件维检对策推荐等一系列知识图谱创新应用提供最新的、可靠的领域知识支撑。

### 12.2.2 基于工业知识图谱的故障诊断系统

重点介绍钢铁产线设备故障诊断系统中的故障诊断功能。

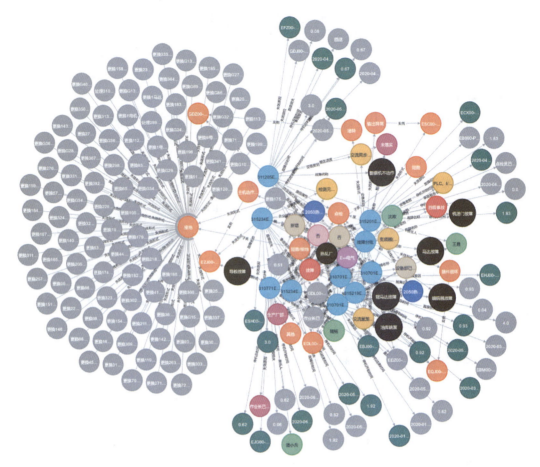

图 12.7　故障诊断知识图谱示例

**1. 故障诊断入口**

如图 12.8 所示,该页面属于业务逻辑中的输入模块,该模块应尽可能简约,尽量降低交互次数,以方便操作、功能醒目为主。Web 前端读取输入框中的自然语言后将其发送至后端 NLP 模型进行关键词抽取,作为诊断模型的输入。

自然语言分词由 IK Analyzer 实现。IK Analyzer 是基于 Java 开发的轻量级开源中文分词工具包,是一种结合文法分析和词典分词两种算法的组件。将分词结果与知识图谱中的概念节点进行模糊匹配,得到筛选后的(即模糊命中的)关键词。若输入语句无节点命中,则予以提示。

**2. 故障分析**

该部分是故障诊断系统的核心页面,主要通过 Web 前端对故障诊断模型得出的结果进行可视化展示以及支持进一步知识探索。

如图 12.9 所示,页面主要包含四个功能区域:知识推送区域(功能区一)、诊断结果区域(功能区二)、故障诊断子图区域(功能区三)和子图探索区域(功能区四)。功能区一为根

图 12.8 诊断入口系统界面

据待诊断设备推送该类设备常见的故障类型、故障现象、故障原因等,为故障分析人员提供一种全局性和综合性参考。功能区二为故障诊断模型的初步诊断结果,根据图表示学习方法从实例数据中依据相似度计算筛选出 Top5 的故障名称以及相关的信息,该区域主要负责知识探索和故障确认,其中知识探索是指针对某一个故障诊断结果通过子图抽取进行进一步可视化图谱探索,在功能区四中显示以该故障节点为中心的知识图谱子图;故障确认是在故障诊断结束后,将确认后的故障结果反馈给系统予以审核,审核通过后,完成知识图谱的更新。功能区三为故障诊断的子图抽取结果的可视化展示,目的是直观地向用户展现诊断结果以及其中更详细的语义关系。在功能区三和功能区四的子图中,系统通过图计算支持用户与图中节点、关系的可视化交互。

图 12.9 故障诊断分析界面

以一次故障诊断事件为例,输入故障现象的自然语言描述:"×××热轧主轧线的♯38电机停机,电机内部有异响,观察发现轴承卡簧变形,初步断定为机械类故障",提交后进行故障分析。通过子图抽取,如图12.10所示,左图为诊断结果子图,用户可以进行交互探索,右图为选择某一故障结果后的子图,支持用户基于当前的知识图谱进行节点查询与路径计算。

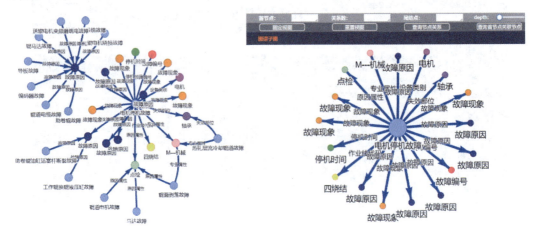

图 12.10　子图抽取结果

在本次故障诊断活动完成后,将确认并审核通过后的故障诊断分析结果提交至系统,该次故障事件将存入故障诊断知识图谱,完成知识的更新。

# 参 考 文 献

[1] 桑尼尔·索雷斯.大数据治理[M].匡斌,译.北京:清华大学出版社,2014:4.
[2] 张绍华,潘蓉,宗宇伟.大数据治理与服务[M].上海:上海科技技术出版社,2016:2.
[3] 王建民.工业大数据技术综述[J].大数据,2017,3(6):3-14.
[4] STUDER R, BENJAMINS V R, FENSEL D. Knowledge engineering: principles and methods[J]. Data & Knowledge Engineering, 1998, 25(1-2): 161-197.
[5] 符山,吕艾临,闫树.知识图谱的概念与应用[J].信息通信技术与政策,2019 (5):10-13.
[6] University of California, Irvine. UCI machine learning repository[DB/OL]. [2013-06-19]. http://archive.ics.vci.edu/ml.
[7] MIYASHIRO R, TAKANO Y. Subset selection by Mallows' Cp: A mixed integer programming approach[J]. Expert Systems with Applications, 2015, 42(1): 325-331.
[8] 陈凯,何克清,李兵,等.面向对象的本体建模研究[J].计算机工程与应用,2005,41(2):40-43.
[9] 李友雨,张兴芳.模糊CRI算法及模糊推理的有效性研究[J].模糊系统与数学,2013,27(4):42-47.
[10] 欧艳鹏.知识图谱技术研究综述[J].电子世界,2018(13):54,56.
[11] 李荣.人工智能如何与大数据完美结合[J].计算机与网络,2019,45(14):40-41.
[12] 田春华,杨锐,崔鹏飞.工业大数据的实践与认识[J].软件和集成电路,2019,9:56-65.
[13] 魏凯.工业大数据应用的四大挑战[J].信息通信技术与政策,2019,5:1-3.
[14] 包冬梅,范颖捷,李鸣.高校图书馆数据治理及其框架[J].图书情报工作,2015,59(18):134-141.
[15] 刘峤,李杨,段宏,等.知识图谱构建技术综述[J].计算机研究与发展,2016,53(3):582-600.
[16] 王恒欢.基于深度学习的图像识别算法研究[D].北京:北京邮电大学,2014.
[17] 刘龙.基于关联数据的知识发现过程模型研究[D].武汉:华中师范大学,2014.
[18] 肖文辉.基于本体的智能故障诊断的不确定性推理研究[D].湘潭:湖南科技大学,2010.
[19] 魏仁政.本体构建及其在中央空调节能诊断系统中的应用研究[D].济南:山东建筑大学,2016.
[20] 刘知远,孙茂松,林衍凯,等.知识表示学习研究进展[J].计算机研究与发展,2016,53(2):247-261.
[21] 张炜.基于机器学习的智能家居系统设计与实现[D].长春:吉林大学,2016.
[22] 张晓林.走向知识服务:寻找新世纪图书情报工作的生长点[J].中国图书馆学报,2000,5(26):1-6.
[23] 李敏.基于相似度与上下文偏好的RDF查询松弛方法研究[D].沈阳:东北大学,2011.
[24] 张晓庆,邵波.高校图书馆中外文知识发现融合难点分析[J].图书馆学研究,2021,3,54-59.
[25] 仇宝艳.面向领域本体的知识建模问题研究[D].济南:山东师范大学,2009.
[26] 王旭刚.业务流程本体知识库的研究与设计[D].济南:山东大学,2011.
[27] 王德奎.弦论走到了庞加莱猜想[J].河池学院学报,2008,S1,88-89.
[28] 陈焱.基于图模板的小型农机产品配置方法研究及应用[D].杭州:浙江工业大学,2008.
[29] 刘伟.智能CAPP系统中工艺路线和切削参数的决策研究[D].天津:天津大学,2010.
[30] 刘恒波.Web挖掘:现代图书馆知识服务的技术支持[J].图书馆理论与实践,2009,12:56-57.
[31] 金秋萍,农燕.基于用户需求的高校图书馆知识服务模式创新研究[J].情报探索,2019,9:33-37.
[32] 刘宝瑞,陶佳.全媒体时代图书馆的知识功能与定位研究[J].图书馆学研究,2011,16:49-52,44.